"十三五"国家重点出版物出版规划项目
"一带一路"核心区语言战略研究丛书
邢欣　总主编

塔吉克斯坦学生汉语信息结构习得研究

张全生　等著

南开大学出版社

天津

图书在版编目(CIP)数据

塔吉克斯坦学生汉语信息结构习得研究 / 张全生等著.－天津:南开大学出版社,2022.6
("一带一路"核心区语言战略研究丛书 / 邢欣总主编)
ISBN 978-7-310-06226-3

Ⅰ.①塔… Ⅱ.①张… Ⅲ.①汉语－对外汉语教学－教学研究－塔吉克 Ⅳ.①H195.3

中国版本图书馆 CIP 数据核字(2021)第 255943 号

版权所有　侵权必究

塔吉克斯坦学生汉语信息结构习得研究
TAJIKESITAN XUESHENG HANYU XINXI JIEGOU XIDE YANJIU

南开大学出版社出版发行
出版人:陈　敬
地址:天津市南开区卫津路 94 号　邮政编码:300071
营销部电话:(022)23508339　营销部传真:(022)23508542
https://nkup.nankai.edu.cn

天津泰宇印务有限公司印刷　全国各地新华书店经销
2022 年 6 月第 1 版　2022 年 6 月第 1 次印刷
235×165 毫米　16 开本　16.5 印张　1 插页　252 千字
定价:88.00 元

如遇图书印装质量问题,请与本社营销部联系调换,电话:(022)23508339

"十三五"国家重点出版物出版规划项目"'一带一路'核心区语言战略研究丛书"结项成果

中国传媒大学"双一流"建设重大项目"新媒体中的'一带一路'对外语言传播策略及语言服务研究"(CUC18CX07)成果

深入语言生活　回答时代提问（代序）

2013年9月与10月，习近平主席在出访哈萨克斯坦和印度尼西亚时，提出了"一带一路"倡议，这是中国向世界提出的一个新概念，也是一个涉及国内外的新行动。2015年3月，《推动共建丝绸之路经济带和21世纪海上丝绸之路的愿景与行动》发布，"一带一路"的概念逐渐清晰，行动逐渐有序。2017年5月，"一带一路"国际合作高峰论坛在北京举行，"一带一路"建设进入全面推进阶段，并产生了重要的国际影响和国际互动。

"一带一路"倡议首先是经济愿景，但经济愿景也必须与政治、文化、科技等联动并发。"一带一路"倡议不是中国的独角戏，而是互动的，共赢的。在"一带一路"建设推进的过程中，中国将构建全方位开放的新格局，深度融入世界经济体系；同时，它也强调国家间发展规划的相互对接，区域合作、国际合作将得到前所未有的加强，从而惠及他国，造福人类。

"一带一路"需要语言铺路，这已经成为四年多来关于"一带一路"建设的共识。但是，"一带一路"建设中究竟存在哪些语言问题，语言将怎样发挥"铺路"的功能，还是一个具有时代意义的课题，也是一个时代性的提问。邢欣教授主编的"'一带一路'核心区语言战略研究丛书"，正是立时代潮头，得风气之先，在研究这一时代性的课题，在尝试回答这一时代性的提问。

这套丛书有许多特点，最大的特点是其系统性和应用性。所谓系统性，是丛书较为全面地研究了"一带一路"的语言问题，涉及国家语言安全战略、对外语言传播策略、领域语言人才培养模式、媒体传播话语体系建设、语言文化冲突消解策略等话题。可以说，这套丛书已经建构起了语言战略研究的系统的学术网络。所谓应用性，是指丛书从现实入手，收集材料,透彻观察,深入分析,探索最佳发展模式,提出具体解决措施,以求应用于相关政策的制定和相关工作的实施。

能够在如此短暂的时间内,深入实际,发现问题,提出举措,并形成一整套丛书,是与这一研究团队的组成密切相关的。丛书主编邢欣教授,长期在新疆生活和工作,对新疆充满感情,对新疆的语言文字事业充满激情。后来,不管是求学于复旦大学,还是任教于南开大学、中国传媒大学,她都时时不忘新疆,承担了多个有关新疆的语言研究课题。特别是"一带一路"倡议的提出,更是激发了她的研究热情,促使她多次到新疆、到中亚实地调研,有亲身感受,有第一手资料,成为我国研究"一带一路"语言问题的先行者。

丛书各卷作者,有年长者,也有年轻人,但都是"学术老手",在应用语言学的多个领域有学术根基,有丰富经验。同时,中国传媒大学和新疆大学、新疆师范大学几所高校在媒体传播研究、汉语国际教育等领域有平台优势,与"一带一路"沿线国家有频繁的文化、学术交流。该丛书的研究,也进一步促进了我国与中亚地区的学术合作,产生了较好的学术影响。丛书的这种工作模式是值得赞赏的。

语言学是经验学科,第一手研究资料,对研究对象的亲身感知,都很重要。获取第一手资料,感知研究对象,就必须多做"田野"工作。当然,不同的语言学科有不同的"田野",现实语言调查、社会语言实践、古籍文献阅读、语言教学的对比实验、计算语言学的实验室等,都是语言学家的"田野",都是现实的语言生活。本丛书的学术团队有着强烈的学术使命感,更有良好的学风,到"田野"去,到语言生活中去,去研究国家发展最需要解决的语言问题。这种学术精神,是值得提倡的。

李宇明

2018 年 2 月 19 日

农历雨水之日

序

"一带一路"倡议提出以来,我国在经济、文化、教育等各领域的相关工作逐渐展开,政策沟通、设施联通、贸易畅通、资金融通、民心相通已经被明确为愿景方略和行动目标。沿线国家和地区也对我国的倡议积极响应,为展开全面合作进行对接。在这一双向交流的过程中产生的语言文化问题,引发了学术界对"一带一路"中语言的重要作用的关注和讨论。

邢欣教授主编的"'一带一路'核心区语言战略研究丛书"以学术研究服务国家发展为己任,从语言战略构建的高度,深入研究服务于"一带一路"实施的语言问题,无论于学术还是于社会实践,都具有重要的价值。

几年来,在不同场合,邢欣教授都在不断地阐释"'一带一路'核心区"的理念。她认为,"丝绸之路经济带"核心区将在"一带一路"建设中发挥窗口作用。作为重要的交通枢纽、商贸物流和文化科教中心,它涉及的多国家、多语种的语言问题尤为典型。这一判断是基于邢欣教授及其团队的大量调查而形成的。

这套丛书提出了以语言服务为主的语言战略新思路,它符合"一带一路"建设的目标和需求,是切实而有远见的。丛书中关注的国际化专业汉语人才培养、媒体报道语言热点等问题,也紧紧扣住了语言服务这一核心点,把握了"一带一路"总体布局下的语言战略问题的脉搏。同时,丛书中包含的旨在促进"民心相通"的留学生的文化碰撞与适应、语言适应和语言传承等研究内容,紧密贴合了"一带一路"的框架思路,表明了丛书作者对语言与国家方略的关系的透彻理解和深刻立意。

邢欣教授具有语言本体、民族语言和语言应用等多方面的研究经验,成果丰硕。近年来组织一批语言学、语言规划、语言教育等各方面的专家,就"一带一路"核心区之一:新疆的语言问题进行专门研究,形成了一支有机配合的研究团队，赴多个"一带一路"沿线国家进行了多次调研，组织了多场学术研讨会，陆续发表了一批有重要影响的文章。这套丛书就是在此基础上完成的。

丛书的作者有民族语言学、社会语言学方面的知名学者，有活跃在教学科研第一线的高校骨干教师，也有近几年获取博士学位走上相关岗位的青年新秀。集中多方面研究力量形成的研究成果具有视角新颖、内容丰富、应用性强的特点，对语言战略研究理论和"一带一路"建设各领域的实践都将会产生积极影响。

在这套丛书申请立项过程中，我有幸成为先读者，深为他们的精神所感动。值丛书出版之际，邢欣教授要我写几句话，就有了上面这段文字。

是为序。

2018 年 2 月 25 日

丛书前言

"一带一路"倡议是我国政府提出的以经济发展带动世界各国繁荣和谐的新愿景和行动纲领,是"具有原创性、时代性的概念和理论",这一倡议是为构建人类命运共同体、为当今的全球治理提供中国智慧的一种新理念,具有重大而深远的意义。目前,"一带一路"建设已"逐渐从理念转化为行动,从愿景转变为现实"。截至 2018 年底,全球已有 122 个国家和 29 个国际组织积极支持和参与"一带一路"建设,在政策沟通、设施联通、贸易畅通、资金融通、民心相通五个方面全面推进。交流互鉴、合作共赢、共同发展已成为我国与沿线国家的共识,政治互信、经济融合、文化包容的利益共同体、命运共同体和责任共同体正在一步步形成。"一带一路"建设的核心点在各国共建上,而国际上的政治、经济、法律、商贸、文化、教育等交流活动都离不开"语言"这一物质载体,语言成为合作共建、民心相通的关键要素。因此,构建符合时代需求的语言发展战略,成为"一带一路"建设中的基础性工程。

"一带一路"倡议提出以来,国内各个领域的相关研究蓬勃开展。从 2014 年起,语言学界也逐渐投入到这一研究中来,接连发表了一系列研究成果,提出了许多有建设性的观点和建议。特别是李宇明先生于 2015 年 9 月 22 日在《人民日报》上发表的《"一带一路"需要语言铺路》一文,为"一带一路"研究中的语言政策研究提供了依据。从语言学界的研究来看,大家已经基本达成了共识,即"一带一路"建设的顺利进行离不开语言保障,围绕"一带一路"的语言研究势在必行。我们这一研究课题正是产生于"一带一路"建设的大背景下,不是只与语言学相关,而是具有跨学科的性质;其成果也将不仅应用于语言学相关领域,还将与社会各层面相对接。因此,在研究思路上,我们搭建了一个理论与应用相结合的框架。在理论上,解决好语言政策与对外语言传播政策的对接,汉语教学与汉语国际教育语言人才培养政策的对接,以及国家语言安全战略与"一带一路"语言服务的对接;在应用上,把握服务于语言需求这一主线,在语言人才培养、媒体语言传播、"互联网+"语言公共服务平台建设等方面提供策略建议。在研究方法上,以实地调查为重心,深入调研,充分占有第一手资料。

根据基本的研究框架,我们先后组建了"'一带一路'核心区语言战略研究"课题组和"面向中亚国家的语言需求及语言服务研究"项目组,获得了国家语委重大项目、国家社科基金重点项目,以及新疆大学和中国传媒大学"双一流"大学专项建设资金的支持;同时,规划了预期研究成果,形成了"'一带一路'核心区语言战略研究丛书"。南开大学出版社以该套丛书申报了"十三五"国家重点出版物出版规划项目和 2017 年度国家出版基金项目,并顺利获批,为丛书的出版和成果的传播提供了保障。

我们希望这套丛书可以实现它的预期价值,主要包括以下几个方面:第一,提出面向"一带一路"沿线国家,以语言服务为主的语言发展战略,为国家语言规划和语言政策的新布局提供理论依据,为"一带一路"语言战略智库建设提供策略建议;第二,丰富和完善语言文化研究的内涵,为对外语言文化交流提供建议,为促进民心相通提供语言服务;第三,研究语言文化冲突消解策略,为"一带一路"建设中潜在的,或可能出现的语言文化冲突提供化解方案,为跨文化交际的研究提供理论和实践的补充;第四,提出满足"一带一路"建设需求的语言人才培养模式和急需人才语言培训模式,为领域汉语教学提供理论依据;第五,为汉语国际传播提供新的思路;第六,在"互联网+"思维下,提出建立语言需求库、人才资源库,以及搭建"语言公共服务+语言咨询服务"平台的理论方案。

在丛书撰写过程中,研究团队的各位作者发挥资源和平台优势,以严谨的科研态度和务实的工作作风开展研究,希望这些成果能经得起实践的检验。我们的研究团队成员主要是新疆大学、新疆师范大学、新疆教育学院、喀什大学等新疆高校的研究者和中国传媒大学的硕士生和博士生,感谢这些高校的大力支持,特别是新疆大学和中国传媒大学的大力支持。在本研究进行过程中,同行专家、各领域相关研究者给予了很多支持、帮助和指导；在实地调研中接受访谈和咨询的中资企业、孔子学院、高校、语言学院、华商协会组织、媒体等相关人员给予了大力配合和宝贵建议，这些都为本研究提供了实施条件和重要启发，在此一并深致谢忱！还要特别感谢李宇明教授、郭熙教授为丛书慨然作序，沈家煊先生在国家出版基金项目申请时对丛书给予肯定和推荐，给了我们莫大的鼓励和支持。最后要感谢南开大学出版社的无私相助，特别是田睿等编辑为本丛书出版殚精竭虑，付出了大量精力和心血，特此表示诚挚的谢意。

在编写本套丛书的过程中，我国提出的"一带一路"倡议得到了国际上越来越多国家的响应和支持，"一带一路"建设正在全面而深入地推进。这给语言应用研究提出了更多的课题和更高的要求。服务于"一带一路"建设，服务于国家和社会的发展需求，希望我们的研究能起到一定的积极作用。学术研究服务于社会发展和时代需要，是科研工作者的使命。我们最大的荣幸，是能得到广大读者的反馈和指正，使我们在研究的道路上能循着正确的方向探索，并获得源源不断的动力，坚持到底。

邢欣

2019年1月

本书前言

塔吉克斯坦位于中亚东南部，北邻吉尔吉斯斯坦，西邻乌兹别克斯坦，南与阿富汗接壤，东接中国。东西长 700 公里，南北宽 350 公里。境内多山，约占国土面积的 93%，有"高山国"之称。塔吉克斯坦是古丝绸之路的必经之地，中国和塔吉克斯坦两国边境线长达 430 公里。塔吉克斯坦国土面积 14.31 万平方公里，人口 960 万（截至 2021 年 3 月），是一个多民族国家，境内共有 86 个民族，其中塔吉克族占 80%，乌兹别克族占 15.3%，俄罗斯族占 1%。此外，还有鞑靼、吉尔吉斯、乌克兰、土库曼、哈萨克、白俄罗斯、亚美尼亚等民族。①

塔吉克斯坦政府通过先后颁布《塔吉克苏维埃社会主义共和国语言法》（1989 年，苏联过渡时期）、《塔吉克斯坦共和国宪法》（1994 年，独立后的第一部宪法，其中第一章第二条对国家语言政策做了规定）、《塔吉克斯坦共和国国家语言法》（2009 年，同时废除之前的《塔吉克苏维埃社会主义共和国语言法》），以及议会上院赞成对《国家规范——法律文书法》（2004 年）进行修订（2011 年 6 月 9 日），确立了目前塔吉克语是国语、俄语作为族际交际语使用的基本语言政策。塔吉克斯坦的塔吉克族第一语言都是塔吉克语，在家庭和社会都能熟练使用塔吉克语；俄语一般作为第二语言学习使用。（张宏莉、张玉艳，2010；李雅，2014；张宏莉，2015；董天美，2019；王洁、郭建荣，2021）

塔吉克斯坦汉语教学经历了起步发展期（1997 年至 2001 年）、缓慢发展期（2002 年至 2008 年）、快速发展期（2009 年至 2014 年）、稳定发展期（2015 年至今），从最开始只有 2 所高校开设汉语专业，到现在 4 所高校有汉语专业，6 所高校和 9 所中小学幼儿园开设汉语选修课程，杜尚

---

① 塔吉克斯坦国家概况，中华人民共和国外交部网站：https://www.fmprc.gov.cn/web/gjhdq_676201/gj_676203/yz_676205/1206_676908/1206x0_676910/，更新时间：2021 年 7 月。

别和胡占德南北两座大城市各有 1 所与中方高校共建的孔子学院，并于 2015 年由塔吉克斯坦教育部批准国立语言学院开始招收汉语专业硕士，形成了覆盖全国主要城市和大中小学全学段的汉语教学格局。（李雅，2011；邓新、王丝雨，2021）

随着塔吉克斯坦汉语教学和中塔两国高校共建孔子学院的蓬勃发展，越来越多塔吉克斯坦学生来中国留学。本书以 2010—2016 年在新疆师范大学留学和同期在塔吉克斯坦国立民族大学孔子学院学习的塔吉克斯坦学生为研究对象，整理这些学生的日常习作、考试作文等书面表达语料，参照"HSK 动态作文语料库"[①]和"全球汉语中介语语料库"搭建"塔吉克斯坦学生汉语中介语语料库"，进而运用语料库语言学理论、中介语理论、第二语言习得理论、语言类型学理论，结合分布、语义、表达及认知分析，集中探讨塔吉克斯坦学生汉语信息结构习得问题。

本书共分三章九节，第一章从语言类型学角度对汉语和塔吉克语语序、比较句、"是"字句、强调句等信息结构进行比较研究；在此基础上，第二章分三节分别研究塔吉克斯坦学生习得汉语主要语法成分顺序、单项或双项定语、重复义副词等语序层面信息结构的情况；第三章分三节研究塔吉克斯坦学生习得汉语"是"字句、比较句、否定结构等句式层面信息结构的情况。

本书在成书的过程中，有多名硕士生参加研究和写作，第二章和第三章是在硕士生学位论文基础上经过重新加工和写作完成的。新疆师范大学教授张全生及硕士研究生团队完成初稿编写，主要改编、最后定稿和审稿由张全生完成。书稿第一章三节内容由张全生执笔完成；第二章第一节在刘佳琪的硕士学位论文《塔吉克斯坦学生汉语语序习得偏误分析》基础上改编完成，第二节在刘强的硕士学位论文《中高级水平塔吉克斯坦学生汉语定语习得情况分析》基础上改编完成，第三节在胡德巴赫绍娃·穆妮拉（KHUDOBAKHSHOVA MUNIRA）的硕士学位论文《塔吉克斯坦学生汉语重复义副词"还""再""又"习得偏误分析》基础上改编完成；第三章第一节在谢慧珠的硕士论文《塔吉克斯坦学生汉语"是"字句习得偏

[①] HSK 指汉语水平考试。

误分析》基础上改编完成，第二节在于新杰的硕士论文《塔吉克斯坦学生汉语比较句习得研究》基础上改编完成，第三节在张超的硕士论文《塔吉克斯坦学生汉语否定结构习得研究》基础上改编完成。其中，胡德巴赫绍娃·穆妮拉是塔吉克斯坦国立民族大学孔子学院遴选推荐孔子学院奖学金获得者来新疆师范大学攻读汉语国际教育专业学位硕士；为更好地收集语料、撰写论文，谢慧珠于 2012 年 11 月至 2013 年 8 月赴塔吉克斯坦任汉语教师志愿者，刘佳琪于 2013 年 9 月至 10 月赴杜尚别调研，于新杰先后于 2013 年 3 月至 6 月、2015 年 11 月至 2016 年 5 月赴塔吉克斯坦国立民族大学完成汉语国际教育本科教学实习、国家留学基金管理委员会"上海合作组织大学项目"联合培养硕士研究生学习等任务。改编、定稿过程中，已毕业的硕士研究生菲尔达斯（MAKHMADNAZAR FIRDAVSI）（现上海外国语大学博士研究生在读）、莎布娜（ABDURAKHIMOVA SHABNAM）（现在塔吉克斯坦国立民族大学孔子学院工作）帮助订正了部分塔吉克语例句。

　　本书章节之间的编写体例基本保持一致。语言对比研究中塔吉克语有用斯拉夫文字的、有用拉丁文字的，整节内容文字使用前后统一；塔吉克语的释义参照莱比锡标注规则做了简单标注，加之以英文解释的方式，为便于对应理解更多以汉语注释方式呈现。

　　本书是团队集体智慧的结晶和心血。作为本书的主要作者，感谢所有参加写作的作者，感谢新疆师范大学的大力支持，感谢南开大学出版社编辑老师认真、细致的审阅和校改。

目 录

第一章　语言类型学视野下汉语和塔吉克语信息结构比较研究 ………… 1
　第一节　普遍语法原则与汉语、塔吉克语语序比较 …………………… 3
　第二节　由汉语、塔吉克语比较句构成异同看介词语序类型 ……… 15
　第三节　由汉语、塔吉克语"是"字句异同看强调句构成的
　　　　　语言类型 ……………………………………………………… 24
第二章　塔吉克斯坦学生汉语语序信息结构习得研究 ………………… 37
　第一节　塔吉克斯坦学生汉语语序习得研究 ………………………… 39
　第二节　塔吉克斯坦学生汉语定语习得研究 ………………………… 65
　第三节　塔吉克斯坦学生汉语重复义副词"还""再""又"
　　　　　习得研究 ……………………………………………………… 105
第三章　塔吉克斯坦学生汉语句式信息习得研究 ……………………… 137
　第一节　塔吉克斯坦学生汉语"是"字句习得研究 ………………… 139
　第二节　塔吉克斯坦学生汉语比较句习得研究 ……………………… 167
　第三节　塔吉克斯坦学生汉语否定结构习得研究 …………………… 188
参考文献 …………………………………………………………………… 233

第一章
语言类型学视野下汉语和塔吉克语信息结构比较研究

第一节　普遍语法原则与汉语、塔吉克语语序比较*

一、引言

格林伯格（Greenberg，1966）建立的语言类型理论有三组标准，即 Pr：Po、SVO：SOV：VSO、Adj-N：N-Adj，这三组标准的属性大部分是蕴含性的。黄（Huang，1982）指出格林伯格（Greenberg，1966）的研究提到了一个重要事实，即典型 VSO 语言的词序特征群正好与典型 SOV 语言词序特征群构成了镜像，并进一步根据乔姆斯基（Chomsky，1970）X 阶标短语结构理论提出 X 阶标类型学，认为世界语言应该分为两类，一类是中心词在后的内向结构语言，比如典型的 SOV 语；一类是中心词在前的内向结构语言，比如典型的 VSO 语。汉语和英语这样的 SVO 语属于动词居中的语言结构，差别在于汉语主要用中心词在后的规则，英语主要使用中心词在前的规则。

德赖尔（Dryer，1992）讨论了 625 种语言中 20 对与动词、宾语语序相关联的句法配置，并尝试用"分支方向理论"（Branching Direction Theory）取代"核心-依存理论"（Head-Dependent Theory）来对语序关联（Word Order Correlations）做出统一解释。基于德赖尔（Dryer，1992）的研究，莫格加阿恩（Moghaddarn，2001）分析了波斯语相应句法配置的语序，指出波斯语更像是动词居中型语言（verb medial language），波斯语经历了由语序自由型的古代波斯语到构型丰富的 VO 型当代波斯语的句法变化过程①。金立鑫、于秀金（2012）则认为"普通话中就以上句法组配的模式倾向上来看，OV 和 VO 大致上均等，可以证明普通话属于一种较为典型的 VO 和 OV 语序类型的混合语。"

---

* 本节内容曾于 2014 年 10 月提交"第十八次现代汉语语法学术讨论会"宣读。
① 波斯语与本研究讨论的塔吉克语属同一语支，二者在句法上基本一样。

按照谱系分类，汉语属于汉藏语系；塔吉克语属于印欧语系印度-伊朗语族西伊朗次语支。① 本研究拟通过比较汉语和塔吉克语②动词和宾语的语序、附置词结构的位置、定语和状语等修饰语的语序，探讨语序类型中的普遍语法原则。

二、汉语和塔吉克语动词（V）、宾语（O）语序比较

（一）汉语中的 OV 语序

汉语动词和宾语之间既有 VO 语序也有 OV 语序，但常规语序是 VO，当 O 满足有定、周遍性等特定语义特征，可以运用被动化、"把"字转换、话题化、宾语提前等手段实现 OV 语序，"这种词序最常见的是在'乙'（引者注：即 O）前头有连字或隐含连字的场合"，"两事对比或者平行的场所也往往采用这种词序"（吕叔湘，1946），例如：

(1) 你哥哥穿了你的大衣。VS 你哥哥穿了一件大衣。
被动：你的大衣被你哥哥穿了去了。? 一件大衣被你哥哥穿了去了。
"把"字转换：你哥哥把你的大衣穿走了。? 你哥哥把一件大衣穿走了。
话题化：你的大衣你哥哥穿了去了。? 一件大衣你哥哥穿了去了。

(2) 上海，北京，关外，南洋，哪儿我都到过。
你什么也不用管，静听好消息就是了。
什么事我不知道？

(3) 不但笑话我，人家连叔叔都要笑话了。
你怎么外套也不穿就跑出去了？

(4) 他言也不答，头也不回，只顾低了头洗他的菜。
他走了，他的父亲我可以替他伺候，他的孩子我可以替他照料，他爱的字画我管，他爱的鸽子我喂。

上述 O 都是由词组构成的，如果动词是德赖尔（Dryer，1992）指出

---

① 塔吉克语属于印欧语系印度-伊朗语族西伊朗次语支，在塔吉克斯坦广泛使用，并在乌兹别克斯坦、阿富汗、巴基斯坦西部使用，目前仅有塔吉克斯坦把它定为官方语言，乌兹别克斯坦的布哈拉和撒马尔罕，当地也有不少人说塔吉克语。中国新疆塔吉克族的语言，在中国称为"塔吉克语"，不同于塔吉克斯坦所使用的塔吉克语，属于伊朗语族东伊朗次语支的色勒库尔语和瓦罕语。本研究中所提到的塔吉克语、吉尔吉斯语、哈萨克语均为境外语言。

② 关于塔吉克语语法的内容本研究参考了 Azim Baizoyev & John Hayward（2004），Nasrullo Khojayori & Mikoel Thompxon（2009）。

的"want 类动词",宾语往往是小句宾语,汉语小句宾语句不允许 OV 语序①,例如:

(5) 大家都知道地球是圆的。　　　*地球是圆的大家都知道。
　　我想马上就去北京。　　　　　*马上就去北京我想。
　　会不长,话不多,大家觉得　　*会不长,话不多,解决问题
　　解决问题。　　　　　　　　　大家觉得。

(二) 塔吉克语中的 VO 语序

科姆里(Comrie,1981,1989)在讨论波斯语时指出,波斯语小句内的基本语序是 SOV,但波斯语使用前置词,形容词、关系小句和领属成分位于名词后,所以波斯语属于莱曼(Lehmann)所谓的 VO 语言(即词序特性的全部或大多数属于"VO,Pr,NG,NA"型的语言)。尽管它实际上不是 VO 基本语序,它又属于 Vennemann 所说的操作域-操作符语言,但例外是它是 OV 词序。科姆里的困惑在于他只分析了波斯语小句内的语序,正如莫格加阿恩(Moghaddarn,2001)指出的,当宾语为词组时波斯语是 SOV 语序,当宾语为小句时则使用 SVO 语序②,want 类动词与其宾语呈现 VO 语序,这也正好解释了波斯语小句内 SOV 语序与其只有一个后置词,但有大量的前置词之间的不和谐现象。

塔吉克语和波斯语的情况几乎一样,例如:

(6) Man medonam ki wai <u>oshiki</u>③ Dilbar act.(我知道他是迪丽巴尔的心上人。)

　　　　I　know-1SG that he <u>sweetheart-E Dilbar</u> is
　　　　S　V　　　　　　O-clause
　　　　　　　　　　　　　S'　　O'　　V'

塔吉克语中相当于 want 的词是情态动词 hostan/hokh,hostan/ hokh 后如果是不定式词组作宾语可以使用 OV 语序。如果是小句宾语必须用

---

① 小句宾语可以是完整的主谓结构,也可以是无主小句作宾语,对此张全生(2001)有详细的分析。
② 典型的 SOV 型语言,如阿尔泰语系突厥语族语言,O 不论是简单宾语还是小句宾语一律在 V 前。科姆里(Comrie,1989)指出土耳其语从波斯语借用了连词 ki(波斯语中是 ke、塔吉克语是 ki),并把这个连词用于各种从属结构,进而产生了如下宾语小句的例子:
　　Herkes　bilir ki dünya yuvarlak-tir.(大家都知道地球是圆的。)
　　everyone　know that earth　round　is
③ -i 是塔吉克语中的伊扎菲(Izofat,又作 Ezafe)结构的标记,起连接修饰语同被修饰语、标示他们之间修饰关系的作用,伊扎菲结构常用来表示属性或者领属。下文均记作 E。

VO 语序。当小句主语与 hostan/hokh 主语一致时可以省略关系词 ki，例如：

(7) Man hurdan mehokham.　　Man mehokham huram.（我要吃。）
　　　I　to eat　want -1SG　　I　want -1SG eat -1SG

(8) Man raftan mehokham.　　Man mehokham ravam.（我要去。）
　　　I　to go　want -1SG　　I　want -1SG go -1SG

　　Man mehokham, ki wai meravad.
　　　I　want -1SG that　he　go -3SG

就动词（V）、宾语（O）语序来说，汉语和塔吉克语有共性也有差异。二者在 want 类动词句法组配上都是 VO 语序；汉语小句内有条件地使用 OV 语序，塔吉克语小句内只能使用 OV 语序。

三、汉语和塔吉克语附置词（Adposition）比较

德赖尔（Dryer，1992）指出，就附置词而言，OV 型语言倾向使用后置词，VO 型语言倾向使用前置词；就附置词词组与动词的语序而言，OV 型语言倾向"附置词词组动词"结构，VO 型语言倾向"动词＋附置词词组"结构。

汉语主要使用前置词，起介引功能，构成介宾结构作为状语或补语修饰谓语中心语。汉语中还有一些后置成分，其来源和功能不甚统一，经常位于句末，起篇章管界功能。（方清明，2014）

塔吉克语基本使用前置词，起介引功能，构成介宾结构作为状语修饰谓语中心语，主要有 az（相当于 from、of、从），ba（相当于 to、到），dar（相当于 in、在……里），bo（相当于 with、和……一起），baroi（相当于 for、给/为），to（相当于 until、到……为止）。例如：

(9) Man az Dushanbe omadam.（我从杜尚别来的。）
　　　I　from Dushanbe　came -1SG

　　In kitob az man ast.（这是我的书。）
　　　this book of　I　is

　　Kitobro ba Jonona dodam.（我把书给 Jonona 了。）
　　　Book -P to Jonona　gave -1SG

塔吉克语还有 3 个起介引功能的后置成分：kati、barin、-ro。其中后置词 kati（相当于 with）、barin（相当于 like）构成介宾结构作状语修饰谓语中心语时，分别有与其同义且更常用的前置词 bo、misli；后置词缀-ro 作为标识定指的屈折成分附着在定指宾语后，构成"O-ro V"结构，-ro 还有处置意义，相当于汉语的"把"。例如：

（10）Man barodaram kati omadam.（我跟哥哥一起来的。）
    I   brother -1SG with   came -1SG

Tu kham man barin fireb hurdi.（你也和我一样被骗了。）
you also I   like   lie   eat -2SG

可以看出，就附置词结构两个层面，汉语均表现为 VO/OV 混合型特征，塔吉克语则分别为弱 OV 强 VO 和强 OV 弱 VO 的特征。

四、汉语和塔吉克语定语比较

我们以陆俭明（1983）对汉语定语的界定和分类为基础，对比汉语和塔吉克语的定语成分。①

（一）名词性词语

1. 名词

木头桌子

mizi chubin

桌子 -E 木头

2. 名词性结构

（这是）他爸爸的车

(In) moshini padari u（meboshad）

这   车 -E 爸爸 -E 他   是

（二）时间词语

上午的课（不上了）

sahari dars（nest）

课 -E 上午 没有

---

① 陆俭明（1983）指出的汉语定语构成成分涵盖了语序类型学中与名词、名词词组有关的句法结构。

（三）形容词性词语

1. 单音节性质形容词

（那是）红苹果

（on） sebi surkh （ast）

  那 苹果-E 红 是

2. 双音节性质形容词

干净的衣服

libosi toza

  衣服-E 干净

3. 状态形容词

雪白的鞋

poyafzoli zimistona

  鞋 -E 雪白

4. 单音节形容词重叠

甜甜的葡萄

anguri shirin

  葡萄-E 甜

5. 形容词性状中结构

非常漂亮的衣服

libosi bisyor zebo

 衣服-E 非常 漂亮

（四）动词性词语

1. 单音节动词

吃的东西

chizi hurdagi

  东西-E 吃 PTCP

2. 双音节动词

走路的男孩

pisari raftaistodagi

  男孩-E 走 PROG PTCP

3. 动词结构

3.1 动词性联合结构

唱歌跳舞的女孩

dukhtari surud va raks kardaistodagi

女孩 -E 唱歌 又 跳舞 do PROG PTCP

3.2 动词性偏正结构

认真工作的人

insoni az sidqi dil kor mekardagi

人 -E 从 认真 心 工作 do PTCP

3.3 连动结构

（他是）开车上学的学生

donishjui bo moshin ba dars meraftagi

学生 -E 用 车 去 课 走 PTCP

3.4 述宾结构

学习汉语的人

shakhsi zaboni chiniro omkhtagi

人 -E 语言 -E 中国 -P 学习 PTCP

3.5 述补结构

听明白的人

shakhsi sarfahmraftagi

人 -E 听明白 PTCP

（五）代词

1. 人称代词

他爸爸（是律师）

Padari u （huquqshinos meboshad）

爸爸 -E 他 律师 是

2. 指示代词

这本书（是我在书店买的）

（az magozai kitob） **in kitob**ro （kharidam）

在 店 书 这 书 -P 买 -1SG

这些书

in kitobkho　　inkho kitob

　这　书 -PL　　这 -PL 书

3. 疑问代词

（这是）谁的手机

（in）telefoni kist

　这　手机 -E 谁

（六）数量词语

1. 基数词（＋量词）

（我有）两只猫

（man）du gurba（doram）

　我　两　猫　　有 -1SG

2. 序数词（＋量词）

第三辆车

seyum moshin

　三 第　车

（七）主谓结构

爸爸写的信

yak maktubi，ki ba padaram navishtan

　一　信 -E that　爸爸 -1SG　写

（八）介词结构

在家里的女人

dukhtari dar uni khona

　女人 -E 在 里 -E 家

（九）区别词

女教师　　　男教师

muallima　　muallim

定语是修饰性成分，由以上对比可见，塔吉克语个别表示属性的修饰成分和领属格标记可直接在被修饰成分上进行形态变化，其他能充当定语的成分，无论是词还是词组，都与汉语一样使用语序手段。不同之处在于，汉语定语的位置都在中心语之前；塔吉克语除数量词语和指示代词以外，其他充当定语的成分（如领属成分、形容词、关系从句）都在中心语之后，形成固定的伊扎菲结构。

德赖尔（Dryer，1992）指出，VO 型语言关联"冠词＋名词""复数词语＋名词""名词＋领属成分""名词＋关系小句"等，就与名词有关的语序结构而言，塔吉克语比汉语拥有更多的 VO 型语言特征。

五、汉语和塔吉克语状语比较

我们以陆俭明（1983）对汉语状语的界定和分类为基础，对比汉语和塔吉克语的状语成分。①

（一）副词

从语法功能上来看，副词常常用来修饰、限制动词性词语和形容词性词语，作状语，副词所具有的语法意义也是多种多样的。

非常喜欢
bisyor dust doshtan
　非常　喜欢　do / make

我们常常见面
mo teztez vo mekhurem
　我们　常常　互相　　见面 -1PL

我们全部通过了测试
mo hamamon sanjishi testiro suporidem
　我们　全部　　　测试　　-P　通过 -1PL

你快点儿离开那个人
tu teztar②vai odamro tark kun
　你　快　　那人　-P 离开 do

（二）形容词性词语

认真听课
bodiqqat dars gush kardan
　认真　课　ear do

---

① 陆俭明（1983）指出的汉语状语构成成分涉及语序类型学中与动词、动词词组有关的句法结构。
② -tar 是形容词比较级标记词缀。

多写汉字
bisyor ieroglif navishtan
　　多点　　汉字　　写

(三) 数量词

两个两个地练习对话
dukasa dukasa mushovararo mashq kardan
　　两个　　两个　　对话　-P　练习　do

十公斤十公斤地买
dah kilo dah kilo haridan
　　十　公斤　十　公斤　买

(四) 动词性词语作状语

不停地提问
beist pursidan
　　不停　问

我们必须听老师的话
mo boyad gapi muallimaro gush kunem
　　我们 必须　话 -E 老师　-P　ear　do -PL

这种水果可能好吃
in meva mumkin bolazzat boshad
　　这　水果　可能　　好吃　　to be

(五) 名词

1. 时间名词

我们下午六点吃饭
mo shom soati shash hurok mehurem
　　我们 下午 点 -E 六　饭　　吃 -PL

2. 地点名词

你外边等一会儿
tu dar berun manro intizor shav
　　你　在　外面　我　-P　等

（六）代词

这样做不对

in hel kardan nodurust ast

    这样   做   不对   be

我不知道这个字怎样读

man namedonam, ki in harf chi tavr khonda meshavad

    我 不- 知道 -1SG that 这 字 怎样 读

（七）主谓结构作状语

手拉手地奔跑

dast ba dast girifta davidan

    手 和 手   拉   奔跑

（八）介词结构作状语

用筷子吃饭

bo chubchakho hurok hurdan

    用   筷子 -PL 饭   吃

中国比日本大

Hitoy az Yaponiya kalontar

    中国   比   日本   大

这是从中国来的老师

in muallimai az Khitoy omadagi ast

    这 老师 -E 从 中国 来 PTCP 是

（九）数量词组作状语

我一个人吃饭

man tanho hurok mehuram

    我 单独 饭 吃 -1SG

学校八点上课

donishgoh soati hasht ba dars shuru menamoyad

    学校   点 -E 八   课 开始

由以上对比可见，塔吉克语与汉语的状语构成成分基本相同，各类成分构成的状语与中心语的语序也与汉语相同，都是状语成分在谓语中心语前。

根据德赖尔（Dryer，1992），汉语和塔吉克语都具备 VO 型语言"否定词＋动词词组"特征和 OV 型语言"比较基准＋形容词""介词词组＋动词""方式副词＋动词"特征。

六、汉语和塔吉克语的语序类型

根据格林伯格（Greenberg，1966）、科姆里（Comrie，1989）语言共性和类型理论，在 SVO：SOV：VSO 三分体系中，汉语和塔吉克语都属于 SVO 型语言。

在德赖尔（Dryer，1992）与 VO：OV 语序相关联的系列结构组配中，汉语和塔吉克语都是 VO 和 OV 混合语序的语言，两相比较，汉语具有较多的 OV 语序特征，塔吉克语具有较多的 VO 语序特征。

在黄（Huang，1982）X 阶标类型学框架中，汉语和塔吉克语属于动词居中的语言结构，汉语多用中心词在后的规则，塔吉克语多用中心词在前的规则。

（一）SVO 语言与 VO：OV 语序类型的冲突

德赖尔（Dryer，1991）认为，尽管 SVO 语言表现出部分特征介于动词居前语言与动词居后语言之间，但从总体类型上讲，SVO 语言更像是动词居前语言，进而支持 VO：OV 语序类型。

通过分析汉语与塔吉克语基本语序，我们认为 SVO 语言内部在语序类型上并不具有一致性，比如，英语、塔吉克语、汉语的 VO 语序类型特征依次逐渐减少，相应地，OV 语序类型特征依次逐渐增多。因此，VO：OV 语序类型的确定过于简单化，应该同时考察其他参量，比如附置词以及附置词结构的语序类型、修饰语和被修饰成分的语序类型。

（二）确定 SVO 语言语序类型的因素

确定 SVO 语言语序类型可以从句法层面和功能范畴入手。

首先，在句法层面，考虑基本词组结构的 VO：OV 语序类型。比如英语、汉语属于 VO 类型，塔吉克语属于 OV 类型；而当小句作宾语时，英语、汉语、塔吉克语都属于 VO 类型。

其次，考虑宾语成分的功能范畴。塔吉克语中体词性宾语和动词不定式宾语位于动词前，动词带有时体特征时位于动词后，形成 OV、VO 不同的功能分布。

第二节　由汉语、塔吉克语比较句构成异同看介词语序类型

一、引言

理查德·拉森（Richard K. Larson，2009）根据限定修饰语和中心语的语序、联接成分的有无和位置将伊朗语族语言分为三类，如表1-1所示。

表1-1　伊朗语族语言分类

类型	Ezafe Languages	Reverse Ezafe Languages	"Non-Ezafe" Languages
代表语言	Farsi、Tajiki、Kurdish、Zazaki、Hawrami	Gilaki、Mazandarani、Taleshi	Pashto
基本结构	a.N-EZ NP/AP/PP/nonfinite CP b.A -EZ NP c.Q -EZ NP（for some Qs） d.P -EZ NP（for some Ps）	a. NP/AP/PP -REZ N b. NP -REZ A c. NP -REZ P	numerals, demonstratives, attributives As, and reduced relative clauses all occur prenominally with no linking elements
例句	manzel-é John negæran-é bæche *worried-EZ child-PL* dor-é estæxr *around-EZ pool*	John-é xomne zak-ə negarown *child-REZ worried* istaxr-e dowri *pool-REZ around*	agha motar *"that car"* wəgay alək *"hungry boy"* de amrika ne birta raɣeli seray *from Ame return came man*

理查德·拉森（Richard K. Larson）指出，语言学家不可能仅仅使用某种语言的数据就总结出特定语言的语法规律，正如只从汉语看汉语是看不清汉语的，我们必须使用更多的语言资料。汉语的"的"对应 Ezafe Languages 的 EZ 和 Reverse Ezafe Languages 的 REZ，EZ 和 REZ 都是起

核查"格"作用的助词,汉语的"的"是一个形容词化/格协调化成分。"不管'的'前头的定语成分还是后头的中心语,也不管它们是名词、形容词还是动词,'的'都是使前后的名词性成分'格协调'的助词"。(沈家煊,2015)

比较是一种句法语义范畴,人类语言中都有用来比较事物、性状、程度异同的比较句。一个完整的比较句一般包括比较主体、比较标记、比较基准、比较结果四个部分。其中比较标记往往由介词或具有相应介引功能的成分充当,进而介引出比较基准。

就语序而言,假定比较主体在句首,理论上比较句可以有如下四种语序类型:

主体+标记+基准+结果　　主体+结果+标记+基准

主体+基准+标记+结果　　主体+结果+基准+标记

从语义上看,比较句有同比句和差比句两种。

本研究在确定汉语和塔吉克语基本语序类型的基础上,拟通过对比两种语言比较句的构成,进而讨论与介词和介词结构相关的语序类型问题。

二、汉语和塔吉克语比较句构成比较

(一)汉语同比句结构与介词结构:"和/跟/与/同+基准+一样+结果""有+基准+结果"

(1) 这种萝卜跟梨一样甜。我去跟你去一样。(吕叔湘,1999)230

(2) 我跟小田一样高。我妹妹长得和我母亲一样。(吕叔湘,1999)610

(3) 这花开得有碗口那么大。这孩子已经有我(那么)高了。(吕叔湘,1999)631

(二)塔吉克语同比句结构与介词结构:"misli/monandi+基准"

(4) Imruz misli/monandi diruz garm ast.①
　　　　today　like, similar　yesterday　hot　is

---

① 根据 Azim Baizoyev & John Hayward(2004),塔吉克语表达比较义的词如下:
az　　　　　　　　from, by, than
misl　　　　　　　like, similar　　　　　　misli=misl+i(Ezafe 标记)
monand　　　　　like, similar　　　　　　monandi=monand+i
nisbat　　　　　　relation, regard　　　　 nisbati= nisbat+i
ba　　　　　　　 to, for, in, at
nisbati / nisbat ba　compared to, with regards

（5）Firdaws misli / monandi Alisher baland ast.

   Firdaws like, similar Alisher high is

可以表示身高、体重、容貌等性质，也可以表示人的身份，比如国籍、宗教信仰、职位等。

（6）Firdaws misli / monandi Alisher Tojik ast.

   Firdaws like, similar Alisher Tajik is

（7）Modari vai misli/monandi modari man muallima ast。

   Mother-E he like, similar mother-E I teacher is

可以看出，汉语和塔吉克语的同比句都属于"主体＋标记＋基准＋结果"类型。

（三）汉语差比句结构与介词结构："比＋基准""于＋基准""过＋基准"

汉语差比句句型可以有"主体＋标记＋基准＋结果"和"主体＋结果＋标记＋基准"两种类型。

1. 主体＋"比"＋基准＋结果/主体＋结果＋"比"＋基准

（8）他的热情比年轻人还高。（吕叔湘，1999）[73]

（9）身体比过去结实了。

（10）小赵比我小五岁。

赵金铭（2006）[70]，"应该特别指出的是：'比较标记＋比较基准'是固定组合，不可分离。只要维持这一原则，在一定的语境下，应表达的特殊需要，差比句的典型形式还可以产生变异形式。"

"比"＋基准＋主体＋结果 主体＋结果＋"比"＋基准

（11）比你我大得多。（赵金铭，2006）[70]

   我大得多比你。（赵金铭，2006）[70]

（12）比过去身体结实了。

   身体结实了比过去。

2. 主体＋结果＋"于"＋基准

（13）国家利益高于一切。（吕叔湘，1999）[636]

（14）为人民而死，重于泰山。

3. 主体＋结果＋"过"＋基准

(15) 向日葵已经长得高过人头了。(吕叔湘，1999)[246]

(16) 技术革新的浪潮一浪高过一浪。

(17) 现在的技术比起以前来，不知要强过多少倍。

(18) 天气再热，也热不过抢险队员的心去。(吕叔湘，1999)[250]

（四）塔吉克语差比句结构与介词结构："az＋基准""nisbati/nisbat ba＋基准"

塔吉克语差比句结构因介词不同类型有差异。

1. 主体＋az＋基准＋结果/主体＋结果＋az＋基准

(19) Imruz az diruz garmtar ast.

   今天　比　昨天　热

?Imruz garmtar az diruz ast.

   今天　热　　比　昨天

(20) Today is hotter than yesterday.

  *Today is than yesterday hotter.

相对英语来说，介词 az 构成的塔吉克语差比句结构的语序允许有"主体＋标记＋基准＋结果"和"主体＋结果＋标记＋基准"两种形式。例如：

(21) Firdaws az Alisher balandtar ast.

   　比　　　　　高

?Firdaws balandtar az Alisher ast.

   　　　高　　比

(22) Firdaws az Alisher 5cm balandtar ast.

   　比　　　　　　　高

?Firdaws 5cm balandtar az Alisher ast.

   　　　　　高　　比

(23) Man az vai zudtar khyrdam.

  我　比　他　快　吃 -1SG

?Man zudtar az vai khyrdam.

  我　快　比　他　吃 -1SG

2. 主体＋nisbati/nisbat ba＋基准＋结果

塔吉克语介词 nisbati/nisbat ba 构成的差比句只有"主体＋标记＋基准＋结果"一种形式。

(24) Imruz nisbati/nisbat ba diruz garmtar ast.
　　　今天　　compared　to　昨天　热

*Imruz garmtar nisbati/nisbat ba diruz ast.

(25) Firdaws nisbati/nisbat ba Alisher balandtar ast.
　　　　　　Compared　to　　　高

*Firdaws balandtar nisbati/nisbat ba Alisher ast.

(26) Firdaws nisbati/nisbat ba Alisher 5cm balandtar ast.
　　　　　　compared　to　　　高

*Firdaws 5cm balandtar nisbati/nisbat ba Alisher ast.

(27) Man nisbat ba vai zudtar khyrdam.
　　　我　compared to　他　快　吃 -1SG

*Man zudtar nisbat ba vai khyrdam.

(五) 汉语和塔吉克语特殊差比句表达的异同

刘丹青（2008）[201] 指出："比较参项的典型成分是形容词，但在有些语言、方言中也可以是能受程度修饰的动词或助动词。在英语这类语言中，还可以是系词后由名词充当的表语。"

(28) Lee is more a man than a woman.

与其说李是个女人，不如说她是个男人。

Lee az zan dida, beshtar ba mard monand ast.
李 from 女人 seen　more　to 男人 like

Lee nisbat ba zan, beshtar ba mard monand ast.
李 compared to 女人　more　to 男人 like

(29) He is more a man than a boy.

与其说他是个男孩儿，不如说他是个男人。

Vai az pisarbacha dida, beshtar ba mard monand ast.
他 from 男孩儿　seen　more　to 男人 like

Vai nisbat ba pisarbacha, beshtar ba mard monand ast.
　　　他 compared to　　男孩儿　　more　to　　男人　　like

相对英语用单句表达这种比较结构，汉语用"与其……不如……"选择关系复句结构，塔吉克语用"az……dida，beshtar ba……monand"或者"nisbat ba……，beshtar ba……monand"这种复杂的介词结构作状语的单句形式表达这种取舍语义的比较结构。例如：

（30）He eats more rice than bread.
　　　他吃米饭比吃面包多。/他米饭比面包吃得多。
　　　Vai birinjro az non beshtar mekhurad.
　　　他　米饭-P　比 面包　more　　吃

（31）He is more sad than angry.
　　　他与其说是愤怒，还不如说是悲伤。/他悲伤多于愤怒。
　　　Vai nisbat ba ghazab, beshtar gamgin ast.
　　　　　　　　愤怒　　　　　悲伤

刘丹青（2004）指出："汉语差比句的一大特点是比较主体和属性主体可以分离。……汉语可以说'东西你比我好，价钱我比你便宜'。两个分句中比较主体分别是'你'和'我'，属性主体却分别是'东西'和'价钱'。这样的句子很难直译成英语。"

（32）东西你比我好，价钱我比你便宜。

As for goods, yours are better than mine; as for price, mine is lower than yours.

While your goods are better than mine, my price is lower than yours.

Moli tu nisbat ba moli man khubtar ast, vale narxi moli man nisbat ba
　　东西-E 你 compared to 东西-E 我　　好　　　但 价钱-E 东西-E 我 compared to

narxi moli tu arzontar ast.
价钱-E 东西-E 你 便宜

Moli tu az moli man dida khubtar ast, vale narxi moli man az narxi moli
　　东西-E 你 from 东西-E 我　 seen　　好　　　但 价钱-E 东西-E 我 from 价钱-E 东西-E

tu arzontar ast.
　　你　便宜

塔吉克语和英语一样都得用转折复句表达这种比较结构，并且构成复句的分句是完整的单句比较形式。

刘丹青（2008）[212]指出，调查比较应当考察具体语言中"关联比较怎样表达"。汉语用"越……越……"紧缩复句结构，英语用"the more……the more……"并列结构，塔吉克语用"harchi……，hamon kadar……"并列复句结构。例如：

（33）钱越多越好。

　　Pul harchi ziyod boshad, hamon kadar khub ast.
　　钱　越　多　是　　　越　　好　是

（34）The more he eats, the fatter he gets.

　　他吃得越多长得越胖

　　Vai harchi ziyod khurad, hamon kadar farbeh meshavad.
　　他　越　多　吃　　越　　胖　变

三、汉语和塔吉克语的基本语序类型

根据格林伯格（Greenberg，1966）、科姆里（Comrie，1989）语言共性和类型理论，在 SVO：SOV：VSO 三分体系中，汉语和塔吉克语都属于 SVO 语言。

在德赖尔（Dryer，1992）与 VO：OV 语序相关联的系列结构组配中，汉语和塔吉克语都是 VO 和 OV 混合语序的语言，两相比较，汉语具有较多的 OV 语序特征，塔吉克语具有较多的 VO 语序特征。

在黄（Huang，1982）X 阶标类型学框架中，汉语和塔吉克语都属于动词居中的语言结构，汉语多用中心词在后的规则，塔吉克语多用中心词在前的规则。

（一）汉语的基本语序类型

汉语句子有 VO 和 OV 两种语序，以 VO 常用，OV 语序在单句内有条件地使用，其中小句宾语句不允许使用 OV 语序。

汉语多用前置词，前置词构成的介词结构也多位于动词词组前作状语，基本属于 Pr、Pr phrase-VP 类型；也有少量前置词构成的介词结构位于动词词组后作补语的，可归于 Pr、VP -Pr phrase 类型。汉语中还有一定数量的后置词，有的与前置词构成框式介词结构，有的单独使用，可位于动词词组前作状语，也可位于动词词组后作补语。（刘丹青，2003）

汉语中与名词和修饰语有关的语序结构基本都是修饰语在前、名词在后，比如形容词定语、属格定语、关系从句定语都在名词前面，属于 Adj-N、G-N、Rel-N 类型。

（二）塔吉克语的基本语序类型

塔吉克语句子有 OV 和 VO 两种语序，以 OV 常用，单句内 O 为简单宾语时都用 OV 语序，VO 语序的使用仅限于 O 为小句宾语的情况。

塔吉克语基本用前置词①，前置词构成的介词结构也多位于动词词组前作状语，基本属于 Pr、Pr phrase-VP 类型。

塔吉克语中与名词和修饰语有关的语序结构基本都是名词在前、修饰语在后，比如形容词定语、属格定语、关系从句定语都在名词后面，属于 N-Adj、N-G、N-Rel 类型。

四、介词和介词结构相关的语序类型

上文做过一个关于比较句语序类型的理论假设，对应与 VO：OV 语序相关联的系列结构组配，可以看到如下情况：

主体＋标记＋基准＋结果	VO/OV	Pr、Pr phrase-VP
汉语、塔吉克语		
主体＋结果＋标记＋基准	VO	Pr、VP- Pr phrase
英语等语言		
主体＋基准＋标记＋结果	OV	Po、Po phrase-VP
阿尔泰语系语言		
主体＋结果＋基准＋标记	无此类型	

为什么会出现这样的类型分布，可以从联系项理论和 SVO 型语言语序多样性两方面得以解释。

（一）联系项（relator）理论观照下的介词语序

刘丹青（2002）指出："介词短语的语序变化对介词类型的影响，要

---

① 后置成分有 kati、barin、-ro，其中-ro 表示受事，已虚化为词缀，置于直接宾语后，而 kati（义为 with）、barin（义为 like）分别有与其同义且更常用的前置词 bo、misli。

从联系项的语序特点去理解。"介词跟连词、关系代词、结构助词等一样，是句法组合中的联系项（relator），用来连接两个有句法关系的成分。狄金森（Dik，1997）根据跨语言调查得出的人类语言若干语序原则中，很重要的一条是联系项原则，该原则指出联系项的优先位置是位于所连接的两个单位之间。绝大部分语言的介词都遵守这一原则，这一原则也是人类语言象似性原则的具体表现之一。连词如介绍两个平等的人相识，介词则似将幼者、卑者介绍给长者、尊者，不管何种介绍，介绍人总会站在另两人中间的位置。联系项原则就模拟了这种情形。

"主体＋标记＋基准＋结果"比较句结构，比较标记作为联系项位于主体和基准之间。汉语和塔吉克语使用这一结构的区别在于，如果句中出现另外的动词，汉语中该动词位于主体后、"标记＋基准＋结果"前，而塔吉克语该动词（包括系动词）总是位于句末位置。在比较句结构上，汉语表现出 VO 语序特征，而塔吉克语表现出 OV 语序特征。

"主体＋结果＋标记＋基准""主体＋基准＋标记＋结果"这两种比较句结构，比较标记作为联系项总是位于结果和基准之间，其动词和宾语语序、附置词及附置词结构语序符合德赖尔（Dryer，1992）提出的与 VO：OV 语序相关联的结构组配。

（二）SVO 型语言介词语序、介词结构语序的多样性

就附置词结构两个层面而言，汉语、塔吉克语、英语这三种 SVO 型语言呈现出三类不同的语序类型。

汉语在附置词层面，主要使用前置词，也有少量的后置词，以及由前置词和后置词构成的框式结构，属于 VO/OV 混合型；在附置词词组与动词语序上，主要是 Pr phrase-VP 类型，也有 VP-Pr phrase 的情况，因此也属于 VO/OV 混合型。

塔吉克语在附置词层面，基本上使用前置词，只有三个后置成分，呈现出弱 OV 强 VO 的特征；而在附置词词组与动词语序上，则主要是 Pr phrase-VP 类型，呈现出强 OV 弱 VO 的特征。

英语全部使用前置词和 VP-Pr phrase 结构，在附置词层面、附置词词组与动词语序两个层面上，与 VO 语序呈相关组配。

第三节　由汉语、塔吉克语"是"字句异同看强调句构成的语言类型*

一、引言

汉语的"是"有表示应答、判断等同或属种关系、存在、强调等4个功能，塔吉克语中实现相应功能的词有3个，ҳа（ha）/бале（bale）、будан（budan）、ҳаст（hast）。

除应答句外，汉语"是"字句结构一般为"S 是 O""（……）是……（的）"，相应塔吉克语句子结构一般为"（S）O budan/hast"，budan/hast 有时体和主谓一致的形态变化，主语 S 如果是代词可以省略。

本研究拟通过对比汉语、塔吉克语"是"字句的构成，考察这两种语言的强调句结构，探讨强调句构成的语言共性和类型，为汉语作为第二语言学习提供本体理论基础。

二、汉语、塔吉克语"是"字句构成比较

（一）表应答的"是"和 ha/bale①

汉语"是"可以用于回答是非问句、正反问句，还可以用于其他应对，如回答不用"是"字的问句或接过对方的话茬儿说（吕叔湘，1999）[502]；塔吉克语的 ha/bale 也可以用于回答是非问句和其他应答，ha 多用于口语，bale 一般用于书面语。

（1）——你是司机吗？

　　——（Shumo） ronanda hasted? /（Tu） ronanda hasti?
　　　　您　　　司机　是2SG-hono　　你　　司机　是2SG

---

* 本节内容曾于 2013 年 12 月提交"第七届现代汉语语法国际研讨会"宣读。

① 经与中国传媒大学邢欣教授交流，应答词有三类，一类是专用的，如英语的 yes、塔吉克语的 ha\bale；一类是叹词；还有一类是别的词类转用的，如汉语的"是"，由确认义转用为应答义。

——是。/不是。
——Ha./Ne.　　Bale./Ne.
　　是　不　　　是　不

(2)——你是新来的吗？
——（Shumo）nav omadagi hasted?/（Tu）nav omadagi hasti?
　　您　新　来　PTCP 是 2SG-hono 你　新　来　PTCP 是 2SG

(3)——那是图书馆吗？
——On jo kitobkhona ast?
　　那 地方 图书　馆　　是

(4)——你是不是去游泳？（你去游泳吗？）
——（Shumo）obbozi raftaistodaed? /（Tu）obbozi raftaistodai?
　　您　　游泳　去 PRS-CONT 2SG-hono 你　游泳　去 PRS-CONT 2SG

——是。/不是。
——Ha./Ne. Bale./Ne.

(5)——你明白了吧？
——（Shumo）fahmided? /（Tu）fahmidi?
　　您　　明白了 2SG-hono /你 明白了 2SG

——是，明白了。/不，还不明白。
——Ha /Bale, fahmidam。/Ne, nafahmidam。
　　是　　明白　-1SG　　/不　neg 明白　1SG

（二）表判断等同或属种关系的"是"和 budan

汉语"是"可以表示等同或者属种关系，构成判断句。"是"表示等同关系时前后两部分一般可以互换，意思不变，如例（6）；表示属种关系时前后两部分不能互换，如例（7）。

(6) 于福的老婆是小芹的娘。/小芹的娘是于福的老婆。

(7) 鲸鱼是哺乳动物。

塔吉克语 budan 是系词①，相当于 to be，有时体和主谓一致的形态变化，一般用于现在-将来时（present-future tense）和一般过去时（simple

---

① 塔吉克语动词的时态变化要用其词根或词干形态，词干就是去掉不定式的 an，规则动词的词根是直接去掉 tan 或者 dan。budan 是不定式，其词根为 bosh，词干为 bud。

past tense）①，属于不规则变化动词，用于现在-将来时随主语人称不同有六种形式②，即 mebosham（1SG）、meboshi（2SG）、meboshad（3SG）、meboshem（1PL）、meboshed（2PL or 2SG-honorific）、meboshand（3PL）。

同汉语"是"一样，budan 可以表示等同或者属种关系，构成判断句。budan 构成判断句有三种类型，第一种是完全式，使用 budan 的不规则变化形式，例如：

(8) Rudaki yake az shoironi buzurgi Forsu Tojik meboshad.
鲁达基 第一 从 诗人 -E 伟大 -E 波斯 塔吉克 是 -3SG
Yake az shoironi buzurgi Forsu Tojik Rudaki meboshad.
第一 从 诗人 -E 伟大 -E 波斯 塔吉克 鲁达基 是 -3SG
鲁达基是波斯-塔吉克最伟大的诗人。/波斯-塔吉克最伟大的诗人是鲁达基。

(9) Man donishjui az Tojikiston omada mebosham, U ustodi man meboshad.
我 学生 -E 从 塔吉克斯坦 来 是 -1SG 她 老师 -E 我 是 -3SG
我是从塔吉克斯坦来的学生，她是我的老师。

(10) Kit haivoni shirhur meboshad.
鲸鱼 动物 -E 哺乳 是 3SG
鲸鱼是哺乳动物。

系词 budan 用于判断句的第二种类型是直接在动词的位置上使用系词的后缀，即 -am（1SG）、-i（2SG）、ast（3SG）、-em（1PL）、-ed（2PL or 2SG-honorific）、-and（3PL），可以称为后缀式，常用于口语，这是使用最多的一种类型，如例（3）的问句，另如：

(11) Man korgaram. = Man korgar mebosham. 我是工人。
我 工人 -1SG 我 工人 是 -1SG

---

① 塔吉克语主要有 8 种时态，分别是现在-将来时（present-future tense）、一般过去时（simple past tense）、叙述过去时（narrative past tense 即现在完成时 present perfect tense）、描述过去式（descriptive past tense 即过去未完成时 past imperfect tense）、过去完成时（past perfect tense）、现在进行时（present continuous tense）、过去进行时（past continuous tense）、绝对将来时（absolute future tense）。

② budan 用于一般过去时直接用词干 bud+不同人称词尾（budam、budi、bud、budem、buden、budand）构成判断句。

（12）Emomali Rahmonov prezidenti Jumhurii Tojikiston ast.

   埃莫马利 拉赫蒙   总统 -E 共和国 -E 塔吉克斯坦 是 3SG

  Prezidenti Jumhurii Tojikiston Emomali Rahmonov ast.

   总统 -E 共和国 -E 塔吉克斯坦 埃莫马利 拉赫蒙 是 3SG

拉赫蒙·埃莫马利是塔吉克斯坦共和国的总统。/塔吉克斯坦共和国的总统是拉赫蒙·埃莫马利。

（13）Dushanbe poytakhti Tojikiston ast.

   杜尚别 首都 -E 塔吉克斯坦 是 3SG

  Poytakhti Tojikiston Dushanbe ast.

   首都 -E 塔吉克斯坦 杜尚别 是 3SG

杜尚别是塔吉克斯坦的首都。/塔吉克斯坦的首都是杜尚别。

（14）Palang darrandai tez dav ast.

   老虎 食肉动物 -E 快速 跑 是 3SG

老虎是凶猛的动物。

  系词 budan 用于判断的第三种类型是用 hast 辅助承担系词的功能。hast 相当于 there is，表示"存在、有"①，在书面语中可以作为系词 budan 的辅助形式构成判断句，随主语人称不同有六种形式，即 hastam（1SG）、hasti（2SG）、hast（3SG）、hastem（1PL）、hasted（2PL or 2SG-honorific）、hastand（3PL），如例（1）、例（2）的问句。

（15）——Tu ki hasti?

    你 谁 是 2SG

  ——你是谁？

  ——Man Siao Chin hastam.

    我 小 芹 是 1SG

  ——我是小芹。

  budan 构成判断句的完全式和后缀式主要是语体差别。其中，第三人称单数作主语指人的多用完全式 meboshad，指物的多用 ast；hast 辅助形式不常用，主语是第三人称单数的几乎不用 hast。

---

① hast 用于现在-将来时，一般过去时用 bud，相当于 there was。

（三）表存在的"是"和 budan

汉语"是"可以表示存在，主语一般为处所词语；塔吉克语 budan 也可以表示存在，一般都用后缀式的 ast。例如：

(16) ——桌子上是你的书吗？

——Dar boloi miz kitobi tu ast?

  在 上 -E 桌子 书 -E 你 是

——是的，是我的书。

——Ha/Bale, kitobi man ast.

  是 书 -E 我 是

(17) 教室里都是学生。

Dar sinfkhona hama donishjuikho ast.

 在 教室 都 学生 PL 是

(18) 门口是个人。

Dar dahonni dar yak odam ast.

 在 口 -E 门 一 人 是

（四）构成系表结构的 budan

塔吉克语 budan 可与形容词构成系表结构，在现在-将来时一般用后缀式，例如：

(19) Man shodam.

 我 高兴 1SG

我（很）高兴。

(20) Siao qin hele zebo ast.

 小 芹 非常 漂亮 是3SG

小芹非常漂亮。

(21) In jahon pok khobkirdor ast.（鲁达基诗歌）

 这 世界 纯洁 像熟睡的 是3SG

这世界如熟睡般纯洁。

汉语没有系表结构，形容词一般可以直接作谓语陈述主语，如果用于"是"字句，"是"重读，有"的确、实在"的意思（吕叔湘，1999)[499]，例如：

（22）昨天是冷。

（23）他的手艺是高明。

（24）我们的战士是很英勇。

（五）表强调的"是"和 bale

汉语"是"放在特定的句法语义成分前表达强调①，如例（22）、例（23）、例（24），另如下例所示（方梅，1995）[282]：

（25）

a. 我们明天在录音棚用新设备给那片子录主题歌。

b. 是我们明天在录音棚用新设备给那片子录主题歌。（用于回答"哪些人"）

c. 我们是明天在录音棚用新设备给那片子录主题歌。（用于回答"哪天"）

d. 我们明天是在录音棚用新设备给那片子录主题歌。（用于回答"在哪个地方"）

e. 我们明天在录音棚是用新设备给那片子录主题歌。（用于回答"用哪种工具"）

f. 我们明天在录音棚用新设备是给那片子录主题歌。（用于回答"给哪个片子"）

g. 我们明天在录音棚用新设备给那片子录的是主题歌。

h. *我们明天在录音棚用新设备给那片子录是主题歌。

i. 我们明天在录音棚用新设备给那片子（要做的）是录主题歌。

塔吉克语用前置相关句法语义成分的方式表达强调，当强调句作为答句出现时可以先选择性使用 bale 作为应答，例（25）各句用塔吉克语表达的情况如下：

---

① "是"可以强调施事主语、时间、处所、工具等，一般不能是动词后的受事成分，因为"是"不是单纯的句法标记词，"是"属于动词，因此需要接受汉语语法对动词的一般限制。（黄正德，1988：47-48；徐杰&李英哲，1993：82；徐杰，2001：130）例（25）H 不合格就在于"是"不能介入"录主题歌"这一述宾结构之间。

(26)

a. Mo fardo dar studiyai sabti ovoz in tajhizoti navro istifoda karda
　　我们　明天　在　工作室-E　录音　声音　这　设备-E　新-P　用　做
surudro dar film sabt mekunem.
主题歌-P　给　片子　录音　要做 1PL

b.（Bale,）mo fardo dar studiyai sabti ovoz in tajhizoti navro istifoda
　　　　是　　我们　明天　在　工作室-E　录音　声音　这　设备-E　新-P　用
karda surudro dar film sabt mekunem.
做　主题歌-P　给　片子　录音　要做 1PL

c. Fardo mo dar studiyai sabti ovoz in tajhizoti navro istifoda karda
　　明天　我们　在　工作室-E　录音　声音　这　设备-E　新-P　用　做
surudro dar film sabt mekunem.
主题歌-P　给　片子　录音　要做 1PL

d. Dar studiyai sabti ovoz mo fardo in tajhizoti navro istifoda karda
　　在　工作室-E　录音　声音 我们　明天　这　设备-E　新-P　用　做
surudro dar film sabt mekunem.
主题歌-P　给　片子　录音　要做 1PL

e. In tajhizoti navro istifoda karda mo fardo dar studiyai sabti ovoz
　　这　设备-E　新-P　用　　做　我们 明天　在　工作室-E　录音　声音
surudro dar film sabt mekunem.
主题歌-P　给　片子　录音　要做 1PL

f. Dar in film mo fardo dar studiyai sabti ovoz in tajhizoti navro istifoda
　　给　这 片子 我们　明天　在　工作室-E　录音　声音　这　设备-E　新-P　用
karda surudro sabt mekunem.
做　主题歌-P　录音　要做 1PL

g. In surudro mo fardo dar studiyai sabti ovoz in tajhizoti navro istifoda
　　这　主题歌-P 我们　明天　在　工作室-E　录音　声音 这　设备-E　新-P　用
karda dar film sabt mekunem.
做　给　片子　录音　要做 1PL

三、汉语、塔吉克语强调句结构比较及强调句构成的语言共性和类型

（一）汉语、塔吉克语强调句结构比较

强调是一种凸显，凸显的目的是引起注意。语句中凸显某个成分我们所能采取的手段一般有两种：一是语音手段，通过改变表达重音的位置凸显强调不同的成分；一是句法手段，通过句法位置的变化或者用特定语词标明某个特定语法成分以达到凸显强调的目的。口语中常用前一种手段，也可以使用第二种手段；书面语只能使用句法手段。

根据信息传递的"尾焦点"原则，一般地，一个句子重心往往在句尾，也就是"旧信息＋新信息"结构。新信息是句子的表达重心，是说话人所要强调的内容。在特定语境中，有时候为了强调新信息以外的内容，我们就需要使用强调句结构。如果用焦点结构的表达来说，"旧信息＋新信息"结构中新信息表达的是自然焦点，强调句结构中被强调成分表达的是对比焦点。

比较（25）a 和（25）b—f，可以看出，汉语用系词"是"作为强调标记标明其后的成分是强调成分，进而构成强调句结构。

比较（26）a 和（26）b—g，塔吉克语主要使用改变句法位置的手段，将所要强调的成分放置在句子最前面，构成强调句结构；在应答问句的时候可以选择性使用 bale 先作为应答再说出强调句。

（二）强调句构成的语言共性和类型

徐杰（2001）[157-162]通过分析古今汉语、英语、马来语、匈牙利语的焦点结构讨论焦点形式的语言类型①，指出"加用焦点标记词"和"前置焦点成分"是表达焦点范畴的两种类型，"各种不同的自然语言在表达焦点的形式方面表面上五花八门，实际上居然仅仅是对这有限的两种方式的不同选择和拼盘配组的结果，简单而且规整"，如表 1-2 所示。

---

① 徐杰（2001）讨论的焦点就是本研究所说的强调句结构表达的对比焦点。

表 1-2　不同语言表达焦点形式类型

焦点形式类型		代表语种
前置焦点成分	至句首	英语（强制性）、马来语（选择性）
	至动词前	匈牙利语、上古汉语
加用焦点标记词	加用系词	现代汉语、英语
	加用助词	马来语

笔者在对比汉语、塔吉克语强调句的同时，还关注了俄语、吉尔吉斯语、哈萨克语的强调句结构，同塔吉克语一样，俄语、吉尔吉斯语、哈萨克语选择的也是前置相关成分至句首的方式来构成强调句，当前置焦点成分是施事主语时，选择性地使用表近指的指示代词 jeto（俄语）、bul（吉尔吉斯语/哈萨克语）来标记，但没有专门的标记成分。比较这几种语言，特别是塔吉克语，跟徐杰（2001）提到的语言，可以得到强调句构成的下面四种类型：

在有系词、有焦点标记词的语言中，焦点标记词首选系词，如现代汉语、英语[①]；

在有系词、无焦点标记词的语言中，使用前置手段，如塔吉克语；

在没有系词、有焦点标记词的语言中，焦点标记词是其他成分，如马来语；

在没有系词、没有焦点标记词的语言中，只能使用前置手段，如俄语、吉尔吉斯语/哈萨克语是前置到句首，上古汉语、匈牙利语是前置到动词前。

为什么这些分属不同语系、语族的语言[②]在构成强调句时只能选择"这有限的两种方式"？这是因为前置和加用标记词是人类语言能起到凸显强调作用的有效句法手段，这实际上是一种语言共性的体现。

具体选择哪一种方式，有没有什么内在的原因，或者说这种选择是不是一种偶然。我们认为，是语言本身的结构系统决定了强调手段的选择。

[①] 英语可能得算第五种类型，有系词、同时使用前置和焦点标记两种手段，不符合语言经济性原则。

[②] 按照谱系分类，汉语属于汉藏语系，英语属于印欧语系日耳曼语族西部语支，俄语属于印欧语系斯拉夫语族东部语支，塔吉克语属于印欧语系印度-伊朗语族西伊朗次语支，匈牙利语属于乌拉尔语系芬兰-乌戈尔语族乌戈尔语支，吉尔吉斯语/哈萨克语属于阿尔泰语系突厥语族克普恰克语支，马来语属于马来-波利尼西亚语系印度尼西亚语族。

对于没有系词的语言来说，前置是首选手段，这一点从古今汉语的发展变化来看是最明显的。石毓智和徐杰（2001）[458-463]提到，在汉语"是"经过"指示代词&形容词＞判断动词＞强调标记"这样一个语法化过程中，汉语强调手段的选择也发生了变化，从前置变为加标记词。

现代汉语和英语都用系词作为焦点标记词的方式，是因为这两种语言语序相对固定，形态变化相对少，而且又有用来表示判断的系词。

四、塔吉克语系词 budan 为什么没有强调标记功能

（一）汉语和塔吉克语的语序类型差别

根据格林伯格（Greenberg，1966）、科姆里（Comrie，1981）的语序类型理论，汉语和塔吉克语基本属于 SVO 型语言，但汉语形容词、关系小句和领属成分位于名词前，塔吉克语小句内是 OV 语序，又不符合 SVO 类型，倒是具备 SOV 型语言的特征。

前文说过，科姆里（Comrie，1981，1989）在讨论与塔吉克语属同一语支的波斯语时指出，波斯语小句内的基本语序是 SOV，但波斯语使用前置词，形容词、关系小句和领属成分位于名词后，所以波斯语属于莱曼（Lehmann）所谓的 VO 语言（即词序特性的全部或大多数属于 VO、Pr、NG、NA 型的语言）。尽管它实际上不是 VO 基本语序，它又属于 Vennemann 所说的操作域-操作符语言，但例外的是它是 OV 词序。塔吉克语和波斯语的情况一样。

科姆里（Comrie，1981）的困惑在于他只分析了波斯语（塔吉克语）小句内的语序，如上文所举各例及例（28）的宾语小句部分；当宾语为小句时，塔吉克语的语序就是 SVO，如例（27）a、例（28）。因此，相对汉语来说，塔吉克语更多地具有 SVO 型语言的特征。

(27) a. Man medonam, ki vai raft.

　　　我　知道　1SG that 她　去

b. Man raftanashro medonam.

　　我　去　3SG -P 知道 1SG

我知道她去了。

（28）Vai fikr mekunad, ki man vairo dida budam.
　　　 他　想　做　3SG that 我　他-P 见PST 是 1SG
　　他觉得我见过他。

就 V、O 而言，两种语言都有条件地出现 OV 语序，VO 语序可以变为 OV 语序。塔吉克语在小句内实现 OV 语序（包括作为从句的宾语小句、关系小句等），或者当宾语小句内没有直接宾语时可以用不定式结构替代宾语小句置于 V 前，如例（27）b。汉语中当 O 满足特定的语义特征（如定指、遍指），可以运用被字转换、把字转换、话题化等手段实现 OV 语序；但小句宾语句不允许 OV 语序。

黄（Huang，1982）指出格林伯格（Greenberg，1966）的研究提到了一个重要事实，即典型的 VSO 语言中的词序特征群正好构成了典型的 SOV 语言中词序特征群的镜像，并进一步根据乔姆斯基（Chomsky，1970）X 阶标短语结构理论提出 X 阶标类型学，认为语言应该分为两类，一类是中心词在后的内向结构语言，比如典型的 SOV 语；一类是中心词在前的内向结构语言，比如典型的 VSO 语；在黄（Huang，1982）X 阶标类型学框架中，汉语和塔吉克语属于动词居中的语言结构，差别是汉语主要用中心词在后的规则，塔吉克语主要用中心词在前的规则。

（二）塔吉克语系词 budan 的句法位置和功能分析

塔吉克语系词 budan 只出现在小句中，因此句法位置是句末。budan 语法功能有二：一是构成判断句，连接主宾语，表示等同、归类和存在等；二是与形容词构成系表结构作谓语。

与汉语 "是" 相比，塔吉克语 budan 没有 "是" 作为指示代词和表应答的功能；与英语 to be 相比，塔吉克语 budan 没有构成进行体和被动结构的功能①；与 "是" 和 to be 更大的不同，系词 budan 没有强调标记的功能。

塔吉克语系词 budan 没有语法化成强调标记词有内外两方面原因。

内因是系词 budan 语法功能不够多，拜比（Bybee，1994）指出，语言中语法功能分散、语义空泛、高频使用的语词更容易发生语法化；外因

---

① 塔吉克语进行体是用助动词 istodan 构成的，istodan 动词义为 to stand、to stay、to remain；被动结构是用助动词 shudan 构成的，shudan 动词义为 to become。

是塔吉克语没有提供系词 budan 发展为强调标记词的句法结构条件。其一,塔吉克语小句内是 OV 语序,但基本上用前置词①,无论是跟英语一样先前置再加强调标记,还是像汉语一样不做语序变动直接加强调标记,塔吉克语强调句中被强调成分前后都不便放置系词 budan。其二,不像英语这种主语优先的语言,句子必须要有主语,如果没有实义主语就加上虚设代词 it 作主语用,存现句则用 there be 结构。塔吉克语虽然有谓语动词主谓一致的形态变化,但代词主语往往可以省略,零价动词谓语句(如"下雨")也没有虚设代词主语,存现句直接用 hast,因此塔吉克语不会出现英语强调句的"It is……that"结构。

  塔吉克语系词 budan 没有语法化成强调标记词,因此使用前置手段构成强调句。可以说,一种语言中的系词不一定具有标记强调的功能,但我们可以预测,如果一种语言有系词,并且需要有强调标记词,那么强调标记词的首选是系词。②

---

  ① 后置词有 kati、barin、-ro,其中-ro 表示受事,已虚化为词缀,置于直接宾语后,而 kati(义为 with)、barin(义为 like)分别有与其同义且更常用的前置词 bo、misli。
  ② 根据所调查的语言,我们还可以做出一个预测,强调结构往往跟指示代词有关系,如英语强调结构需要强制性地带上关系词 that。

第二章
塔吉克斯坦学生汉语语序信息结构习得研究

第一节　塔吉克斯坦学生汉语语序习得研究

一、引言

（一）研究意义

在汉语学习的初级阶段，句法成分的语序偏误是经常会出现的中介语偏误类型之一，塔吉克斯坦学生输出的汉语中介语也存在语序偏误问题。因此，不论是汉语教师的教学、还是塔吉克斯坦学生的学习，语序偏误都是难点和重点。

由于没有丰富的词形变化，所以语序是汉语重要的表达手段。语序不对就会产生句法语义问题，或者表达不清，因而语序教学是对外汉语教学与研究中不可或缺的内容，在对外汉语教学中具有特殊的重要性。

塔吉克斯坦学生最常用且能够熟练使用的语言是其第一语言塔吉克语。塔吉克语有人称、数、时、体、语态等形式的变化，用形态变化来表达语法关系。从语序类型上看，塔吉克语基本属于 SVO 型语言，具有较多的 VO 语序特征；塔吉克语相对丰富的形态变化使其语序结构相对灵活，不能与汉语语序一一对应，从而产生困扰塔吉克斯坦学生学习汉语的语言迁移问题。

从习得角度看，许多留学生学习汉语的最大障碍就是用第一语言语法规则套用汉语，因此常常产生语序颠倒、混乱的问题；从教学角度看，对外汉语教学环节中对学生语序偏误反馈不到位，具体教学中缺少专项语序教学和语序规则说明，教材编撰少有语序教学内容，这些都忽视了语序这一对外汉语教学重点与难点问题；从教学效果看，以"HSK 动态作文语料库"（2013 年）为例，2387 篇有错语篇出现了 8515 个语序错误，可见留学生汉语写作中语序方面的偏误在所有偏误中占有较大比例，因此需要对留学生语序偏误进行更深入的研究。这正是我们以塔吉克斯坦学生为对象研究汉语语序习得的意义所在。

（二）语料来源

本研究的语料一部分为自建"塔吉克斯坦学生汉语中介语语料库"文本，一部分为根据自然语料数据设计问卷的测试反馈。

"塔吉克斯坦学生汉语中介语语料库"语料文本共计 58668 字，包括新疆师范大学国际文化交流学院塔吉克斯坦学生日常书面作业、考试作文、谈话记录，以及赴塔吉克斯坦国立民族大学孔子学院调研期间收集的学生书面作业、听课记录等。

通过整理分析自然语料，我们发现塔吉克斯坦学生对某些语法现象采取"回避"策略，所呈现的偏误现象不够全面，无法进行系统的对比分析。因此，本研究针对状语和补语两个成分补全自然语料未出现的类型，重新分类设计问卷，通过测试反馈收集语料。

测试对象为新 HSK 三级以上（含三级）的塔吉克斯坦学生，包括本科生、硕士生（含预科）、非学历生；根据学生汉语水平，中级水平（HSK 三至四级）学生使用标注拼音版，高级水平（HSK 五至六级）学生使用汉字版；共发放 80 份测试卷，回收有效试卷 66 份，其中中级水平试卷 45 份，高级水平试卷 21 份。

二、汉语和塔吉克语基本语序比较

汉语主要通过语序和虚词来表达不同的语法意义，语序不同，意义就会不同，如将"我送你回家"变成"你送我回家"。改变了"你"和"我"的语序，就改变了句法成分，改变了施事和受事，也改变了整句话的意思。

塔吉克语有形态变化，词语通过词形变化体现其在句子中的语法作用和语义关系，语序在语义表达中起辅助作用。如动词 рафтан 的第一人称现在将来时，将不定式中的-тан 去掉，变形为词干 рав，再按照"ме（表将来）+现在时词干+人称（我）"的形式，构成 меравам（我要去）。

我们以汉语为参照标准，将句法成分间的顺序分成四种情况，对比汉语和塔吉克语句子的语序。

（一）主语与谓语语序

主谓结构表示陈述关系，主语是说话人所要陈述的对象，谓语是对主语的陈述。在现代汉语中，除特定条件下表达强调的倒装结构，一般语序是主语在前，谓语在后；在塔吉克语中，谓语内部成分的构成较复杂，外部整体结构也是主语在前，谓语在后。例如：

(1) 我有两只猫。

   ман ду гурба дорам.

    我 两 猫 有1SG

（二）述语与宾语语序

述宾结构表示支配关系，通常述语由动词充任，宾语是受述语动词支配、制约的对象。

汉语动词和宾语之间既有 VO 语序也有 OV 语序，常规语序是 VO，当 O 满足有定、周遍性等特定语义特征时，可以运用被动化、"把"字转换、话题化、宾语提前等手段实现 OV 语序。

根据格林伯格（Greenberg, 1966）、科姆里（Comrie, 1981）的语序类型理论，塔吉克语基本属于 SVO 型语言，但塔吉克语小句内是 OV 语序，又不符合 SVO 类型，倒是具备 SOV 型语言的特征。跟典型的 SOV 型语言相比，塔吉克语单句内 O 为简单宾语时是 OV 语序；当 O 为句子宾语时，主句为 VO 语序。

(2) 你快点离开那个人。

   Ту тезтар вай одамро тарк кун.

    你 快 那 人 -P 离开 do

(3) 我看见他走进教室去。

   Ман дидам вай ба синф даромада истода буд.

    我 看见1SG 他 向 教室 走进 （过程）

（三）修饰语与中心语语序

修饰语可以分为定语和状语两大类，区别定语和状语除了要考虑中心语的性质外，还要考虑修饰语的性质以及整个偏正结构所处的语法位置。从中心语来看，名词前头的修饰语一般是定语，动词和形容词前头的修饰语有时是状语，有时也可能是定语；从修饰语看，副词充任的修饰语一定是状语，名词、代词充任的表领属关系的修饰语一定是定语（北京大学中文系现代汉语教研室，2010）。

现代汉语中的定语与中心语位置固定，定语在前，中心语在后，定语修饰限定后面的中心语成分；定语和中心语之间可以使用修饰标记"的"。

塔吉克语中的定语与中心语，受伊扎菲结构影响，中心语在前，定语在后，并将标记-и 作为名词中心语的词尾（Azim Baizoyev & John Hayward，2004）。

（4）木头桌子

мизи чубин

桌子 -E 木头

（5）干净（的）衣服

либоси тоза

衣服 -E 干净

从结构上看，现代汉语的状语在句中一般修饰其后成分。这包括两种情况，状语位于主语前时，修饰后面整个主谓结构；状语位于主语后时，修饰其后的谓语中心语部分（刘月华 等，2001）。塔吉克语状语语序与汉语一样，位于中心语之前，但状语与主语的位置较灵活。

（6）他明天去工作。

пагох вай ба кор меравад.

明天 他 向 工作 去

вай пагох ба кор меравад.

他 明天 向 工作 去

（四）述语与补语语序

现代汉语中述语由动词或形容词充当，补语是放在动词或形容词之后作补充说明的成分。塔吉克语中没有补语这一成分，简单句中动词或动词词组位于句尾，补充说明的成分一般都放在动词或动词词组之前作为状语，或通过动词的形态变化来表达。

（7）这个字我写错了。

ин харфро ман нодуруст навистам

这字 -P 我 不 对 写 了

(8) 我写完作业就睡觉。

　　ман кори хонагиро наваштаму хоб рафтам
　　　我　　作业　　-P　写　完成体　睡觉　做　1SG

汉语中带有情态补语的句子在语义上包含两个主谓结构，如"他高兴得跳了起来"中"他——高兴""他——跳了起来"，句中的谓语中心语和补语，在塔吉克语中分别变成状语和中心语。

(9) 他高兴得跳了起来。

　　Вай аз шоди чаҳид
　　　他　从　高兴　跳起来

三、塔吉克斯坦学生汉语语序偏误分析

本研究前期做了一定的语料收集工作，在近 6 万字塔吉克斯坦学生中介语语料中，按学生汉语水平抽取语料进行分析，抽取样本共 22047 字。从中我们找到出现语序偏误的句子共 157 句。由表 2-1 可见，各偏误类别分布并不平均，偏误主要集中在定语、状语、补语上。因此，结合前文对汉语和塔吉克语语序的比较分析，本研究主要从定语、状语、补语三方面对塔吉克斯坦学生的汉语语序习得情况进行偏误分析。

表 2-1　偏误类型分布

偏误类型	主谓	动宾	定语	状语	补语
偏误句数	8	14	28	76	31

（一）定语语序偏误分析

塔吉克语中个别表示属性的修饰成分和领属格标记可直接在被修饰成分上进行形态变化；其他能充当定语的成分，无论是词还是词组，都与汉语一样使用语序手段。不同之处在于，汉语定语的位置都在中心语之前；塔吉克语除数量词语和指示代词以外，其他充当定语的成分（如领属成分、形容词、关系从句）都在中心语之后，形成固定的伊扎菲结构。

由于学习者汉语水平和自身学习策略等因素，塔吉克斯坦学生自然输出的语料中没有三项以上的多项定语偏误。根据对偏误语料（试卷、作文、谈话记录）的分析，我们归纳整理定语语序偏误后，发现单项定语的

偏误较少，偏误主要集中在双项定语和三项定语上。按照偏误类型，我们将学生偏误分成如下三类。

1. 单项定语偏误

单项定语的偏误只有一种类型，就是中心语和修饰语的位置颠倒，此类型偏误数量较少。例如：

*<u>学校</u>的我们

*<u>书</u>的很新

2. 双项定语偏误

双项定语的偏误可以分为三个类型。

2.1 中心语的位置在两个修饰语的前面。这种偏误类型的语序接近塔吉克语。因为塔吉克语定语的排列顺序基本跟汉语相反，可以说这种偏误类型接近学习者第一语言的定语语序，是汉语初学者经常出现的负迁移问题。例如：

*<u>朋友</u>我亲密的

*<u>裤子</u>短刚买的

2.2 中心语的位置在两个修饰语的中间。这种偏误类型是学习者的习得过程处于从第一语言转向目的语的过渡状态，也就是说学习者的语言出现不同其第一语言又区别于目的语的情况，但在一定程度上受到了目的语的干扰。例如：

*我父亲<u>老朋友</u>的

*那本<u>书</u>他的

塔吉克语指示代词在中心语前、领属成分在中心语后，"*那本书他的"这种偏误形式上虽然是"中心语的位置在两个修饰语的中间"，但实际属于前一类，是塔吉克语负迁移的结果。

2.3 中心语的位置在两个修饰语的后面

这种偏误类型非常接近目的语，因为中心语的位置已经明确，但两个修饰语的排列顺序还不符合汉语语法规则。相较于前两种偏误类型来说，出现这一类型的偏误，说明学习者已经基本掌握汉语定语的语序。例如：

*北京精彩的<u>奥运会</u>

*HSK 下个月的考试

3. 三项定语偏误

三项定语的偏误类型跟双项定语偏误相似，可以分为四种类型。

3.1 中心语的位置在三个修饰语的前面。这种偏误类型基本与双项定语的第一类偏误相似，受塔吉克语影响较为明显。例如：

*回答我的一个错误

*计划今天整个学校活动

3.2 中心语的位置在一个修饰语的后面两个修饰语的前面。这种偏误类型接近于双项定语的第二类偏误，例如：

*大眼睛美丽的她

*那个节目唱歌的非常喜欢的

3.3 中心语的位置在两个修饰语的后面一个修饰语的前面。这种偏误类型也接近于双项定语的第二类偏误。例如：

*北京的那些建筑上百年的

*我特殊感受读文章的

3.4 中心语的位置在三个修饰语之后。这种偏误类型基本上类似于双项定语的第三类偏误，说明学习者已基本掌握汉语定语语序，只是需要弄清楚多项定语具体的排列顺序。例如：

*我新学习汉语的方法

*第一次他在中国的考试

（二）状语语序偏误分析

塔吉克语与汉语的状语构成成分基本相同，各类成分构成的状语与中心语的语序也与汉语相同，都是状语在前，中心语在后，如"否定词＋动词词组""介词词组＋动词""方式副词＋动词"。

通过考察自然语料中的语序情况，我们发现塔吉克斯坦学生对于多项状语的共现常常采取回避的态度，偶尔有使用的也受限于其汉语水平，调查范围内所见均未能掌握多项状语的正确排序。因此，本研究主要对单项状语的语序偏误展开深入分析。

本研究根据语料中反映的学生状语语序偏误特点，结合其他学者研究的分类，将状语分为八类。考虑副词作状语较为复杂，包含类别较多，故将副词类状语单独展开分析。表 2-2 是对 66 份有效测试卷进行的归纳统计，表中的偏误率为各级别所属类型的偏误题数与各级别所属类型测试题数的百分比。

表 2-2　副词类状语偏误率　　　　　　　　　　单位：%

状语类型	关联副词	语气副词	时间副词	范围副词	程度副词	否定副词
中级偏误率	51.10	53.30	11.10	15.60	48.90	53.30
高级偏误率	14.30	4.760	4.760	4.760	28.60	23.80

1. 副词作状语

（10）*我们国家也这样的事情很多。（关联副词作状语）
　　　我们国家这样的事情也很多。
　　　Дар давлати мо хам ин хел корхо бисёр аст.
　　　　在　国家 -E 我们 也　这 很　事情　　多　是

（11）*我刚走，就他打电话了。（关联副词作状语）
　　　我刚走，他就打电话了。
　　　ман навакак баромадам, ки вай занг зад.
　　　　我　　刚　　　走　　　就 他 电话 打

关联副词作状语的错序主要是状语与主语的顺序错位。

现代汉语中，关联副词通常具有连接、限定句法功能的作用，在句中作状语时应放在主语和谓语之间。塔吉克语中"也（хам）"和"就（ки）"都可放在主语之前，这就容易使学习汉语的初学者因负迁移产生偏误。例（11）是没有掌握汉语规则直接用塔吉克语语序翻译产生的偏误；例（10）还受汉语影响，"也"的主语是"这样的事情"，不是"我们国家"。当主语前还有其他成分时，学生即使已经掌握关联副词的使用规则，也会因分不清主语，因对主语误判而产生此类偏误。

（12）*他是真好人。（语气副词作状语）
　　　他真是好人。
　　　Вай аз рости одами хуб аст
　　　　他　真　　　人　好　是

（13）*肯定你会迟到。（语气副词作状语）

你肯定会迟到。

ту аник дер мемони

你　肯定　　迟到

语气副词作状语的错序表现在状语与主语的错序以及状语与谓语的错序。

汉语中语气副词的位置较为灵活，有的可以放在主语前，有的可以放在主语后。若句子强调的重点是主语，副词就放在主语前，如"难道明天还上课？""偏偏你不喜欢"若句子强调的重点是谓语，副词就放在主语后，如"你居然一晚上没睡""我明明把书给你了啊！"例（13）中强调的是谓语部分"会迟到"，所以语气副词"肯定"应放到主语后。例（12）中的谓语动词"是"和修饰成分"好"都能被语气副词"真"修饰，"真"在句中表达的是主观语气，应放在主语后用来修饰谓语。学生在无法确定修饰对象的情况下，往往依靠塔吉克语，"真（аз рости）"可与定中结构相连，而由于谓语动词 аст 往往置于句尾，无法与"真（аз рости）"构成线性句法关系。

（14）*已经春天到了。（时间副词作状语）

春天已经到了。

Бахор алакай омад.

春天　已经　　来了

（15）*终于你通过了考试。

你终于通过了考试。

Дар охири охирон ту имтихонро супориди.

终于　　　你　考试 -P　通过

学生的自然语料中很少出现时间副词作状语的偏误，这是因为汉语与塔吉克语时间副词状语语序相同；但仍会发现少部分状语与主语错序的情况，如例（14）。这是由于塔吉克语有些状语位置较为灵活，置于主语前或者主语后不影响句子意义的表达，如例（15）。

（16）*他们都两个是老师。（范围副词作状语）

他们两个都是老师。

Онҳо харду муаллим（омӯзгор）ҳастанд（мебошанд）./
他们　　两个　老师　　　　　　　　是

Ҳардуяшон муаллим ҳастанд.
两个 -他们　老师　　是

范围副词作状语的错序表现不明显，主要是例（16）这种情况。汉语"都"表示范围，一般置于主谓之间，靠近谓语中心语，修饰动词或形容词，"两个"是修饰主语的数量结构，紧跟主语；塔吉克语起修饰作用的"харду（两个）"和"ҳама（都）"不能共现，这就给学生造成理解上的困难，即使知道"都"应位于主谓之间，也容易出现"他们都两个是老师"这样的偏误。

（17）*我也对我父母非常感到不满。（程度副词作状语）

我也对我父母感到非常不满。

Ман ҳам аз падару модарам хеле норозиям.
我　也 对 父亲　母亲 -我 非常　不满

塔吉克语中程度副词紧挨其修饰的中心语，可见此类偏误受塔吉克语影响不大。汉语中，程度副词一般位于形容词、动词或动词性结构之前作状语，有些程度副词既可以作谓语动词的状语，又可以作谓词性宾语或补语的状语；学习者在习得"非常高兴""非常想你"这类结构后会过度泛化，误将修饰补语的程度副词置于谓语动词之前。

（18）*我给爸妈没有写过信。（否定副词作状语）

我没有给爸妈写过信。

Ман ба падару модарам мактуб наневиштаам.
我　给 爸　妈　　信　没-写

汉语的否定副词一般置于被否定成分之前，不一定都在谓语动词前。塔吉克语的否定结构由否定词根 на-附着在谓语动词前构成，受负迁移影响，学生会直接将汉语否定词置于谓语动词之前，造成偏误。例（18）表对象的介词结构与谓语动词关系更密切，应紧靠动词。

表 2-3 是对有效测试卷其他各类型状语偏误率的统计。

表 2-3　其他各类型状语偏误率　　　　　　　　单位：%

状语类型	形容词	代词	能愿动词	时间词（名词）	时间词（短语）	数量短语	介词短语
中级偏误率	57.80	40.00	20.00	24.40	33.30	33.30	31.10
高级偏误率	38.10	28.60	4.760	4.760	14.30	14.30	19.00

2. 形容词作状语

（19）*今天冷，穿多一点儿衣服。

　　　今天冷，多穿一点儿衣服。

　　　Имруз хаво хунук, бисёртар либос пуш.
　　　今天　天气　冷　　多点　衣服　穿

中级和高级阶段形容词作状语的偏误情况都较为突出。此类状语多为描写性，塔吉克语与汉语都是将状语置于被修饰的谓语动词之前。不同的是，塔吉克语的单句语序为"主＋宾＋动"，谓语动词置于句尾；状语"бисёртар（多点）"虽位于名词"либос（衣服）"之前，但修饰的仍是谓语动词。学生在学习汉语时，只将谓语动词提前，没有考虑作状语的修饰成分，误把状语放在了补语位置上。

3. 代词作状语

（20）*你为什么做这样？

　　　你为什么这样做？

　　　Ту чаро инхел мекуни?
　　　你　为什么　这样　做

塔吉克斯坦学生在使用代词作状语时，无论疑问句还是陈述句，经常会把谓语动词提至状语之前，产生"做这样"的偏误。对比可见，此类句型塔吉克语与汉语的语序完全一致，偏误不受塔吉克语影响。中高级水平学习者，已经掌握汉语"主＋动＋宾"的语序，掌握"拿这个""看这个"等结构，但不熟悉代词内部分类："这样"为代副词，学生误把"这样"等同于代名词"这个"，错把作状语的代副词放在宾语的位置上，目的语知识过度泛化造成偏误。

4. 能愿动词作状语

（21）*可以我们早点儿去上课。

（22）*我们早点儿可以去上课。

我们可以早点儿去上课。

Мо метавонем барвахттар ба дарс равем.

我们　　可以　　早点儿　　向课　去

能愿动词作状语主要有两类偏误。

一是与主语错序，如例（21）。能愿动词作状语与一般状语一样，位于主语之后谓语之前，学生将能愿动词提前至句首产生偏误多出现在口语中，且常伴随疑问语气："*可以吗老师帮我们？"

另一类是与句中其他状语错序，如例（22）是能愿动词与表情态的修饰结构错序。同能愿动词相比，"早点儿"与谓语动词关系更近，因此在句中应紧靠谓语动词。

5. 时间词作状语

（23）*明天他去工作。

他明天去工作。

Пагоҳ вай ба кор меравад / Вай пагоҳ ба кор меравад.

明天　他　向工作　去　　　他　明天　向工作　去

（24）*他喜欢在上中学时读小说。

他在上中学时喜欢读小说。

Вай вақти мактаб китоб хонданро дуст медошт.

他　时候　中学　书　读　喜欢　past

时间词作状语包括时间名词、时间副词和表时间的介词短语作状语。时间名词作状语如例（23），受塔吉克语的影响，很容易将时间名词置于句首，出现偏误。例（24）是表时间的介词短语作状语和谓语的错序，仍受塔吉克语谓语动词后置影响，学生在组织汉语语序的时候，直接将谓语动词提前至主语之后，忽略了修饰谓语动词的状语，产生偏误。

6. 数量短语作状语

（25）*我没吃饭三天了。

我三天没吃饭了。

Ман аллакай се руз хурок нахурдам.

我　　已经　　三天　　饭　　没-吃

数量短语在句子中一般作补语成分，如"学了三年""去过两次"等；在较特殊的句子中，也可用作状语，如例（25）。塔吉克语没有补语，一方面由于学生没有很好地掌握汉语语序，造成语序混乱；另一方面因汉语中数量短语多用作补语，目的语补语规则泛化，造成状语与补语混用。

7. 介词短语作状语

（26）*妹妹跑出去了从家里。（表方向）

妹妹从家里跑出去了。

Хохарам аз хона давида баромад.

妹妹-我 从　家　　　跑　　出去了

（27）*他没去上课为照顾奶奶。（表目的）

他为照顾奶奶没去上课。

塔语：Вай барои нигох кардани биби ба дарс нарафт.

他　为了　　照顾　　奶奶向　课　没-去

俄语：Я не пошел в школу, чтобы заботиться о бабушке.

我没　去　上课　　　为了　　照顾　　　奶奶

在汉语中，介词短语位置较为灵活，作状语时一般在主语和谓语之间；塔吉克语中介词短语作状语的语序基本同汉语一致，因此，此类偏误不受塔吉克语负迁移影响，受目的语影响也较小，属于类似数量结构偏误的补语混淆，如例（26）。

表目的的介词短语状语偏误较多，如例（27），学生误把表目的的介词短语置于句尾，与另一句型"……是为了……""……是因为……"相混淆，产生偏误"*我买手机为我自己"，属于目的语知识泛化。另外，由于很多塔吉克斯坦学生第二语言为俄语，在表达上会受俄语影响而产生偏误。

（三）补语语序偏误分析

汉语的补语一般位于动词或形容词之后，用来说明动作行为的结果、状态、趋向、数量、时间、处所、可能性或者说明性状的程度。塔吉克语中没有类似汉语补语的语法成分。汉语包含补语的句子，塔吉克语可能会用两句话或者将补语转化成状语来表达。因此对于塔吉克斯坦学生来讲，补语是较难掌握的一个语法点。

本研究按照汉语补语的语义构成，将塔吉克斯坦学生习得汉语补语的语序偏误分成如下七类，结合测试卷呈现的偏误数据进行分析，详见表2-4。

表2-4　各类型补语偏误率　　　　　　　　　　单位：%

补语类型	结果补语	程度补语	情态补语	趋向补语	数量补语	时地补语	可能补语（肯定）	可能补语（否定）
中级偏误率	15.60	33.30	35.60	88.90	71.10	80.00	55.60	84.40
高级偏误率	9.502	14.30	14.30	66.70	57.10	52.40	23.80	28.60

1. 结果补语

（28）*这个字我错写了。

　　　这个字我写错了。

　　　Ин харфро ман нодуруст навистам.

　　　　这　字　-P　我　不对　写

（29）*我写作业完就睡觉。

　　　我写完作业就睡觉。

　　　ман кори хонагиро навиштаму хоб рафтам.

　　　　我　　作业　-P　　写完成体　睡觉　做　1SG

汉语中，结果补语表示因动作、行为导致的结果，置于谓语之后，一般由形容词、动词或动词短语充当。学生易将补语提前到谓语之前，放在状语的位置，如例（28）；谓语动词和结果补语结合得比较紧密，如果带有动态助词和宾语，动态助词和宾语不能跟在动词之后，而是跟在整个中补结构之后，如例（29），谓语动词"写"和结果补语"完"之间不应该插入其他成分，宾语应放在中补结构之后，即"写完作业"。

2. 程度补语

（30）*我心里极难过了。

　　　我心里难过极了。

　　　Дилам хеле зик аст.

　　　　心 -我 很　　难过 是

从形式上说，程度补语有用"得"和不用"得"两种，不用"得"连接的程度补语直接用在形容词和某些动词后。"极"和"很"在塔吉克语中都是 хеле，包含"极"的程度补语在使用规则上较为复杂，使得学生回避此用法，直接用程度副词修饰谓语中心语的方式来表达，造成偏误。

3. 情态补语

（31）*我比你快跑得。

　　　我比你跑得快。

　　　Ман аз ту тезтар медавам.

　　　　我　比 你　快　　　跑

（32）*他早上有点儿晚起了。

　　　他早上起得有点儿晚。

　　　Вай сахар дертар аз хоб хест.

　　　　他　早上　晚　　从睡觉 起来

情态补语表示由于动作、性状而呈现出来的情态，放在谓语中心语后，中间常用助词"得"连接。从自然语料看出，学生回避使用"得"，尝试使用时，也没能掌握补语标记"得"的使用规则。由于学习过"快跑""晚起"这类状中关系的词，学生会将情态补语放在谓语动词之前，与状语混用。例（31）、例（32）中，应将情态补语置于谓语之后。

4. 趋向补语

（33）*妈妈送一包衣服来。

　　　妈妈送来一包衣服。

　　　Модарам як халта либос фиристонд.

　　　　妈妈 1SG 一　包　　衣服　　送

(34) *他又回来学校了。

　　 他又回学校来了。

　　 Вай боз ба донишгоҳ баргашт.
　　　 他　又　往　　学校　　　回

(35) *我看见他走进去教室。

　　 我看见他走进教室去。

　　 Ман дидам вай ба синфхона даромада истода буд.
　　　 我 看见 1SG 他 向　教室　　　走进　（过程）

(36) *他们唱歌起来。

　　 他们唱起歌来。

　　 Онҳо ба сурудхони шурӯъ намуданд.
　　　 他们　向　　　唱歌　　　起来（开始做）

　　趋向补语指由趋向动词充当的，表示动作行为的趋向、变化以及性质状态变化的补语。

　　表示趋向意义的简单趋向补语与宾语共现时，当宾语表示抽象事物，或者表示出现、存在的事物时，宾语通常放在趋向补语之后；当宾语是表示处所的名词或短语时，宾语放在补语前面。例（33）中"一包衣服"表示出现、存在的事物，应放在补语"来"之后；例（34）中"学校"为处所名词，应放在趋向补语之前。

　　表示趋向意义的复合趋向补语与宾语共现时，处所宾语放在复合趋向补语的中间；在离合动词中，宾语只能放在补语中间。例（35）中"教室"是表处所的宾语，应放在复合趋向补语"进去"的中间；例（36）中"唱歌"是离合词，宾语应放在趋向补语"起来"之间，改为"他们唱起歌来。"

　　5. 数量补语

(37) *我三年学了汉语。

　　 我学了三年汉语。

　　 Ман се сол забони хитои омухта истодаам.
　　　 我　三　年　语言　　汉　学　（过程）

(38) *我三年喜欢了她。

　　　我喜欢了她三年。

　　　Ман вайро се сол дӯст доштам.

　　　　　我　她　　三　年　喜欢　past

(39) *我们在这家饭店两次吃过饭。

　　　我们在这家饭店吃过两次饭。

　　　Мо дар ин ошхона ду бор хурок хурда будем.

　　　　我们　在　这　饭店　两次　饭　　　吃　past

　　数量补语包括时量补语和动量补语，时量补语表示动作或状态持续的时间，动量补语表示动作行为进行的次数。

　　当数量补语与宾语一起出现的时候，如果宾语是一般事物名词，如例（37）中的"汉语"、例（39）中的"饭"，应放在数量补语后面；如果是代词宾语，如例（38）中"她"，应放在数量补语的前面。学生往往受塔吉克语影响，与状语混淆，把数量补语提前到谓语之前，形成偏误。

6. 时地补语

(40) *这件事在 2013 年发生。

　　　这件事发生在 2013 年。

　　　Ин вокеъа соли 2013 рух дода буд.

　　　　　这　事　　年　2013　发生　past

(41) *我的书在桌上放了。

　　　我的书放在桌上了。

　　　Китобам дар болои миз гузошта шудааст.

　　　书　-我　在　上　桌子　　放　（表动作）

　　时地补语多用介词短语来表示动作发生的时间和处所，包括表示动作的终止地点。由于介宾短语"在＋时间""在＋地点"可以作补语，也可作状语，塔吉克斯坦学生在使用时，常会发生混淆。

7. 可能补语

(42) *没有车我不回了家。

　　　没有车我回不了家。

Мошин нест ман наметавонам ба хона баргардам.
车　　没有　我　不-会　　　向　家　　回

（43）*太早了我不睡着。

太早了我睡不着。/太早了我没睡着。

Хеле барвақт аст， хобам намебарад.
太　　早　　是　睡觉-我　没-将来

可能补语表示动作实现的可能性，可能性分为可能和不可能两种形式，表结果或趋向的中补结构大多可以插入"得"或"不"成为可能补语，表示有没有能力实现动作的结果或者趋向。塔吉克斯坦学生可能补语偏误主要集中在否定形式，受塔吉克语负迁移和汉语否定词"没"混用双重影响，把可能补语的否定形式"动词＋不＋结果补语"用成"不＋动词＋结果补语"。

四、塔吉克斯坦学生汉语语序偏误成因分析

（一）第一语言负迁移因素

学习者在不熟悉目的语规则的情况下，只能依赖第一语言知识，因而同一语言背景的学习者往往出现同类性质的偏误。（刘珣，2007）

1. 定语偏误原因

塔吉克语有伊扎菲结构，主要作用是连接修饰语和被修饰语，格式为"被修饰语-и＋修饰语"，标记-и 附着在被修饰语词尾，与汉语定语与中心语的位置相反。例如：

хонаи ман 我的家　мактаби миёна 中学
　家 -E 我　　　　　 学校-E　中级

伊扎菲的主要功能如下：

A. 表示修饰关系

шаҳри зебо 美丽的城市　　иқлими гарм 温暖的气候

B. 表示领属、修饰的复合短语

модари ман 我的母亲　　шаҳри мо 我们的城市

духтари зебои ҳамсояи ман 我邻居家的漂亮女儿
　女儿 -E　漂亮 -E　邻居　-E 我

受伊扎菲结构影响，塔吉克斯坦学生在习得汉语修饰结构时，往往把汉语的修饰标记"的"等同于塔吉克语的词尾-и，置于被修饰的中心语之后，产生错序偏误。

塔吉克语除使用伊扎菲结构表示领属外，还可在名词后添加表人称的词缀，列表如下。（Azim Baizoyev & John Hayward，2004）

人称	元音结尾	辅音结尾
我	-ям	-ам
你	-ят	-ат
他	-яш	-аш
我们	-ямон	-амон
你们	-ятон	-атон
他们	-яшон	-ашон

塔吉克语领属关系可直接通过形态变化来表示，而汉语的领属关系需通过语序和助词来完成，这会造成学习者分不清修饰和被修饰成分，把修饰性成分置于名词之后，产生偏误"*书我的"。

2. 状语偏误原因

状语主要由副词来充当，时间词、处所词、形容词、介宾短语等成分也可以作状语。汉语副词作状语须置于谓语中心语前，与汉语相比，塔吉克语副词在句中位置较灵活，可位于主语前，也可位于主语后。例如：

（44）Пагоҳ вай ба кор меравад.
　　　　明天　他　向　工作　去

（45）Вай пагоҳ ба кор меравад.
　　　　他　明天　向　工作　去

多项修饰成分之间，一般也可移动。例如：

（46）вай боз ба донишгоҳ баргашт.
　　　　他　又　往　学校　　　回

（47）боз вай ба донишгоҳ баргашт.
　　　　又　他　往　学校　　　回

塔吉克斯坦学生使用汉语状语，经常与补语产生混淆造成偏误。潘国英（2010）指出，汉语动词的状语和补语形成表达上主观性和客观性的对应；作为动作行为的伴随状态，状语往往体现出言者的主观视角和感情；补语则是动作行为或事件的结果，因此具有客观性。学生掌握好这一规律，就能避免状语与补语的混淆偏误。

3. 补语偏误原因

塔吉克语句法成分没有补语，汉语对动词进行补充说明的补语，在塔吉克语中一般由副词或介词结构来充当，置于谓语动词之前。习得汉语补语过程中经常发生混用和替代的偏误，是受塔吉克语干扰的结果。

汉语数量结构常用作补语，是学生出错率较高的部分。如数量结构"三年"修饰谓语时，若谓语是肯定形式，"三年"位于动词后作补语，如"他学了三年汉语"，因为汉语的数量词不能直接修饰动词或形容词的肯定形式；在塔吉克语中，和"三年"相对应的数量短语可以直接放在谓词前作状语，上述例句的塔吉克语表达为"Вай（他）се（三）сол（年）забони（语言）хитои（汉）омухта истодаам（学）"。这就产生了因第一语言负迁移造成的补语和状语的混用。

塔吉克语有形态变化，表示时态的词可直接体现在动词上。例如：

（48）Ман кори хонагиро навиштаму хоб рафтам.

　　　我　　作业　　-Р　写　完成体　睡觉　做 1SG

-аму 为完成体词尾，对应汉语中的结果补语"（写）完"，这也造成了学生对汉语补语位置的混淆，甚至遗漏补语。

（二）目的语负迁移因素

目的语负迁移指的是，学习者把他学到的有限且不充分的目的语知识，用类推的办法不适当地套用在目的语新的语言现象上，造成了偏误，也称为过度概括或过度泛化。（刘珣，2007）

通过分析塔吉克斯坦学生汉语中介语语料，我们发现由于汉语语序本身的复杂性和多样性，在汉语学习过程中由于知识点的增加和对汉语语法规则理解的逐渐加深，学生受第一语言负迁移的影响越来越小，而受汉语语内负迁移的影响越来越大。

塔吉克斯坦学生在使用代词作状语时，无论疑问句还是陈述句，经常会把谓语动词提至状语之前，产生"*做这样""*说这样"的偏误；塔吉克语的此类结构与汉语的语序完全一致，偏误不受其影响。例如：

(49) *你为什么做这样？

你为什么这样做？

Ту чаро инхел мекуни?

你　为什么　这样　　做

汉语初学者已经掌握"动+宾"的语序，比如"拿这个""看这个"，由于不熟悉代词的使用规则、没有掌握"这样"为代副词，学生误把"这样"等同于代名词"这个"，错把作状语的代副词放在宾语的位置上，属于目的语知识的过度泛化。

数量结构的使用，在塔吉克斯坦学生的汉语学习中一直是个难点，偏误率较高。数量结构的偏误同时受第一语言负迁移和目的语规则泛化两方面的影响。学生掌握数量结构作补语的规则后，不管肯定句还是否定句，都把数量结构置于谓语中心语之后，产生了"*我没吃饭三天了"这样的偏误。例如：

(50) *我没吃饭三天了。

我三天没吃饭了。

Ман аллакай се руз хурок нахурдам.

我　已经　三天饭　没-吃

否定句中，不应直接套用数量结构在肯定句中的使用规则，应把数量结构提至谓语之前作状语。由于没有掌握好汉语语序，同时又因为数量短语多用作补语，学生将目的语补语规则过度泛化，造成状语与补语的混用偏误。

（三）学习策略因素

学习策略是指学习者作为语言学习和语言交际的主体，不论是在学习语言的过程中或是在运用语言的过程中，都以主动参与的态度，为克服困难达到有效学习和顺利交际的目的而采取各种计划和措施。（刘珣，2007）

学习汉语句法成分和语序，塔吉克斯坦学生主要对补语采用语言交际"回避"策略。塔吉克语没有补语，学生对补语用法不熟悉，不习惯使用，加之害怕出错的心理，于是在习得中经常采取消极回避的策略。

比如学生已经学习了程度补语，但在自然表达中仍回避使用，把

"我心里难过极了"说成"*我心里很难过了"或者"*我心里极难过了";把"你比他漂亮得多"说成"你比他漂亮"。另如可能补语,学生常常回避使用较为复杂的"得/不＋了(liǎo)"结构,把"没有车我回不了家"说成"*没有车我不回家"或者"*没有车我不回了家"。

五、应对策略

(一)学生学习策略

首先,汉语与塔吉克语分属不同语言类型,塔吉克斯坦学生用汉语日常交际简单,学会语法规则很难。初级阶段的学习者不能自认听懂就行,一定要掌握规范的语法规则,为进一步的语言学习打下良好基础;要正视偏误现象,不要害怕犯错;塔吉克斯坦学生应该充分利用外向性格特点,多说多练,克服畏难情绪,逐步向正确的语序规则靠拢。

其次,汉语语序规则虽然复杂,但也有一定规律性;塔吉克斯坦学生在学习过程中要学会对比汉语和塔吉克语,认真总结汉语语序规律。例如汉语单句语序一般情况下为"主＋动＋宾",塔吉克语单句语序为"主＋宾＋动",通过这样明显的对比,让初学者掌握规律、遵照规则排列它们,从而减少由于负迁移而造成的语序偏误。

最后,加强阅读和对话,培养汉语语感;切勿遇到难点就采取回避或者化繁为简的策略,这样问题就不会被暴露出来,久而久之,积累的问题也就越来越多。例如学生学习了程度补语和情态补语,在日常会话和书面表达中很少使用,往往采取回避态度,用简单句来替代,这样很难真正掌握补语规则。只有多讲多说多犯错误,不明白的多问老师,才能知道自己什么知识没掌握,逐渐补全知识上的漏洞。

(二)教师教学策略

首先,教师应当了解基础塔吉克语,能从语法层面简单对比分析两种语言;充分运用第二语言教学理论,找出两种语言间的共性和差异,判断出容易产生第一语言负迁移的知识点,预测塔吉克斯坦学生学习难点以及可能出现的偏误;有意识地做好教学引导,使教学更富有针对性,让学生能对汉语语序特征有更明确、更清晰的认识。

例如,塔吉克语没有补语成分,一般用状语表示汉语补语成分,塔吉克斯坦学生很难区分汉语补语和状语的异同。教师可以按照先状语后补语的顺序,让学生对汉语状语的使用情况有一定了解,再对补语的用法进行教授和练习。

其次,塔吉克斯坦学生爱交际、善表达,语言输出偏重意义表达、不太注重语法规则。教师应在鼓励学生多说多写的基础上,多关注学生平时作业及口语表达的准确性,积累总结偏误情况,在教学中将典型的偏误作为例句进行讲解,提醒学生避免类似的错误。

针对不遵循语序规则的偏误,教师可以有意识地组织安排搭配记忆训练。塔吉克斯坦学生在使用由副词、形容词、介词结构等构成的状语时,受塔吉克语影响常犯错误。老师在讲解这些词语的时候,可以进行词语搭配教学。例如,形容词作状语,"认真——认真学习""仔细——仔细观察""热情——热情欢迎";介词作状语,"在中文系学习""在食堂吃饭"等。这样使学生能够辨别塔吉克语的状语语序与汉语的区别,从而有意识地培养出习惯汉语语序的语感。

最后,对待学生出现的语序偏误,教师不可操之过急,特别是涉及语义理解方面的偏误。如果要求太严,学生会因为不理解而产生厌学情绪。塔吉克斯坦学生不喜欢死背语法规则,多重定语、多重状语等语序教学,需要进行大量例句练习,对同样性质的新旧知识总结归类,更重要的是培养学生的语感。这些偏误不像述宾结构那样把宾语和述语颠倒位置即可,积累达不到,可能没办法理解透彻。讲到多重定语的顺序,"表示领属关系的名词/代词—数量词组—表示修饰关系的形容词/名词+(中心语)",学生对于哪些词表示领属、哪些词表示修饰不甚清楚,需要慢慢积累。出现这些偏误不影响我们的理解,因此不必苛责,不妨让学生慢慢内化掌握。这就要求教师改进教学方法,寻找更加有效、有趣的方式帮助学生理解。

六、结语

汉语与塔吉克语在语法类型方面存在一定差异,这使得塔吉克斯坦学生学习汉语时往往不能正确理解目的语的语法规则,出现偏误。

本研究通过收集塔吉克斯坦学生的考试试卷、作文、谈话记录等语料，对语料进行整理分析，对比汉语和塔吉克语句法结构的语序特点，就定语、状语、补语三种附加成分，归纳总结出塔吉克斯坦学生习得汉语语序的偏误类型，分析其偏误现象和原因，并提出解决策略，希望能为针对塔吉克斯坦学生的汉语教学提供一些帮助。

目前针对塔吉克斯坦学生汉语中介语偏误的研究不多，本研究的创新之处在于收集大量的塔吉克斯坦学生语料，同时比较汉语和塔吉克语语序结构，尝试从第一语言负迁移的角度分析塔吉克斯坦学生的语序偏误。

本研究存在一定不足，由于时间和教材限制，笔者只学习了塔吉克语基础语法，未做深入研究；语料方面，考虑在校学生接受度因素，减少了测试卷题量，这对研究结果的客观性有一定影响；在应对策略方面，限于教学经验有限，未能提出更多有效建议，有些问题待进一步研究。

附录

语序习得测试卷

各位同学：

你好！首先请你在下面填写自己的相关资料，然后再开始做试题。请你根据自己的水平填写每道题。谢谢！

  1. Чинс Мард□ Зан□

  2. Шумо чанд сола？

  3. Шумо дар кадом группа мехонед？

  4. Шумо дар хона бо кадом забон гуфтугу мекунед？

  Точики□ Руси□ Дигар забон□

  5. Оё шумо имтихони HSK -ро супоридаед？

  Ха□ Не□ Чандум дарача？

一、请将下列词语按正确顺序排列（定语）

Пожалуйста расставьте слова в предложении правильно по очередности

  例如：朋友①我②亲密的③ （Дусти чонии ман）

  正确答案：我亲密的朋友 ②③①

1. 那①本②书③他的④ （Хамон китоби вай）

2. 北京①精彩的②奥运会③ （Бозихои олимпии бохашамати Пекин）

3. HSK①下个月的②考试③ （Имтихони HSK-и мохи оянда）

4. 建筑①那些②北京的③古老的④ （Хамон бинохои кадимаи Пекин）

5. 新①学习汉语的②我③方法④（Ман тарзи нави забони хитоиро аз худ мекунам）

6. 第一次①他②考试③在中国的④ （Имтихони аввали вай дар Хитой）

二、请把括号里的词放到ABCD中最合适的位置上（状语、补语）

Проставьте слова в скобках в место ABCD.

例如："我们 A 一起 B 去上海 C 旅游 D 过"（没）

正确答案：A "我们没一起去上海旅游过"

关联副词作状语

1. A 我们国家 B 这样的事情 C 很多 D（也）

（Дар давлати мо хам ин хел корхо бисёр аст）

语气副词作状语

2. A 他 B 是个 C 好人 D（真）

（Вай аз рости одами хуб аст）

时间副词作状语

3. A 春天 B 到 C 了 D（已经）

（Бахор алакай омад）

范围副词作状语

4. A 他们 B 两个 C 是 D 老师（都）

（Онхо харду муаллим ҳастанд（мебошанд）/ Ҳардуяшон муаллим ҳастанд）

程度副词作状语

5. 我 A 也 B 对我父母 C 感到 D 不满（非常）

（Ман хам аз падару модарам хеле норозиям）

否定副词作状语

6. A 我 B 给爸妈 C 写 D 过信（没有）

（Ман ба падару модарам мактуб нанависhтаам）

形容词作状语

7. 今天冷，A 穿 B 一点儿 C 衣服 D（多）

（Имруз хаво хунук, бисёртар либос пуш）

代词作状语

8. A 你 B 为什么 C 做 D（这样）

（Ту чаро инхел мекуни）

能愿动词作状语

9. A 我们 B 早点 C 去上课 D（可以）

（Мо метавонем барвахттар ба дарс равем）

时间词作状语（名词）

10. A 他 B 去 C 工作 D（明天）

（Пагоҳ вай ба кор меравад / Вай пагоҳ ба кор меравад）

时间词作状语（短语）

11. A 他 B 喜欢 C 读小说 D（在上中学时）

（Вай вакти мактаби китоб хонданро дуст медошт）

数量短语作状语

12. A 我 B 没吃饭 C 了 D（三天）

（Ман аллакай се руз хурок нахурдам）

介词短语作状语

13. A 他 B 不去 C 上课 D（为照顾奶奶）

（Вай барои нигоҳ кардани биби ба дарс нарафт）

结果补语

14. 这个 A 字 B 我 C 写 D 了（错）

（Ин харфро ман нодуруст навистам）

程度补语

15. 我 A 心里 B 难过 C 了 D（极）

（Дилам хеле зик аст）

情态补语

16. A 我 B 比你 C 跑得 D（**快**）

（Ман аз ту тезтар медавам）

趋向补语

17. 我 A 看见他 B 走进 C 教室 D（**去**）

（Ман дидам вай ба синфхона даромада истода буд）

数量补语

18. A 我 B 学了 C 汉语 D（**三年**）

（Ман се сол забони хитои омухта истодаам）

19. A 我 B 在这家饭店 C 吃过 D 饭（**两次**）

（Мо дар ин ошхона ду бор хурок хурда будем）

时地补语（介词补语）

20. A 这件 B 事 C 发生 D（**在 2013 年**）

（Ин вокеъа соли 2013 рух дода буд）

可能补语（肯定）

21. 这个包不沉，A 我 B 拿 C 得 D（**动**）

（Ин сумка вазнин нест, ман метавонам бардоштан）

可能补语（否定）

22. 没有车 A 我 B 回 C 了家 D（**不**）

（Мошин нест ман наметавонам ба хона баргардам）

第二节　塔吉克斯坦学生汉语定语习得研究

一、引言

（一）研究背景和意义

1. 研究背景

定语是主要句法成分之一，同时是语法研究及教学中非常关键的部分,也是留学生在熟练使用汉语过程中必须要弄清楚的一个语法点,其重要性不言而喻。就语法手段而言,汉语形态变化少,语序是重要的语法手段,不同语序具有不同的意义,因此定语语序的教学一直是对外汉语教学的重点,也是留学生学习的难点。查阅"HSK 动态作文语料库",定语习得偏误这一项有 500 余条。

汉语和塔吉克语分属汉藏和印欧两种不同的语系,在语法结构上有很大的差异。分析塔吉克斯坦学生汉语作文语料,我们发现他们运用汉语定语时常常出现如下错误。

*我过了十分满意的劳动节。(缺少数量定语"一个")
*他很多写书。(定语误用作状语)
*我的心里的春天也悄悄地来了。(双项定语中"的"多余)
*我们一起学习,一起锻炼,我们是好的朋友。("的"多余)
*小时候我妈妈给我讲了一个她的经历。(双项定语内部语序错误)

句 1 中缺少定语"一个","一个"在这里充当限制性定语;句 2 中数量定语"很多"应该位于中心语"书"前面,属于语序错误;句 3 中双项定语表领属关系的一般不用"的",不符合语言的经济性原则;句 4 中"的"误加,单项性质形容词作定语时不需要"的";句 5 中两个限制性定语连用发生语序的错误。

上述现象引起本研究的思考,中高级水平的塔吉克斯坦学生(学生第一语言为塔吉克语)对汉语定语掌握的情况如何?是否能够熟练地运用限制性和描写性两类定语?是否正确掌握多项定语的语序?

2. 研究意义

现实意义:定语在汉语句法成分中占据重要地位。定语属于修饰语,在句子表达中有重要的作用,因此调查塔吉克斯坦学生定语习得情况可以真实地反映学生掌握两类定语的情况,有效地反馈到对外汉语教学中来,其现实意义不言而喻。

理论意义:本研究以塔吉克斯坦学生为研究对象,考察他们习得汉语限制性定语和描写性定语的情况,讨论出现的偏误现象、类型、成因以及规律,可以充实针对不同语言背景学习者汉语定语的习得研究。

(二) 研究范围和内容

1. 研究范围

1.1 本研究选定充当定语的成分

表 2-5 充当定语的成分

成分	定中结构
名词	母亲的眼睛
代词	我们的书
形容词	漂亮的眼睛
区别词	野生动物
数量词	二十个苹果
动词	吃的东西
介宾结构作状语的动词短语	从中国进口的饮料
动宾短语	跑市场的男孩
主谓结构	他说的话

如表 2-5 所示，汉语中词和短语结构都能充当单项定语。本研究只研究词类作定语，例如：

母亲的眼睛（名词）

漂亮的眼睛（形容词）

介宾结构作状语的动词短语、动宾短语、主谓结构等复杂结构作定语不在本研究范围之内。

1.2 本研究双项定语的类别

《实用现代汉语语法》将多项定语分为三个类型：并列式、递加式和交错式。

本研究的双项定语类型是递加式多项定语，指只有一个中心语，中心语前面的两项成分分别直接修饰中心语。这两项成分可能是两个描写性定语，也可能是描写性定语和限制性定语在一起，但成分之间并无直接的语义联系。例如："一个可爱的女生"，先是"可爱"修饰"女生"，然后是"一个"限制"可爱的女生"。

2. 研究内容

2.1 选定单项定语的类型（见表 2-6）

表 2-6 单项定语的类型

编号	单项定语类型（语义）	例句
1	数量	小李给了我<u>一些</u>水果
2	归属	白求恩用<u>自己</u>的血救活了别人
3	范围	<u>这本书</u>的内容很奇怪
4	特点	<u>中国</u>的每个城市都有得天独厚的风景
5	性质	这位是<u>新</u>同学
6	时间	小李和小王都没有参加<u>昨天</u>的会议
7	处所	<u>对面</u>的两口子天天快乐地唱歌

2.2 选定七类单项定语的依据

这七类定语是根据塔吉克斯坦学生作文语料库定语类型数据统计以及《汉语教程》《发展汉语》等教材定语类型数据统计选定的，详见表2-7。

表 2-7 语料库和《汉语教程》《发展汉语》中出现的单项定语的类型及频率

编号	单项定语类型（语义）	例句	总数
1	数量	王小云送她<u>一条</u>围巾 我明白了很多道理	483+233=716
2	归属	<u>我的</u>杂志 <u>我（的）</u>爸爸	452+149=601
3	范围	<u>这本书</u>的内容很奇怪	273+78=351
4	特点	<u>好心的</u>农夫于是帮助了它	195+34=229
5	性质	这位是<u>新</u>同学	68+7=75
6	时间	<u>昨天</u>的会议	0+8=8
7	处所	<u>对面</u>的两口子天天快乐地唱歌	8+5=13

注释：总数一列中"＋"号前一数据是统计语料库所得，后一数据是统计教材所得。

表示用途、来源的描写性定语在学生语料和教材中出现频率不高，双项定语中它们能充当的句法成分比较少，因此本研究中对描写性定语只选定表示特点、性质两类；限制性定语表示数量、时间、处所、范围、归属等五类的全部选定。

2.3 选定双项定语的原因

根据层次分析法，多项定语可以分为双项、三项、四项甚至七项定语。

苏岗（2000）以《毛泽东著作选读》为语料，运用抽样统计方法，对多项定语语序进行了详细考察，得到递加式多项定语项数分布情况如表 2-8 所示。

表 2-8 多项定语项数分布情况

项数	双项	三项	四项	五项	六项
例数	812	160	16	2	1
占比/%	81.94	16.15	1.61	0.20	0.10

由此可见，双项定语比例高达 81.94%。在实际语言运用过程中，双项定语也占据绝对优势，因此本研究选定双项定语作为研究对象。

2.4 选定双项定语的类型

表 2-9 双项定语类型

编号	双项定语类型	例句
1	归属＋数量	小王和小李是我的两个朋友
2	处所＋数量	小王毕业于乌鲁木齐的一所大学
3	特点＋特点	年轻聪明的军官
4	特点＋性质	漂亮的大眼睛
5	数量＋性质	这里有两座古建筑
6	数量＋特点	我的妹妹是一个可爱的女生
7	归属＋特点	春节是中国最重要的节日
8	范围＋特点	那些精彩的故事都是爸爸讲的

表 2-9 是本研究选定的八类双项定语。

2.5 选定双项定语的依据

本研究所确定的八类双项定语在教材中出现的频率很高，具有很高的研究价值，详见表 2-10。

表 2-10 《汉语教程》《发展汉语》中出现双项定语的类型以及频率

编号	双项定语类型	例句	总数
1	数量＋特点	小王娶了一个漂亮的姑娘	73+182=255
2	数量＋性质	旁边放着一台新电脑	35+49=84
3	特点＋特点	又新鲜又好看的辣椒	2+3=5
4	特点＋性质	非常古老的小街道	3+3=6
5	归属＋数量	我的一个同事笑着说	2+14=16

续表

编号	双项定语类型	例句	总数
6	处所＋数量	海边的一个城市	2+14=16
7	归属＋特点	我紧张的神经渐渐松弛下来	9+26=35
8	范围＋特点	为了庆祝这个重要的节日	11+39=50
9	范围＋数量	熟悉那里的每个季节	0+3=3
10	归属＋范围	她是我的同班同学	1+2=3
11	范围＋归属	这位外国姐姐	1+1=2
12	范围＋性质	那棵大枣树	6+1=7
13	归属＋性质	你的新邮件	0+1=1
14	时间＋数量	那是六年前的一个情人节	2+2=4
15	处所＋特点	中国最大的节日还是春节	2+2=4
16	特点＋数量	最好的一次"嫩笋炒冬菇"	0+3=3
17	归属＋处所	我的中国妻子从来不认错	0+1=1
18	特点＋归属	漂亮的英国护士凯瑟琳	0+1=1
19	归属＋归属	完全出乎我朋友的意料	1+2=3

注：总数一列"＋"号前一数据是统计《汉语教程》所得，后一数据是统计《发展汉语》所得。

（三）研究问题与方法

1. 研究问题

本研究采用刘月华《实用现代汉语语法》中对汉语定语的分类，从语义角度出发考察塔吉克斯坦学生习得限制性定语和描写性定语的情况，其中会涉及如下五个方面。

A. 单项限制性定语习得情况

B. 双项限制性定语习得情况

C. 单项描写性定语习得情况

D. 双项描写性定语习得情况

E. 混合双项定语习得情况

2. 研究方法

横向调查法：研究第二语言习得某一具体的语法项目，有纵向和横向两种研究方法。纵向研究方法指的是对某些固定学习者在一定时间跨度上做考察研究，考察随着学习时间增加和语言水平提高，学生对某一语法项目习得过程的发展趋势；另一种是本研究用的横向研究方法，通过考察不同阶段学习者对某一语法项目的掌握情况，来反映习得这个语法项目的情况。本研究通过调查问卷和自然语料两种途径考察中级、高级两个阶段塔吉克斯坦学生习得汉语限制性定语和描写性定语的情况。

统计法：收集、整理与分析语料，确定学生的习得情况和偏误类型。

归纳法：结合数据和汉语塔吉克语对比情况探究习得和偏误原因，提出相应的教学策略。

（四）理论依据

1. 优势语序理论

汉语语法少有形态变化，语序和虚词是重要的语法手段，语序不同语义就会不同。汉语小句基本语序是 SVO，定语置于中心语前。

目前多项定语语序研究基本采用"优势语序"这一概念。"优势语序"理论源于格林伯格（Greenberg，1966）所定义的"语序优势"（dominant order），陆丙甫（2003）继承和发展了这一理论，提出了与"可别度"广义语序有关的优势概念。他把语序"优势"与"可别度"联系起来，提出了"语义靠近原理""可别度领前原理"两条语序共性原理。本研究中"优势语序"概念采用程书秋（2014）"单项语序蕴含共性"，具体指如果一个核心名词前面同时出现X、Y、Z等多项定语，且其优势语序表现为X＞Y＞Z，那么居前的定语就蕴含着和后面任一定语构成潜在"优势语序"的可能性，反之则不成立。比如，"领属定语"位于多项定语语序之首，那么"领属＋时间""领属＋数量""领属＋特点"等就有可能成为一种优势语序。本研究以此理论为基础，考查塔吉克斯坦学生双项定语语序的习得情况。

2. 对比分析理论

对比分析理论指的是在学习第二语言的时候，两种语言结构中的相同相近点可以对第二语言的学习产生正迁移，而差异则会对第二语言的学习产生负迁移。通过对比分析两种语言结构的异同，可以提前预知学生学习过程中的难点和易产生的错误，以便克服第一语言负迁移的影响，减少偏误的发生。

（五）文献综述

1. 定语的本体研究

通过检索文献发现，现代汉语语法界对定语的研究主要集中在以下七方面。

A. 汉语定语的定义
B. 充当汉语单项定语的语法成分及类别研究
C. 汉语单项定语与中心语的位置关系研究
D. 汉语单项定语与中心语的语义关系研究
E. 定中结构"的"的隐现问题研究
F. 多项定语中"的"的隐现问题研究
G. 多项定语的语序问题研究

结合本研究的目标，我们主要关注 B、E、G 三方面。

1.1 充当汉语定语的语法成分及类别研究

定语作为主要结构成分之一，在句子中占有重要的地位。

朱德熙（1956）依据定语与中心语之间的意义关系将定语分为限制性定语和描写性定语，这对汉语定语研究产生了重大的影响。后续学者广泛运用这对概念描写和解释性质形容词和状态形容词的功能差异、定语排序、"的"字功能等语法现象。

陆丙甫（2003）、陈玉洁（2009）认为定语的限制性和描写性差异应该区分语义层面和语用层面，语境中语义层面的定语功能常常会因为指称功能的不同而发生变化，限制性和描写性之间会形成对立转化；区分定语在两个不同层面的功能，使我们能更好地了解定语的功能。

贺阳（2013）在上述研究的基础上认为，定语在语义层面和语用层面都有区别性和描写性两种功能，进一步加深了对定语的研究。

石定栩（2010）根据集合论观点，从句法语义功能角度分析得出汉语各种定中结构都表示事物的集合，认为所有定语都是限制性的，"描写性定语"这一概念在句法分析中没有实际意义；但他同时承认在汉语中存在对定语进行描写的手段。

大部分学者认为定语分为描写性与限制性两类，应该在语义和语用两个平面上区分这两类功能，这种定语分类已经成为多项定语排序的基础,如刘月华等(2001)、房玉清(2001)、方梅(2008)。

关于限制性定语、描写性定语有三个分类标准。

房玉清(2001)以词类为划分依据,名词、代词、形容词、动词充当的定语是限制性的,形容词的重叠形式或复杂形式充当的定语是描写性的;

刘月华等(2001)以语义或说话人的意向为标准,从数量、时间、处所、归属等方面对中心语进行限制的定语是限制性定语;从性质、状态、特点、用途、质料、职业等方面对中心语加以描写的定语是描写性定语;

陈宗利、温宾利(2004)以定语的音系标记为标准,带对比重音、表示强调的定语是限制性的,不带对比重音的定语为描写性的。

本研究对定语限制性和描写性的分类采用刘月华等(2001)的观点。

1.2 多项定语的语序问题研究

丁声树、吕叔湘(1961)认为各种修饰语排列的次序是:①领属性的修饰语＞②处所词和时间词＞③主谓结构＞④动宾结构、动补结构、动词带修饰语＞⑤形容词＞⑥非领属性的名词＞⑦不用"的"字直接黏附在中心语前的形容词或名词(">"表示优先于),其中①和②的顺序是可以互换的,数量和指示代词的位置比较灵活。袁毓林(1999)为此做了极好的解释,指出数量词充当定语,位置比较灵活,但其最前面不能越过领属定语和处所定语,最后面不能越过粘合式定语,这是因为数词和量词都可以构成多项对立。

苏岗(2000)、刘月华等(2001)认为多项定语的排序是有一定顺序的,一般是限制性定语在描写性定语之前,限制性和描写性定语内部又有各自的排列顺序。

语法学界已经从多角度研究了多项定语语序,大致可总结为领属性词语＞处所词、时间词＞数量词＞主谓结构＞动词性词语＞形容词性词语＞名词性词语＞中心语(">"表示顺序优先于),此外多项定语的排序还受到韵律结构和语用两个方面的影响。

1.3 定中结构"的"的隐现问题研究

丁声树、吕叔湘(1961)对指示代词、时间词、领属性修饰语和中心语之间有无"的"的情况做了比较详细的说明。

刘月华等（2001）结合词的性质，对"的"的使用情况做了较为详细的描写和讨论，总结了"的"隐现的规律。

李振中（2002）认为单项定语与中心语之间"的"的隐现有强制性和非强制性两种情况，受语义、语法、语用、语音等四种因素影响。

王利峰、肖奚强（2007）对汉语母语者语料、留学生中介语料进行了定量研究，指出在讨论形容词充当定语带不带"的"的问题时，要区分简单式和复杂式，复杂式是多项定语定中结构；"的"字的高频使用，复杂式中偏误率高于简单式，这一结果说明在复杂式中"的"隐现的规律较为复杂。

谢成名（2008）从韵律因素和信息原则以及句法、韵律、信息原则的交互作用三个方面考察了"的"的隐现规律，句法、韵律决定"的"的隐现具有强制性，信息原则控制整个结构中"的"的数量和"的"的位置。

雷友芳（2012）以北京大学现代汉语语料库为语料来源，研究了并列式和递加式多项定语中"的"隐现的规律。

理查德·拉森（Richard K. Larson，2009）提到汉语中"的"字和塔吉克语中的伊扎菲结构有很多类似的特点，汉语是一种反伊扎菲结构，这对研究塔吉克斯坦学生习得定语中"的"隐现有重要的作用。

综合上述文献，学界对定语标记"的"隐现规律的研究越来越深入，研究角度也趋于多元化。根据各位学者的看法，"的"的隐现有如下四种情况。

A."的"必须出现（我的记忆）

B."的"必不出现（一些水果）

C."的"出不出现均可（我母亲）

D."的"的出现会发生变化（中国朋友—中国的朋友）

2.定语习得研究现状

王敏凤（2006）在前人研究基础上对双项定语语序从倾向性角度进行了详细考察，通过纵向与横向两个角度比较各项定语排位的倾向性，着重讨论了汉语和韩语里数量和领属词语用法的差异。

张琳（2006）通过问卷测试对欧美留学生习得汉语单项定语的情况进行了定量研究，文章全部以测试语料为基础，没有学生作文语料作为补充，数据来源对研究结果有一定影响。

张念（2011）以作文为研究语料，考察了西班牙学生使用单项定语和多项定语的情况，总结出遗漏、误加、错位等偏误类型；文章认为第一语言负迁移是产生偏误的主要原因，忽略了教材编写、教师教学策略等方面的影响因素。

侯程程（2013）考察了初、中、高三个水平西班牙语国家学生掌握11类汉语单项定语的情况，对学生的习得难度、习得等级以及习得过程做了较为详细的说明；研究有丰富的作文语料，并用调查问卷语料作为补充，数据可靠。

苏叶（2013）选取定中结构作为研究对象，总结出留学生在语义和语法两个层面的偏误类型，并从初级到高级对定中结构教学做了设计，最后提出教学应遵守的四个原则：①语法点螺旋式循序渐进；②举实例、重对比、多练习；③以汉语运用为目的，结合真实语境进行教学；④各种教学法综合运用。

王紫琬（2013）从教材出发选定了10个类型双项定语，通过问卷形式调查了初级、中级、高级36名学生，总结了10个句型的习得顺序以及习得难度；不足之处在于问卷数量有限，难以保证问卷效度，影响论文结论。

白晶（2014）详细介绍了泰国学习者出现的多项定语的偏误类型以及原因，对比分析了泰国学习者和其他国家留学生习得定语的偏误情况，并提出了较为详细的教学对策。

上述研究通过汉外对比，总结出定语偏误的类型，即定语多余、定语残缺、定语中"的"多余或残缺，以及双项及多项定语语序的问题。本研究将从语义角度出发，结合教材中双项定语的类型，考察塔吉克斯坦学生限制性和描述性两类定语的习得情况，详细分析两类定语形式结构上的特点，并对定语教学提出建议。

（六）问卷的设计与实施

1. 问卷的设计

1.1 问卷的目的

无论是书面语还是口语，定语都充当着重要的角色。汉语和塔吉克语分属汉藏和印欧两个语系，在定语的使用上存在显著的差异，也存在一些共性。塔吉克斯坦学生学习汉语复杂双项定语时，常出现错误。他们掌握定语的情况到底怎么样，光靠作文语料不足以系统反映问题，因此本研究借助问卷调查中级和高级水平塔吉克斯坦学生掌握限制性定语和描写性定语的情况，以及塔吉克语对学习汉语定语的影响。

1.2 问卷内容与题型

测试卷共分为两个部分：第一部分为被试者的基本情况，主要了解被试者 HSK 等级、学习汉语的时间、掌握语言的情况等；第二部分是核心内容，分为选择题和填空排序题两个题型，共 23 个。

选择题 15 个，涉及单项限制性和描写性定语中的七个类型，填空排序题涉及双项定语中的八个类型。题目设计如下。

单项选择题：选择你认为正确的一项（　　）

A. 妈妈送给我不少的礼物。

B. 妈妈送给我不少礼物。

C. 以上都对

语法测试题：给出双项定语的两个成分 A 和 B，选择填空，顺序自己决定，并且根据意思表达的需要加上"的"。

我的妹妹是（　）（　）女生。

A. 可爱　　B. 一个

2. 问卷的实施

2.1 被试情况

调查对象都是新疆师范大学的塔吉克斯坦学生，第一语言均为塔吉克语，共 80 人。调查问卷涉及班级有：非学历 A2、A3 班，学历本科三、四年级、2013 级语言学专业研究生、2014 级汉硕、2015 级汉硕、2015 级预硕等。测试对象分中、高水平两个等级，HSK 水平三级并且学习时间为两年以上，或者 HSK 等级为四级的被试者为中级，HSK 等级五级以上为高级。

2.2 问卷的发放与回收

问卷调查时间是 2015 年 11 月，正式测试之前，笔者对新疆师范大学国际文化交流学院的两名塔吉克斯坦学生（第一语言均为塔吉克语）进行了预测，两名学生的汉语水平分别为 HSK 四级和 HSK 五级，并对预测题进行了一定的调整和修改。调查共发放 80 份问卷，有效问卷 73 份占问卷总数的 91.30%，其中中级水平问卷为 57 份，高级水平问卷为 16 份。中高级水平学生所占试卷份数百分比如图 2-1 所示。

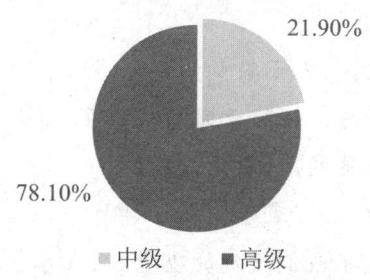

图 2-1　中高级试卷份数百分比

（七）语料来源

本研究语料包括自然语料和调查问卷语料。

自然语料来源于新疆师范大学"塔吉克斯坦学生汉语中介语语料库"（http://yulk.xjnu.edu.cn/search.asp[①]）和"中亚国家学生汉语中介语语料库"（已并入"全球汉语中介语语料库"，http://qqk.blcu.edu.cn）。

新疆师范大学"塔吉克斯坦学生汉语中介语语料库"中的自然语料文本共计 58668 字，主要来自新疆师范大学国际文化交流学院塔吉克斯坦学生的日常书面写作、考试作文、谈话记录，以及赴塔吉克斯坦国立民族大学孔子学院调研期间获得的学生书面作业等。"中亚国家学生汉语中介语语料库"中的自然语料文本是 2008—2015 年度新疆师范大学国际文化交流学院中亚学生的日常书面写作、考试作文、谈话记录。其中涉及塔吉克斯坦学生的语料，笔者整理了近一万字。

调查问卷语料来源于对自然语料的归纳整理、问题设计和学生答卷后的统计分析。

[①] 2013—2017 期间校园网可查询。

二、汉语和塔吉克语定语构成比较

（一）汉语定语构成

1. 汉语定语语义类型

1.1 汉语限制性定语类型

刘月华等（2001）从语义角度将定语分为限制性和描写性两类。

限制性定语从时间、数量、处所、归属等方面限定中心语，主要表示中心语的范围。例如：

（1）我买<u>两斤</u>香蕉。（表示数量）

（2）经过<u>几天的</u>努力，他终于完成任务了。（表示时间）

（3）<u>包里的</u>衣服是他的。（表示处所）

（4）<u>我们</u>家有五口人。（表示归属、领属）

（5）<u>这个</u>包裹超过了我们规定的重量。（表示范围）

1.2 汉语描写性定语类型

描写性定语从性质、状态、特点、用途、质料、职业、人的穿着打扮等方面描写中心语。例如：

（6）他穿了一件<u>大红色的</u>衣服。（描写事物的性质状态）

（7）突然跑过来一个<u>五六岁的</u>孩子。（描写人或事物的特点）

（8）这个<u>装衣服的</u>包我很熟悉。（说明用途、来源）

（9）<u>纸</u>盒子里装满糖果。（表示质料）

（10）我们班的<u>外语</u>老师姓张。（说明职业）

（11）他的一本<u>十万字的</u>书已经写完了。（其他描写性定语）

2. 汉语中单项定语"的"的隐现规律

2.1 单项限制性定语"的"的隐现规律

A. 表示数量关系不加"的"。例如：一封信、几棵白菜、一些书、很多人、不少节目。

B. 表示领属、归属关系要加"的"。例如：妻子的目光、家里的客厅、我的记忆。

C. 中心语为亲属名称和集体关系时不用"的"。例如：我母亲、他们厂。

D. 表示时间关系必须加"的"。例如：昨天的报告、小时候的故事。

E. 表示范围关系不能加"的"。例如：那姑娘、这封信。

2.2 单项描写性定语中"的"的隐现规律

A. 数量关系短语表示描写时必须加"的"。例如：三年的时间、几年的工夫、二十岁的姑娘。

B. 双音节形容词表示特点时必须加"的"。例如：火红的晚霞、标准的普通话、吃力的声音。

C. 单音节形容词表性质不加"的"。例如：黑眼睛、大口袋、好学生。

D. 成语等固定短语一般要用"的"。例如：一鸣惊人的表演、垂头丧气的表情。

3. 汉语语序问题

刘月华等（2001）认为递加双项定语中一般是限制性定语位于描写定语之前，双项限制性定语和双项描写性定语的内部有各自的排列顺序。

双项限制性定语内部的排列顺序：表示领属关系的词语＞处所词、时间词的词语＞范围词语＞数量词语

双项描写性定语遵循主客观的原则，排列顺序是客观性词语＞主观性词语＞中心语，同时也受音律音节的制约。例如：

（12）年轻聪明的老师。（客观性词语＋主观性词语＋中心语）

（13）可爱的小姑娘。（双音节形容词＋单音节形容词＋中心语）

3.1 教材中双项定语统计结果

本研究所涉及的主要是双项定语的语序问题，运用"优势语序"理论，我们考察了《汉语教程》和《发展汉语》两种教材中 692 例双项定语（双项定语分为首位和末位），表 2-11 显示了我们统计的双项定语成分及位置的情况。

表 2-11 双项定语成分及位置情况　　　　　单位：例

编号	成分（语义）	首位	末位
1	数量	257	42
2	归属	57	25
3	特点	15	319

续表

编号	成分（语义）	首位	末位
4	性质	0	59
5	范围	59	3
6	处所	20	12
7	时间	4	0

3.2 对统计结果的分析

外国学生双项定语语序教学应该从汉语实际出发，找出汉语双项定语在使用过程中的自然语序和凸显语序，找出各类定语在双项定语首位和末位出现的倾向性，有利于学生更好地掌握汉语双项定语常见语序和"凸显性语序"，让学生知道如何在限制性定语和描写性定语之间进行语义转换。

通过表格可以看出各项成分出现在首末位的比率，我们考察的就是各项成分出现在首末位的倾向性，找出在日常汉语中的"自然语序"，教会学生最常见、普遍使用的双项定语类型。

3.2.1 各成分出现位置横向比较

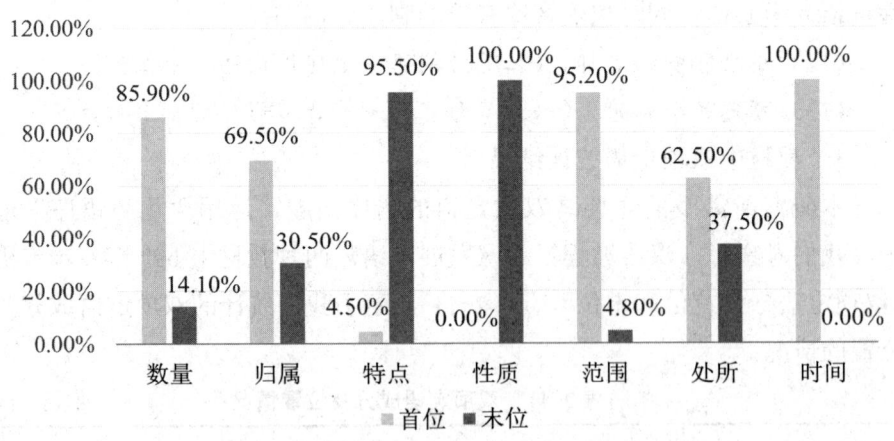

图 2-2　双项定语首末位置横向比较

结合表 2-11 和图 2-2，横向上看，数量定语出现在首位的有 257 项，出现在末位的有 42 项，出现在首位的比率为 85.90%。数量定语属于限制性定语，双项定语中限制性定语一般出现在首位。

归属定语出现在首位的有 57 项，出现在末位的有 25 项，出现在首位的比率为 69.50%，出现在末位的比率为 30.50%。从倾向性上面来看，归属定语较多出现在首位。

特点定语出现在首位的只有 15 项，出现在末位的有 319 项，出现在首位的比率是 4.50%，出现在末位的比率为 95.50%。因此特点定语更倾向于出现在末位。

性质定语出现在首位的是 0 项，出现在末位的是 59 项，出现在末位的比率是 100.00%，双项定语中性质定语倾向于出现在末位。

范围定语出现在首位的有 59 项，出现在末位的有 3 项，出现在首位的比率有 95.20%，出项在末位的比率有 4.80%，双项定语中范围定语倾向于出现在首位。

处所定语出现在首位的有 20 项，出现在末位的有 12 项，出现在首位的比率是 62.50%，出现在末位的比率是 37.50%，处所定语更倾向于出现在首位。

时间定语出现在首位的有 4 项，出现在末位的有 0 项，出现在首位的比率是 100.00%，双项定语中时间定语更倾向于出现在首位。

3.2.2 各成分出现位置纵向比较

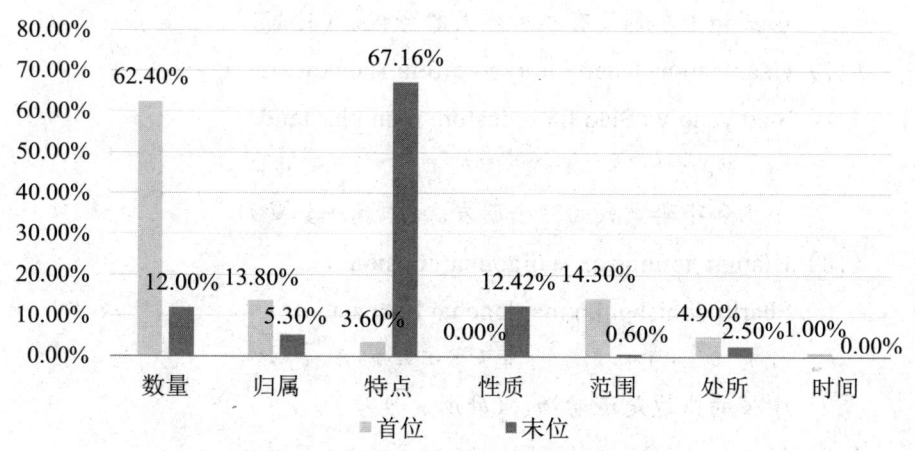

图 2-3　双项定语首末位置纵向比较

结合图 2-3，纵向上看，按照比率各项定语在首位出现的顺序从高到低为：数量＞范围＞归属＞处所＞特点＞时间＞性质，在末位出现从高到低排序为：特点＞性质＝数量＞归属＞处所＞范围＞时间。

（二）塔吉克语定语构成

1. 塔吉克语定语语义类型

塔吉克语中，中心语名词和除最外围定语的多项定语后都会有个·и，这是定语和中心语修饰关系的标记，类似于汉语结构助词"的"，例如：

（14）Дируз як вокеаи калон рӯй дод.
　　　Diruz yak vokheai kalon rui dod.
　　　　昨天　一　　事 -E　大　　发生了
　　　昨天发生了一件大事。（性质）

（15）Вай як чашмони калони зебо дорад.
　　　Vai yak chashmoni kaloni zebo dorad.
　　　　她　一　眼睛 -E　大 -E 漂亮　有
　　　她有一双漂亮的大眼睛。（特点＋性质）

（16）Сиао ван ва Сиао ли дар мачлиси дируз иштирок накарданд.
　　　Siao vang va Siao li dar machlisi diruz ishtirok nakardand.
　　　　小　王　和　小　李　　　会议 -E　昨天　　参加　没-做
　　　小王和小李都没有参加昨天的会议。（时间）

（17）Сиао ван ва Сиао ли ду дӯстони ман хастанд.
　　　Siao vang va Siao li du dustoni man khastand.
　　　　小　王　和　小　李　两　朋友 -E　我　　是
　　　小王和小李是我的两个朋友。（归属＋数量）

（18）Шарки донишгох майдончаи бозӣ аст.
　　　Sharki donishgokh maidonchai bozi ast.
　　　　东 -E　学校　　　　操场 -E 运动　是
　　　学校的东边是运动场。（处所、性质）

（19）Маззаи он нон назарба дигар нон якхел нест.
　　　Mazzai on non nazarba digar non iakkael nest.
　　　　味道　那 面包　　跟　　别的　面包　一样　不
　　　那个面包的味道和别的面包的味道不一样。（范围）

(20) Сияо Ли ба ман каме мева дод.
　　　Siao li ba man kame meva dod.
　　　　小　李　给　我　一些　　水果　给
　　　小李给了我一些水果。（数量）

汉语中表示时间、处所、范围、归属、特点、性质等语义关系的定语，在塔吉克语中中心语后面都使用伊扎菲结构。如例（14）—例（19）；表示数量的定语不用伊扎菲结构，如（20）。

2. 塔吉克语双项定语的语序

塔吉克语多项定语遵循语义主客观的原则，双项定语的排列顺序是：中心语名词＋客观性词语＋主观性词语。例如：

(21) Вай як чашмони калони зебо дорад.
　　　Vai yak chashmoni kaloni zebo dorad.
　　　　她　一　　眼睛　-E 大 -E 漂亮　有
　　　她有一双漂亮的大眼睛。

(22) Вай як корманди хавони доно аст.
　　　Vai yak kormandi javoni dono ast.
　　　　他　一　　工人　-E 年轻-E 聪明　是
　　　他是一位年轻聪明的工人。

三、塔吉克斯坦学生限制性和描写性定语习得情况与分析

（一）限制性和描写性定语调查的整体情况

笔者对 73 份测试卷做了统计分析，分别统计了汉语单项限制性定语、单项描写性定语、双项限制性定语、双项描写性定语、混合双项定语、规范定语等六类定语在中高级两个阶段学生的使用中出现的偏误情况和正确使用情况。偏误情况图表主要分析塔吉克斯坦学生的定语偏误是如何分布的，正确使用情况图表主要用来确定塔吉克斯坦学生定语的具体习得情况。

1. 学生整体偏误情况

1.1 中高级水平整体偏误情况

图 2-4 显示中级水平的偏误率有 40.40%，高级水平的偏误率有

23.22%,可以看出随着学生学习水平的提高,偏误率大幅下降。

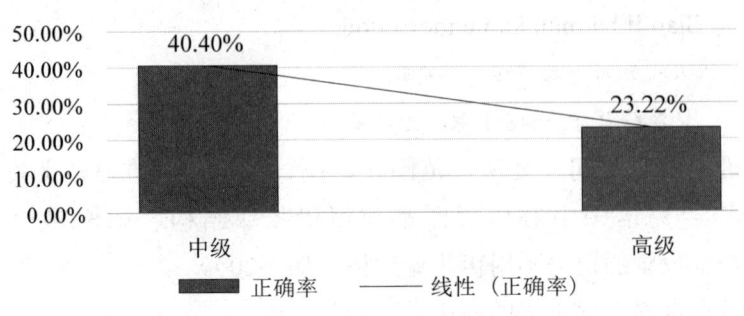

图 2-4 中高级整体偏误率

1.2 六类定语类型整体偏误情况

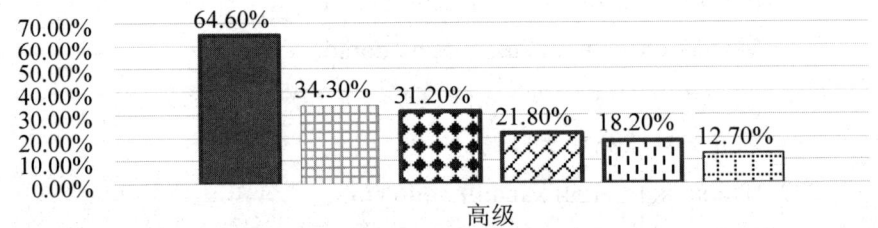

图 2-5 六类定语整体偏误率

从图 2-5 可以看出,六类定语偏误率按升序排列是:规范性定语＜双项描写性定语＜双项限制性定语＜单项描写性定语＜单项限制性定语＜混合双项定语。

2. 学生整体正确使用情况

2.1 单项定语、双项定语正确使用情况

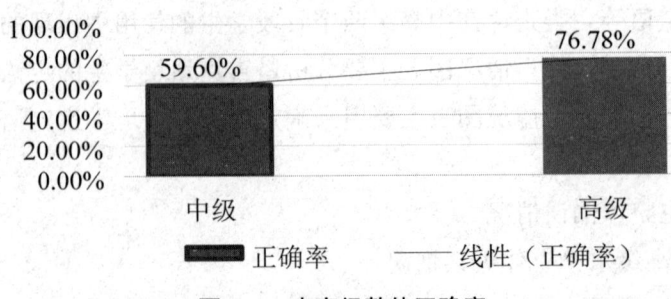

图 2-6 中高级整体正确率

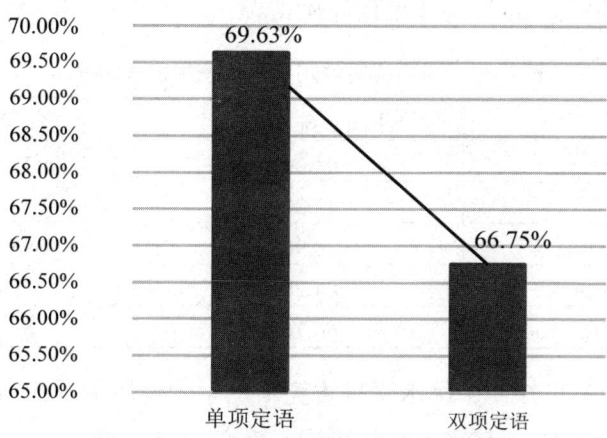

图 2-7　单项定语与双项定语平均正确率

从图 2-6 看，中级水平塔吉克斯坦学生的正确率为 59.60%，高级水平正确率为 76.78%，可以看出正确率随着学生学习水平的提高而增加，说明水平不同对汉语定语的习得存在影响。

从图 2-7 看，学生单项定语的正确率为 69.63%，双项定语的正确率为 66.75%，可以看出塔吉克斯坦学生习得单项定语正确率高于双项定语的正确率。

2.2 单项限制性定语整体使用正确情况

表 2-12　单项限制性定语整体使用正确情况

序号	中级正确率 / %	高级正确率 / %
单项限制性	51.20	81.10
1（数量）	78.80	93.80
2（数量）	57.90	42.80
3（数量）	63.20	87.50
4（归属）	45.60	93.60
5（归属）	49.10	87.50
6（时间）	75.40	81.30

由表 2-12 可以看出高级水平吉克斯坦学生使用单项限制性定语的正确率明显高于中级水平学生。除第二题"数量定语"，高级水平学生使用数量定语、归属定语、时间定语的正确率都高于中级水平的学生。

2.3 单项描写性定语整体使用正确情况

表 2-13 单项描写性定语整体使用正确情况

序号	中级正确率 / %	高级正确率 / %
单项描写性	68.00	78.20
7（特点）	42.20	62.50
8（特点）	78.90	93.80
9（性质）	84.20	75.00
10（特点）	66.70	81.30

由表 2-13 可知，中级水平塔吉克斯坦学生使用单项描写性定语的平均正确率为 68.00%，高级水平的平均正确率为 78.20%，这一数据符合第二语言学习者的学习规律。相比单项限制性定语，高级水平学生使用单项性质定语正确率有所下降，这可能与第二语言学习者在中高级阶段遇到的"化石化"现象有关系，塔吉克斯坦学生学习语法点性质定语出现了停滞不前的现象。

2.4 双项限制性定语整体使用正确情况

表 2-14 双项限制性定语整体使用正确情况

序号	中级正确率 / %	高级正确率 / %
双项限制性	50.90	68.80
1（归属＋归属）	14.00	12.50
2（归属＋数量）	57.40	81.30
3（处所＋数量）	40.40	56.30

从表 2-14 可以看出，高级水平塔吉克斯坦学生使用双项限制性定语的正确率明显高于中级水平学生，但"归属＋归属"类型双项定语总体使用正确率比较低。

2.5 双项描写性定语整体使用正确情况

表 2-15 双项描写性定语整体使用正确情况

序号	中级正确率 / %	高级正确率 / %
双项描写性	50.90	65.70
1（特点＋特点）	47.40	62.50
2（特点＋性质）	54.40	68.80

由表 2-15 可以看出，中级水平塔吉克斯坦学生整体使用双项描写性定语的正确率为 50.90%，高级水平的正确率为 65.70%。

2.6 混合双项定语整体使用正确情况

表 2-16　混合双项定语整体使用正确情况

序号	中级正确率 / %	高级正确率 / %
混合双项	78.90	87.30
1（数量＋性质）	75.40	93.40
2（数量＋特点）	84.20	93.40
3（归属＋特点）	71.90	75.00
4（范围＋特点）	84.20	87.50

由表 2-16 可知，中高级水平塔吉克斯坦学生混合双项定语使用正确率较高，正确情况在五类定语中是最好的。

（二）塔吉克斯坦学生限制性和描写性定语使用偏误情况分析

1. 单项限制性定语偏误情况分析

表 2-17　单项限制性定语中"的"偏误情况

序号	中级		高级	
	偏误数 / 个	偏误率 / %	偏误数 / 个	偏误率 / %
1（数量）	6	10.50	1	6.20
2（数量）	33	57.90	7	43.80
3（归属）	31	54.40	1	6.20
4（归属）	29	50.90	2	12.50
5（时间）	14	24.60	3	18.70
6（顺序）	21	36.80	2	12.50

由表 2-17 可以看出，高级水平学生单项限制性定语偏误率比中级水平低，但是塔吉克斯坦学生在第 2 句、第 3 句、第 4 句、第 6 句的偏误率比较高。

*小李给了我一些的水果。（数量）

*妈妈给了我不少的礼物。（数量）

*白求恩用自己血救活了别人。（归属）

*那个面包跟别面包的味道不一样。（归属）

*小王和小李都没有参加昨天会议。(时间)

*如果你想好好学习你就该很多读书。(定语误作状语)

第1句、第2句题涉及表示数量关系的定语误加"的"。在汉语中,数量短语或数词量词作定语表示限制性关系时后面不能加"的","很多""不少""好多"作定语修饰名词时,一般不用"的"。例如:

(23)他刚才把我捆起来,装在口袋里,上边还压了很多书。

(24)妈妈送给我不少礼物。

第3句题涉及人称代词充当归属性定语,出现偏误的原因是归属定语后面遗漏了"的"。刘月华等(2001)认为人称代词作定语表示领属关系时,后面必须加"的"。例如:

(25)你的工作怎么样?

(26)白求恩同志用自己的血把那个八路军战士救活了。

有时后面加不加"的"意思是不同的,例如:

(27)同学们今天出发,我们老师明天出发。

(28)我们的老师非常严厉。

这两个句子的意思是不同的,前一个句子"我们"表示复指成分,后一个"我们"加上"的"之后表示领属关系。

口语与书面语有很大不同。在口语中,表示疑问或反问时,人称代词可以不用"的",例如:

(29)我(的)书包怎么不见了?

(30)你(的)帽子在哪儿?

如果中心语是亲属称谓或集体、机构名称,人称代词可以用"的",口语一般不用"的",例如:

(31)我(的)母亲是非常善良勤劳的。

(32)你(的)姐姐是昨天来的吗?

第4句涉及代词"别",除"别人""别国""别处"等固定结构,作归属定语时,后面必须用"的"。

第5句涉及时间定语用法,中高级水平塔吉克斯坦学生的偏误率为24.60%和18.70%,表明时间定语掌握比较好。在汉语中表示时间关系的定语必须要加"的",例如:

(33) 经过几个月的努力，这头野象基本被驯服了。

(34) 他给我讲了一遍过去的情况。

第 6 句涉及单项限制性定语的语序问题，偏误率较高，往往是定语误用为状语。

(35) 如果你想好好学习你就该读很多书。

2. 单项描写性定语偏误情况分析

*张老师买了一条三斤鱼。

*小王是怎么样人，大家都知道。

*我们一起学习，一起锻炼，我们是好的朋友。

*中国的每个城市都有得天独厚风景。

表 2-18 是对单项描写性定语中"的"使用偏误情况的统计。

表 2-18 单项描写性定语中"的"使用偏误情况

序号	中级		高级	
	偏误数 / 个	偏误率 / %	偏误数 / 个	偏误率 / %
1（特点）	28	57.80	6	37.50
2（特点）	12	21.10	1	6.20
3（性质）	9	15.80	4	25.00
4（特点）	19	33.30	3	18.70

第 1 句数量词语充当表示特点的描写性定语时，数量定语后面必须加"的"，例如：

(36) 张老师买了一条三斤的鱼。

(37) 五十多岁的老王都来参加乒乓球比赛了！

(38) 一寸的钉子买一两就成。

第 2 句、第 4 句涉及双音节及多音节形容词、带有各类附加成分的形容词和形容词的重叠形式（"冰凉""白花花"），以及四字固定短语充当表示特点的描写性定语，后面必须要加上"的"，例如：

(39) 中国的每个城市都有得天独厚的风景。

(40) 孔先生是一个谦虚的人。

(41) 小王是怎么样的人，大家都知道。

(42) 今天广播了两篇热情洋溢的讲话。

第 3 句涉及性质定语,单音节形容词作性质定语时,形容词后面不用"的",例如:

(43) 我们一起学习,一起锻炼,我们是好朋友。

这道题,中级水平学生偏误率是 15.80%,高级水平学生的偏误率上升,达到了 25.00%,可能是学生汉语语法规则学习太多,产生混淆,在这个阶段出现了目的语内规则泛化现象。

3. 双项限制性定语偏误情况分析(见表 2-19)

表 2-19　双项限制性定语语序偏误情况

序号	中级		高级	
	偏误数/个	偏误率/%	偏误数/个	偏误率/%
1(归属+数量)	33	57.40	3	18.70
2(处所+数量)	34	59.60	7	43.60
3(归属+归属)	17	26.80	2	12.50

*小王和小李是两个我的朋友。(归属+数量)

*小王毕业于一所乌鲁木齐的大学。(处所+数量)

现代汉语多项定语的排列一般按照对立项由少到多的顺序。按此规律,数量词与领属词同时作定语修饰中心语时,领属词一般位于数量词之前。从对立项的多少上来看,领属词的对立项远比数量词的少得多,如领属词"姐姐"对应"妹妹"或其他亲属类的词语,数量词"一个"可以对应"一张""一件""三个""五个"等很多其他的数量词;从语义上来讲,可以避免歧义的产生。数量词在多项定语的排列顺序中,最前不能超过领属词。

领属性词语包括表示领属性的名词和代词。表领属性的代词主要指"我的""你的"等代词,表领属性的名词主要指"中国的""企业的""学校的"等名词。根据王紫琬(2013)统计,领属性词语出现在首位的数量占 94.19%,首位是它的优势位置。

双项限制性定语表示归属和表示数量连用时,正确的排列顺序是:"归属+数量",例如:

（44）小王和小李是我的两个朋友。

（45）小王毕业于乌鲁木齐的一所大学。

4. 双项描写性定语偏误情况分析（见表2-20）

表2-20　双项描写性定语语序偏误情况

序号	中级		高级	
	偏误数/个	偏误率/%	偏误数/个	偏误率/%
1（特点＋特点）	27	47.40	6	37.50
2（特点＋性质）	31	54.40	5	31.20

*他是一位聪明年轻的军官。（特点＋特点）

*他有一双大漂亮的眼睛。（特点＋性质）

由表2-20可知上述两个例句的偏误率都比较高。

"特点＋特点"双项描写性定语，定语的顺序常常表现为"表客观性质的形容词＋表主观评价的形容词＋中心语"。例如：

（46）他是一位年轻聪明的军官。

（47）他是一位英俊潇洒的少年。

双音节形容词最常表示特点语义关系，单音节形容词最常见表示性质语义关系；单音节形容词和双音节形容词连用作定语时，双音节形容词通常出现在单音节形容词前面，且双音节形容词常常加"的"。例如：

（48）这些给人们带来欢乐的可爱小天使们，每天都在呼唤有更多的人为他们奉献一份爱心。（《人民日报》，1995）

（49）朱镕基踏着山间泥泞小道，一连走访了三户农民。（《人民日报》，1995）

（50）一路上我遇到的都是面带菜色穿着肮脏的白上衣。（王朔《许爷》）

（51）他们身着干净的小棉衣，戴着红领巾，高高兴兴参加了对大哥哥大姐姐们隆重而又简朴的婚礼。（《人民日报》，1995）

5. 混合双项定语偏误情况

表 2-21 混合双项定语语序偏误情况

序号	中级		高级	
	偏误数/个	偏误率/%	偏误数/个	偏误率/%
1（数量+性质）	14	24.60	1	6.60
2（数量+特点）	9	15.80	1	6.60
3（归属+特点）	16	28.10	4	25.00
4（范围+特点）	9	15.80	2	12.50

*这里有新不少建筑。（数量+性质）

*我的妹妹是可爱的一个女生。（数量+特点）

*春节是最重要的中国节日之一。（归属+特点）

*精彩的那些故事都是爸爸讲的。（范围+特点）

如表 2-21，混合双项定语的偏误率较低，平均偏误率均低于其余四类。汉语递加关系双项定语分别是限制性定语和描写性定语时，常见的是自然语序"限制性定语+描写性定语"，限制性定语一般都放在描写性定语前面，因此教会学生从语义上理解两类定语非常有必要。

四、主要偏误类型与分析

（一）主要偏误类型

1. 单项限制性定语中"的"多余

*小李给了我一些的水果。（数量）

*小李给了我不少的礼物。（数量）

*因为他们是在农村，他们有很多的水果。（数量）

上述句子都是在数量定语"一些""不少""很多"后面误加了"的"。汉语数量短语或数词量词、作限制性定语不能加"的"，例如：

（52）小李给了我一些水果。（数量）

（53）小李给了我不少礼物。（数量）

（54）因为他们是在农村，他们有很多水果。（数量）

2. 单项限制性定语中"的"遗漏

*白求恩用自己血救活了别人。（归属）

*那个面包跟别面包的味道不一样。(归属)

*小王和小李都没有参加昨天会议。(时间)

上述句子出现偏误是因为定语遗漏了"的"。汉语单项限制性定语中，表示领属关系的人称代词和表示时间关系的定语后面必须加"的"，例如：

(55) 白求恩用自己的血救活了别人。(归属)

(56) 那个面包跟别的面包的味道不一样。(归属)

(57) 小王和小李都没有参加昨天的会议。(时间)

3. 单项限制性定语中语序错序

*如果你想好好学习你就该很多读书。(数量)

*他很多写书。(数量)

*她很多次考了HSK可是连一次也没有通过。(数量)

上述句子出现偏误是数量词语出现在动词前用作了状语，而没有出现在定语位置上，汉语中数量定语修饰中心名词必须放在中心语前面。例如：

(58) 如果你想好好学习你就该读很多书。(数量)

(59) 他写很多书。(数量)

(60) 她考了很多次HSK可是连一次也没有通过。(数量)

4. 单项描写性定语中"的"多余

*我们一起学习，一起锻炼，我们是好的朋友。

上句出现偏误的原因是在"好"后面误加了"的"。汉语单音节形容词表示特点、性质定语时，后面一般不用"的"，例如：

(61) 我们一起学习，一起锻炼，我们是好朋友。

(62) 他是一个坏人。

5. 单项描写性定语中"的"遗漏

*张老师买了一条三斤鱼。

上句出现偏误的原因是"三斤"后面遗漏了"的"。数量词语可以充当限制性定语，也可以根据语义需要充当描写性定语，在充当表示特点的描写性数量关系定语时，后面必须加"的"。例如：

(63) 张老师买了一条三斤的鱼。

6. 双项限制性定语语序错序

*小王和小李是两个我的朋友。(归属+数量)

*小王毕业于一所乌鲁木齐的大学。(处所+数量)

上面两句产生偏误的原因在于双项定语内部的错序。在汉语双项定语中,归属、处所定语都位于数量定语前面,第1句表示归属定语的"我"应该位于表示数量定语"两个"前面,第2句表示处所定语"乌鲁木齐"应该位于数量定语"一所"前面,例如:

(64) 小王和小李是我的两个朋友。(归属+数量)

(65) 小王毕业于乌鲁木齐的一所大学。(处所+数量)

7. 双项描写性定语中语序错序

*他是一位聪明年轻的工人。(特点+特点)

*他有一双大漂亮的眼睛。(特点+性质)

上述两个句子的偏误在于双项描写性定语内部语序错序。第1句表示特点的定语"年轻"应该位于同样表示特点的定语"聪明"前面,第2句表示特点的双音节形容词"漂亮"应该位于表示性质的单音节形容词"大"前面。例如:

(66) 他是一位年轻聪明的工人。(特点+特点)

(67) 他有一双漂亮的大眼睛。(特点+性质)

8. 混合双项定语语序错序

*这里有新不少建筑。(数量+性质)

*我的妹妹是可爱的一个女生。(数量+特点)

*春节是重要的中国节日之一。(归属+特点)

*精彩的那些故事都是爸爸讲的。(范围+特点)

上述句子都是混合双项定语内部语序错序,汉语混合双项定语内部表示归属、数量的限制性定语位于表示特点和性质等描写性定语之前,例如:

(68) 这里有不少新建筑。(数量+性质)

(69) 我的妹妹是一个可爱的女生。(数量+特点)

(70) 春节是中国重要的节日之一。(归属+特点)

(71) 那些精彩的故事都是爸爸讲的。(范围+特点)

（二）偏误分析

1. 限制性定语和描写性定语

汉语定语可以从语义角度分为限制性和描写性两类，但在分析时要区分语义和语用两个平面，因为一定的语境下限制性定语可以转换成描写性定语；塔吉克语定语成分没有限制性和描写性的语义区分。这是汉语和塔吉克语定语类型上的差别。

2. 汉语和塔吉克语的数量定语

汉语数量定语类型见表 2-22。

表 2-22　汉语数量定语类型

	类型
普通数量词	一个、一张
抽象数量词	很多、不少
抽象数量词	所有的
重叠数量词	一件件心事、一丛丛玫瑰、一串串数字
超常搭配数量词	一大捧红红的玫瑰花

本研究涉及三个类型的汉语数量定语：

第一类是普通数量词作定语，如：一个人。

第二类是抽象类词语作定语，如：很多、不少、一些。

第三类是数词和量词的重叠形式，如：一件件。

塔吉克斯坦学生习得双项定语数量词错序比较常见，这跟汉语、塔吉克语语序的差别有关系。

汉语双项定语中，数量词的位置具有较强的灵活性。

限制性和描写性混合定语中，表限制性语义的数量词作定语的优势语序是出现在首位，只有表示强调的时候数量定语才放在末位。例如：

（72）我的妹妹是一个可爱的女生。

（73）这里有不少新建筑。

（74）她有一双漂亮的眼睛。

双项限制性定语中，数量词作定语的优势语序并不是首位。双项限制性定语一般语序是：

表示领属关系的名词或代词＞处所词与时间词同时出现可互为前

后＞其他表示范围的定语＞数量词短语

因此数量定语一般位于归属性定语之后，例如：

（75）小王和小李是我的两个朋友。

（76）小王毕业于乌鲁木齐的一所大学。

塔吉克语表示"数量"的定语和汉语有很大的区别，塔吉克语时间、处所、特点、性质等定语均置于中心语名词之后，数量词和指示词定语置于中心语名词之前。

（77）小王和小李是我的两个朋友。

   Сиао ван ва Сиао ли ду дӯстони ман ҳасатанд.

   Siao vang va Siao li du dustoni man khastand.

   小　　王　和　小　李　两　朋友 -E 我　　　　是

（78）小王毕业于乌鲁木齐的一所大学。

   Сиао ван хатмкунандаи як донишгоҳи Урумчи мебошад.

   Siao vang khatmkunandai yak donishgohi Urumchi meboshad.

   小　　王　　　毕业生　　-E 一　　大学 -E 乌鲁木齐　是

3. 塔吉克语伊扎菲结构和汉语结构助词"的"的异同

塔吉克语有类似于汉语结构助词"的"的伊扎菲结构，它们的语法功能、语用功能基本呈镜像相似，但不能完全对应起来。

（79）白求恩用自己的血救活了别人。

   Байтун аз хуни худ нафареро нахотдод.

   Baitun az khuni khud nafarero nakhotdod.

   白求恩 用　　血 -E 自己　别人　　救活

（80）小王和小李都没有参加昨天的会议。

   Сиао ван ва Сиао ли дар маҷлиси дируз иштирок накарданд.

   Siao vang va Siao li dar machlisi diruz ishtirok nakardand.

   小　　王　和　小　李　　会议 -E 昨天　参加　没-做

（81）这里有不少新建筑。

   Дар инхо сохтмонхои нав бисёр хаст.

   Dar inkho soxtmonkhoi nav bisjor khast.

   这里　　建筑　　 -E 新　不少　有

(82) 她有一双漂亮的大眼睛。

　　　　Вай як чашмони калони зебо дорад.
　　　　Vai yak chashmoni kaloni zebo dorad.
　　　　她　一　　　眼睛　-E　大 -E 漂亮　有

塔吉克语伊扎菲结构形态标记-и 强制性出现于中心语名词和除最外围定语的多项定语后，汉语助词"的"作为定语标志，上文已分析过"的"必用、不用和可用可不用的隐现规律。

五、偏误原因分析

（一）目的语规则掌握不牢固，故意回避使用"的"

*白求恩用自己血救活了别人。
*那个面包跟别面包味道不一样。
*小李和小王都没有参加昨天会议。
*张老师买了一条三斤鱼。
*中国的每个城市都有得天独厚风景。

以上几个句子在调查问卷中偏误率比较高，在讨论中我们提到，塔吉克语伊扎菲结构和汉语结构助词"的"之间的差别与联系，伊扎菲结构不能完全对应汉语中带助词"的"的定中结构，塔吉克语伊扎菲结构是强制出现的，汉语"的"出现与否有复杂的语法规则。中级水平塔吉克斯坦学生汉语"的"用法掌握得不全面，扩大了不用助词"的"的结构规则，在使用定语时回避使用"的"。

（二）第一语言负迁移

塔吉克语数量成分的位置、双项定语排列的顺序都会给塔吉克斯坦学生学习汉语带来负迁移的影响。

1. 塔吉克语双项定语语序的负迁移

(83) 他是一位年轻聪明的军官。（特点＋特点）

　　　　*他是一位聪明年轻的军官。

　　　　Вай як корманди хавони доно аст.
　　　　Vai yak kormandi javoni dono ast.
　　　　他　一　　军官　-E 年轻 -E 聪明　是

(84) 她有一双漂亮的大眼睛。（特点＋性质）
*她有一双大漂亮的眼睛

Вай як чашмони калони зебо дорад.
Vai yak chashmoni kaloni zebo dorad.

她　一　　眼睛　　-E　大 -E 漂亮 有

汉语"特点＋特点"语义类型的双项定语，定语的排列顺序所遵循的规则较为复杂，不光遵循语义的主客观性原则，还要遵守韵律音节长短的原则，双项定语"的"的隐现，还涉及限制性定语和描写性语义的转换。

例（83）双项定语的语序所遵循的原则是语义主观性强弱的原则。汉语语法规定客观性强的词语离中心语的距离较远，即"客观性词语＋主观性词语＋中心语"。主观性强的词语"聪明"离中心语近，客观性强的词语"年轻"离中心语远。

例（84）双项定语的语序所遵循的原则是韵律原则。汉语双项定语中，双音节形容词一般位于单音节形容词之前；"大"的客观性强，但因其是单音节，所以离中心语近。

塔吉克语所遵循的语法规则比较固定，双项定语的顺序只需遵循语义主客观性的原则，客观性强的词语离中心语的距离较近，即"中心语＋客观性词语＋主观性词语"，例（83）корманди хавони доно 中 хавон（年轻）离中心语近，例（84）чашмони калони зебо 中还是客观性较强的калон（大）离中心语近。

统计调查问卷例（83）、例（84）两句可进一步分析塔吉克斯坦学生产生语序偏误的原因。

表 2-23　答案类型

答案类型		中级	高级
1. A＋B（年轻＋聪明）	A＋B（漂亮＋大）	7	14
2. A＋B（年轻＋聪明）	B＋A（大＋漂亮）	4	15
3. B＋A（聪明＋年轻）	B＋A（大＋漂亮）	1	11
4. B＋A（聪明＋年轻）	A＋B（漂亮＋大）	4	17

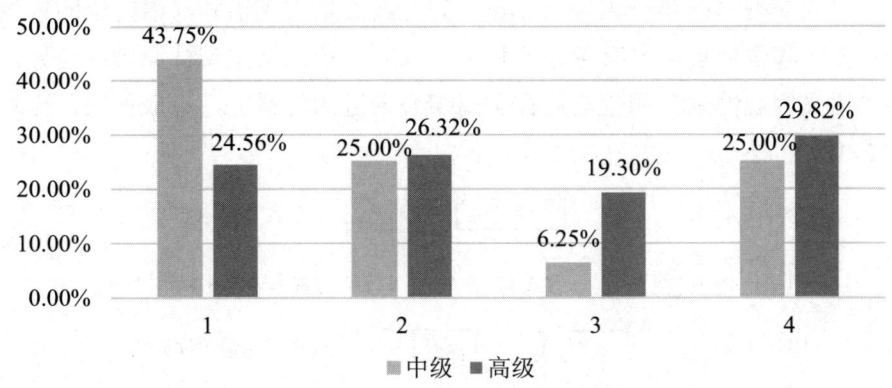

图 2-8　答案类型

由表 2-23 和图 2-8 可知：

答案类型 1 的学生完全习得了"特点＋特点"双项定语的排列顺序，答案类型 3 的学生完全没有习得；答案类型 2 和 4 的同学属于不同类型的错误，偏误的原因也不尽相同。

答案类型 2：目的语知识掌握不全面，只考虑了双项定语的语义主观性原则，没有考虑音节数量的韵律原则，造成偏误，详见图 2-9。

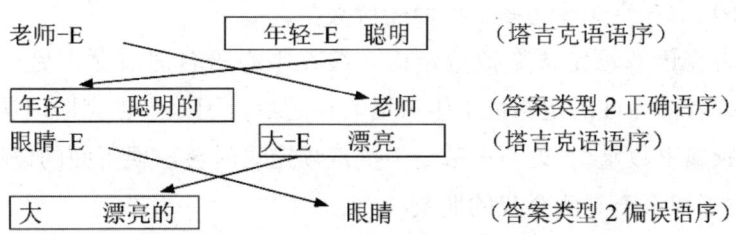

图 2-9　答案类型 2

从双项定语语义主客观性和跟中心语名词距离角度看，塔吉克语和汉语双项定语的排列顺序是相反的，即塔吉克语为"中心语＋客观性＋主观性"，而汉语为"客观性＋主观性＋中心语"。

对于问卷中（83）、例（84）两句，学生知道汉语和塔吉克语有语序差别，因此将定语部分做了相同的整体移位处理，没有考虑音节韵律原则。如果有单、双音节形容词连续使用的还要调换语序为"双音节形容词＋单音节形容词"。

答案类型 4：第一语言负迁移，完全按照塔吉克语和汉语定语的镜像相似做了移位处理，没有考虑两种语言双项定语语义主观性原则的差异，将"语义客观性强"的定语排在了离中心语近的位置上，造成偏误，详见图 2-10。

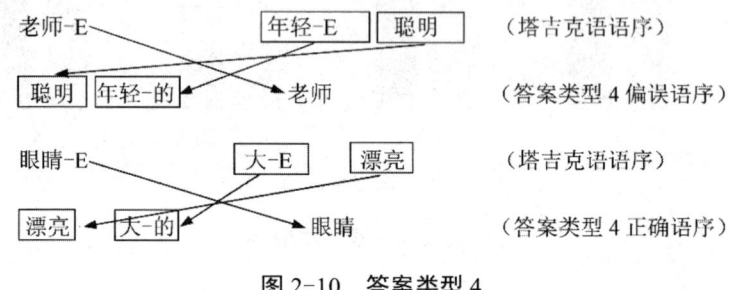

图 2-10　答案类型 4

2. 塔吉克语"数量定语＋中心语名词"语序对汉语定语学习的负迁移

汉语中数量定语属于限制性定语，双项定语中数量定语的位置很灵活，但其最前面不能越过领属定语和处所定语，最后面不能在粘合式定语之后。例如：

（85）小王和小李是我的两个朋友。

（86）小王毕业于乌鲁木齐的一所大学。

塔吉克语双项定语中数量定语一般在中心语名词前面，另一个充当限制性或者描写性的定语位于中心语名词之后，因此塔吉克斯坦学生习得汉语"领属＋数量""处所＋数量"类双项定语时会出现下面的偏误。

*小王和小李是两个我的朋友。

*小王毕业于一所乌鲁木齐的大学。

汉语双项定语中数量定语的优势语序在首位，混合双项定语中数量定语大部分是在首位，而在双项限制性定语中数量定语并不总在首位。塔吉克斯坦学生受第一语言负迁移影响，同时目的语汉语规则掌握不牢固，造成上述偏误。

（三）教材编写不系统，忽视"的"隐现规律的内容

学生使用的《汉语教程》《发展汉语》等教材关注点更多集中在语序问题方面，没有特别编入有关汉语单项定语方面的语法知识，特别是关于"的"隐现的规则，因此在教学中无法找出关于这方面系统教学的痕迹。

六、结语

(一) 结论

本研究结果表明，高级水平塔吉克斯坦学生汉语定语习得率高于中级水平塔吉克斯坦学生；定语类型的习得率从高到低的排序是"混合双项性定语＞单项限制性定语＞单项描写性定语＞双项限制性定语＞双项描写性定语"；主要偏误类型是单项定语"的"的多余、遗漏和双项定语语序错序等；造成偏误的原因主要是第一语言负迁移和目的语知识掌握不牢固。汉语的语序和虚词是重要的语法手段，汉语双项定语语序要遵循比较复杂的语法规则，塔吉克语双项定语语序遵循的语法规则比较简单；塔吉克斯坦学生学习汉语双项定语面临的学习难点是"的"的隐现规律和双项定语语序规则。

本研究只了解了塔吉克斯坦学生学习汉语双项定语"自然语序"面临的问题，没有深入考察双项定语"的"的使用情况和习得"凸显语序"的情况，这些留待以后再做探讨。

(二) 对教学的建议

1. 分阶段侧重教学内容

在初级、中级教学阶段，教师要明确告诉学生汉语和塔吉克语定语语序存在明显差别，可以在初级课堂有意识地加强两种语言之间的对比。

对单项定语，比较两种语言定语语序以及定语成分的异同，同时给学生讲授汉语双项定语的规则，使初级、中级水平的学生了解汉语定语的语法特征和使用规则，尽量去除塔吉克语的影响，为学生学习打下坚实的基础。

初级、中级阶段的教学内容也应该有所选择。在学生不完全理解语义之初，教师应该在潜移默化中教授汉语定语的类型和规则；学生所接触到的双项定语类型应该是最为普遍使用的，也就是本研究所谈到的"自然语序"类型，比如"限制性（数量/领属）＋描写性（特点）""限制性（领属）＋限制性（数量）"，例如：

(87) 我的妹妹是一个可爱的女生。

(88) 春节是中国最重要的节日。

(89) 小王和小李是我的两个朋友。

高级阶段的教学重点是让学生去理解语义，在掌握结构规则的基础上强调从语义角度理解双项定语各成分排列组合的差异，从而使学生更好地习得汉语定语。

2. 加强语言形式和意义之间的对比

教学过程中加强学生对汉语、塔吉克语不同语序的比较，了解熟悉各个定语成分出现的位置。

汉语数量定语中"很多""不少"类比较抽象，如果不理解它们的语义，很难熟练掌握并运用其语法规则，如塔吉克斯坦学生出现的如下偏误：

*妈妈送给我不少的礼物。（"的"误加）

*如果你想好好学习你就该很多读书。（语序错误）

上面第1句定语"很多"误用成了状语，学生只是简单地把动词置于宾语前面，没有顾及定中结构宾语整体语序的变换，造成偏误。

高级阶段双项定语教学，可以适当地引入语义和语用方面的知识，帮助留学生体会和了解汉语语序的灵活性，在已经习得自然语序的基础上，进一步学习难度更大、带标记的"凸显语序"双项定语，让学生明白语序对汉语句法语义所起的重要的作用。

附录

中高级水平塔吉克斯坦学生汉语定语习得情况分析调查问卷

性别：

你学习汉语多长时间了？

A. 少于半年　　　B. 6个月　　　C. 一年　　　D. 一年半

E. 2年　　　　　F. 2年以上

汉语水平等级（HSK）：

一、判断选择题（选择你认为正确的一项）

1.（　　　）

A. 小李给了我一些水果。　　　B. 小李给了我一些的水果。

C. 以上都对

2. (　　)

A. 妈妈送给我不少的礼物。　　B. 妈妈送给我不少礼物。

C. 以上都对

3. (　　) 涌 (yǒng) 上了：出现，намоён шудан、аён шудан

A. 一件件的心事涌上了心头。　　B. 一件件心事涌上了心头。

C. 以上都对

4. (　　)

A. 如果你想好好学习你就该很多读书。

B. 如果你想好好学习你就该读很多书。

C. 以上都对

5. (　　)

A. 白求恩用自己的血救活了别人。

B. 白求恩用自己血救活了别人。

C. 以上都对

6. (　　)

A. 我的心里的春天也悄悄地来了。

B. 我心里的春天也悄悄地来了。

C. 以上都对

7. (　　)

A. 学校东边是操场。　　B. 学校的东边是操场。

C. 以上都对

8. (　　)

A. 那个面包的味道跟别面包的味道不一样。

B. 那个面包的味道跟别的面包的味道不一样。

C. 以上都对

9. (　　)

A. 小王和小李都没有参加昨天的会议。

B. 小王和小李都没有参加昨天会议。

C. 以上都对

10. （   ）

A. 昨天发生了一件大事。　　　B. 桌子上放着一大碗菜和一小杯酒。

C. 以上都对

11. （   ）

A. 张老师买了一条三斤的鱼。　B. 张老师买了一条三斤鱼。

C. 以上都对

12. （   ）

A. 小王是怎么样的人，大家都知道！

B. 小王是怎么样人，大家都知道！

C. 以上都对

13. （   ）

A. 我们一起学习，一起锻炼，我们是好朋友。

B. 我们一起学习，一起锻炼，我们是好的朋友。

C. 以上都对

14. （   ）得天独厚（dé tiān dú hòu）：很好、非常好，хеле хуб、бени оят хуб

A. 中国的每个城市都有得天独厚风景。

B. 中国的每个城市都有得天独厚的风景。

C. 以上都对

15. （   ）

A. 小李买了三斤肉。　　　　　B. 小李买了三斤的肉。

C. 以上都对

二、完形选择题

请把 AB 两项分别填进两个（   ）中，顺序自己决定。根据意思表达的需要加上"的"，比如 A 的/B 的。

例子（масалан）：我有（   ）（   ）弟弟。

A. 聪明　　　B. 一个

我有（B）(A 的）弟弟

1. 小王和小李是（   ）（   ）朋友。

A. 两个　　　B. 我

2. 小王毕业于（　　）（　　）大学。　　　　于（yú）：дар
A. 乌鲁木齐　　B. 一所　　　　　　　　　一所（yī suǒ）：як

3. 他是一位（　　）（　　）老师。
A. 年轻　　　　B. 聪明

4. 她有一双（　　）（　　）眼睛。
A. 漂亮　　　　B. 大

5. 这里有（　　）（　　）建筑。建筑（jiànzhù）：сохтмон、сохтор
A. 不少　　　　B. 新

6. 我的妹妹是（　　）（　　）女生。
A. 可爱　　　　B. 一个

7. 春节是（　　）（　　）节日之一。
A. 重要　　　　B. 中国

8. （　　）（　　）故事都是爸爸讲的。
A. 精彩　　　　B. 那些　　　　　精彩（jīngcǎi）：оличаноб

第三节　塔吉克斯坦学生汉语重复义副词"还""再""又"习得研究

一、引言

（一）选题背景

汉语副词"还""再""又"的意义和用法十分广泛，有些用法相似，外国学生使用时会出现各种偏误。本研究以塔吉克斯坦学生为研究对象，通过搜集和归纳学生汉语学习各阶段的课堂练习、作业、考试试卷和口语语料，着重研究由于塔吉克语迁移造成的汉语重复义副词"还""再""又"使用偏误，在对比分析汉语和塔吉克重复义副词异同的基础上探讨影响学生习得的因素。

（二）研究意义

1. 理论意义

以塔吉克斯坦学生为研究对象，考察他们学习"还""再""又"过程中出现的偏误现象、类型、成因以及规律，本研究将丰富以塔吉克语为第一语言学生的汉语重复义副词"还""再""又"的教学和习得研究。

本研究将充实针对不同语言背景汉语学习者重复义副词"还""再""又"的习得研究。

2. 实际应用意义

改进针对塔吉克斯坦学生重复义副词"还""再""又"教学的策略，提高课堂教学效果。

为塔吉克斯坦学生学习汉语重复义副词"还""再""又"提供参考。本研究所收集的语料是塔吉克斯坦学生使用含有汉语重复义副词"还""再""又"的句子或者段落，对其习得情况进行考察后得出的结论和建议能够为以后的学习者提供参考。

本研究搜集整理的塔吉克斯坦学生汉语重复义副词"还""再""又"的习得偏误语料可以充实现有的汉语中介语语料库。

（三）研究目的

本研究选择现代汉语常用副词"还""再""又"作为研究内容，目的如下：

首先，"还""再""又"意义相近，容易混淆，其部分义项虽在塔吉克语中可以用对应词 боз、якбори дигар、ҳоло ҳам、дигар 表示，但学生使用时常常出错。

其次，"还""再""又"使用频率很高，其语义和句法规则复杂；外国学生虽从初级阶段就开始学习，但中高级汉语水平学生运用起来仍会出现偏误。因此，在汉语教学中应该对"还""再""又"的重复义进行深入研究，把握学生习得的规律和顺序，并进一步采取有效的教学方法和手段；否则，就会给对外汉语教学带来一定的困难和障碍，导致学生在语言输出阶段产生偏误。

最后，外国学生汉语偏误研究中针对塔吉克斯坦学生的很少，本研究通过对塔吉克斯坦学生习得"还""再""又"情况的调查与分析，指出其发生偏误的类型，研究习得规律，提出相应的教学策略，以期给面向塔吉克斯坦学生的汉语教学提供帮助，为汉语学习者和对外汉语教师提供借鉴。

（四）相关研究综述

1. 副词"还""再""又"的本体研究

根据吕叔湘《现代汉语八百词》（1999），"还"的用法有：①表示平的语气不含轻重扬的意思；②表示扬的语气，把事情往大里、高里、重里说；③表示抑的语气，把事情往小里、低里、轻里说；④表示感情。"再"的用法有：①表示一个动作（或一种状态）重复或继续，多指未实现的或经常性的动作；②表示一动作将要在某一情况下出现；③表示程度增加；④"再"和否定词合用；⑤另外，又。"又"的用法有：①表示一个动作、状态重复发生，两个动作、状态相继发生或反复交替；②表示几个动作、状态、情况累积在一起；③表示语气。

刘月华等《实用现代汉语语法》（2001）指出，"还"的用法有：①可以表示行为动作继续进行或状况继续存在；②表示除了提到的情况外，另有增补；③表示在程度上或数量上更进一层；④表示"勉强"的意思，把事情往小、轻、低里说，后面多为褒义形容词；⑤"还"表示"尚且"的意思；⑥"还"可以表示时间久远，表示动作行为或状态发生在很久以前。"再"的用法有：①表示同一个动作的重复或继续；②表示动作行为"后延"的意思；③表示程度加深，范围扩大；④与否定副词连用，表否定。"又"的用法有：①表示同一动作行为的重复发生或反复进行，多用于依然的情况；②表示两种情况或性状同时存现；③表示相继发生的动作；④表示语气。

姜华华（2002）针对留学生学习汉语经常出现副词"再""还""又"的混淆使用现象，从语义、句法和语用三个方面对其重复义进行了比较研究，初步尝试探讨了它们的相同点和不同点。

韩玉国（2004）联系形式语义理论对副词 again 的研究，结合汉语副词"又"的独特表现，提出"重复性""恢复性"与"延续性"是"又"的语义特征。

2. 副词"还""再""又"习得顺序研究

李晓琪（2002）调查了英语背景学习者习得"再"和"又"的情况，在数据统计的基础上，总结出"再"和"又"的习得顺序，指出研究者要充分注意如何获得中介语语料；学习者运用"再"和"又"表达意义时，在不同语境（单句、语篇）表现出来的言语特征会随具体语境特征变化而发生不同变化，这种变化直接影响他们言语表达的准确性。

3. 副词"还""再""又"的偏误分析

刘建华（2007）通过调查问卷归纳和分析了偏误类型，发现由于"再"的泛化引起的偏误现象最普遍；以此为基础调查现行的对外汉语教材，发现了注释和举例不相符、语法和词汇编排顺序随意、教材内容陈旧等问题，对进一步研究重复义副词"再""还""也""又"有很大帮助。

王会云（2008）分别调查分析了初级阶段韩国和越南学习者使用汉语副词的偏误。

寇美睿、李文奇（2008）指出，汉语副词"再"和"又"在表示频率时有共同的相似点，留学生在学习时难以正确区分和掌握，常出现不同的偏误；通过收集、考察作文语料，发现越南留学生使用"再"和"又"容易出现三种偏误，包括：①误用，如"再"的误加，"再"和"又"的遗漏和重叠，"又"的错序；②混用；③回避使用。据此，他提出相应的教学策略，认为对外汉语教师在讲解时要注重"时态标记"的讲解，要注重通过对比分析和切合实际的举例培养学生自己发现问题、寻找和总结规律的能力，在设计练习时应该有所侧重、形式多样。

张义（2010）通过大量例句，对学生的偏误进行了分类，从句法、语义、语用等方面区别"又"和"再"，并提出相应的教学策略。

刘倩（2010）依据"再"本体研究的理论成果，分析了副词"再"的五大类义项，对其中涉及的 27 个语法小项进行形式和意义上的探究；重点考察了"再"各个义项和语法小项的习得顺序以及留学生使用"再"发生偏误的类型，分析了出现偏误的原因，并给出较有针对性的纠错策略。

李彦泽（2011）以"HSK 动态作文语料库"韩国留学生病句为主，讨论"再""还""也""又"的偏误类型，将偏误原因归结为第一语言负迁移、目的语规则过度泛化、目的语规则掌握不够、对外汉语教材注释不全面和语言点编排序不当等。

4. 副词"还""再""又"的语言对比研究

陈楚华（2005）对比研究了现代汉语和泰语的副词，认为表示"持续""仍然"和表示"程度加深"的"还"都可以用泰语 yung 来对应。

宋珉映（2010）通过对比汉语和韩语，分析韩国学生习得"还"产生常见偏误的原因，提出可以从韩语的特征预测解释学生学习难点，从而采取有效的教学策略，解决韩国学生习得过程中的困难，帮助他们提高汉语水平。

盐见亮太（2005）详细阐明了汉语副词"还""再""又"的各种意思和用法，总结和分析了前人的研究成果，调查了中国学生和日本学生使用这 3 个副词的状况以及日本学生运用副词"还""再""又"出现的混淆偏误现象。

Tassarin Hirunpitukpong（2011）对比分析了汉语"再""又"与泰语 ik、khoi、thung 在句法上的异同。

（五）研究思路

本研究在第二语言习得、语言类型学等理论指导下，运用有关汉语重复义副词"还""再""又"研究的最新成果，通过收集塔吉克斯坦学生作文和试卷中的语料，制成调查问卷，力图做到以下三点。

1. 对比汉语和塔吉克语常用重复义副词在形式和语义上的共性和个性，分析它们的异同与学生产生偏误的联系。

2. 借鉴前人的研究方法，描述和探究塔吉克斯坦学生习得重复义副词"还""再""又"的情况，分析偏误原因。

3. 通过调查分析，提出针对塔吉克斯坦学生学习重复义副词的教学建议。

（六）研究方法

1. 比较法。比较学习者的第一语言和目的语，找出两种语言的异同之处，以此分析学生使用重复义副词"还""再""又"出现偏误的原因。

2. 测试法。将从学生自然语料中收集到的重复义副词"还""再""又"偏误句进行整理归纳，结合教学制成塔吉克斯坦学生使用重复义副词"还""再""又"的偏误测试卷,辅助研究。

3. 归纳法。通过对理论与语料的分析、归纳和总结,揭示产生偏误的原因及规律,进而得出有效的教学建议。

二、汉语副词"还""再""又"的义项及用法分析

(一)"还"的义项及用法

1. "还$_1$"有两个义项。

A. 表示动作或状态持续不变,有"仍然""依然"的意思,例如:

(1) 比赛早已结束了,可是大家<u>还</u>处于胜利的喜悦之中。

(2) 演出虽然已经结束,人们<u>还</u>不愿意散去。

B. 表示动作或状态将会再次发生,句中必须加上"会""要""想"等能愿动词,构成"能愿动词+还+动词/形容词"的结构,例如:

(3) 旧的矛盾尽管解决了,新的矛盾<u>还</u>会产生。

(4) 过完国庆节,这儿<u>还</u>会这么热闹吗?

2. "还$_2$",表示项目、数量增加,范围扩大,例如:

(5) 他唱了首歌,<u>还</u>跳了舞。

(6) 姐姐去过日本、韩国、新加坡,<u>还</u>去过泰国。

3. "还$_3$",表示时间久远,早已如此,例如:

(7) <u>还</u>在一千八百年前,中国已经发明了造纸术。

(8) 这张照片<u>还</u>是我刚大学毕业那年照的呢。

(9) 小时候,咱俩<u>还</u>一块儿照过相。

例(7)、例(8)表示动作行为或状态发生在很久以前,常说成"还在……""还是……";例(9)表示事情已经过去,"还"与助词"过"配合着用,相当于"曾经",李晓琪(2002)提到"还"的这种用法。此外,杨玲(1999)认为"还"主要用来追述往事,强调现象、行为、动作早已发生。

4. "还$_4$"表示情态,例如:

(10) 他<u>还</u>算你朋友,关键时刻一点儿忙也不帮。

(11) 他上午<u>还</u>在我家呢,怎么突然回家去了。

(12) 道理很清楚,<u>还</u>用问?

关于表示情态的"还"也曾有不少学者已经探讨过，特别是表示强调反问语气功能的。殷树林（2007）认为反问句中的"还"不能去掉。

5."还$_5$"表示到目前为止的数量状况

A. 用于数量少的场合，例如：

（13）我这里<u>还</u>有个杯子，今晚的晚会不够用的。

（14）<u>还</u>有十分钟了，我怎么能写完呢。

B. 用于数量多的场合，例如：

（15）办公室<u>还</u>有十几本笔记本，你不用买了。

（16）<u>还</u>有十几分钟，你慢慢来吧。

6."还$_6$"表示动作或某种状态从过去某个时间到现在，例如：

（17）我现在<u>还</u>珍藏着他送给我的礼物。

（18）你说的话我现在<u>还</u>记得呢。

（二）"再"的义项及用法

1."再$_1$"，表示一个动作或一种状态重复或继续，多用于还未发生的动作、状态，或者是经常性的行为、状态。

A."再+动词/动词重叠/动词短语"，有时动词后面可以带补语，例如：

（19）你<u>再</u>试试，也许这次能成功。

（20）我没听清楚，请<u>再</u>说一遍。

B."一 V 再 V"，"再"前后用同一个单音节动词，也可表示已实现的行为，例如：

（21）小组里的工作人员一换<u>再</u>换，任务很难按期完成。

C. 用于假设句，后面常用"就""都"等呼应，表示假设的连词可以省略，例如：

（22）你<u>再</u>推辞，大家就有意见了。

（23）你要是<u>再</u>问起这件事的话，我就告诉他事情的真相。

D. 用于让步假设句，含有"即使""无论怎么"的意思，后面常用"也""还是"呼应，例如：

（24）你<u>再</u>解释，他也不会同意的。

2. "再₂"表示一个动作行为将要在某种情况或事件结束后出现。

A. 动作将在未来的某一时间出现，例如：

(25) 经理正在开会，不见客人，你二十分钟后再来。

(26) 下午再开会吧，上午先让大家准备准备。

B. 动作将在某一动作结束之后出现，例如：

(27) 你那边忙完了再过来帮我看看这个电视机是怎么了。

(28) 他打算研究生毕业以后再考虑结婚问题。

C. 和"先"呼应，表示两件事情一先一后，例如：

(29) 我先出去有点事，回头再跟你谈。

(30) 咱们先打个计划，然后再开始行动。

3. "再₃"和否定词连用。

A. 否定词在前，表示动作不重复或不继续下去

"不再＋V"，用于未发生的情况，例如：

(31) 都七点了，我看其他客人不再来了。

(32) 他说得正高兴，忽然被进来的客人打断了，就不再说了。

"没再＋V"，表示过去未实现的重复，例如：

(33) 自从大学毕业后，我们就没再见过面。

(34) 妻子去世后，他没再结婚。

B. 否定词在后，中间有时加"也"，加强"永远不"的意思

"再也不＋V"，加强否定语气，用于未发生的情况，例如：

(35) 那家饭店的菜又贵又不好吃，以后我再也不去那儿吃了。

(36) 妈妈对儿子说："你再也不要骗人了"。

"再也没＋V"，有"一直没"的意思，用于过去的情况，例如：

(37) 自从上大学离开家乡后，我再也没回去过。

(38) 出国后，我再也没吃到过那么地道的家乡菜。

(三)"又"的义项及用法

1. "又₁"，表示一个动作或状态重复发生，两个动作反复交替

A. 用于表示以前有过这类事或照例该有这类事，例如：

(39) 他又住院了，是不是真的啊。

(40) 你怎么又跟他一起去喝酒了。

B. "动词＋又＋动词",前后两小句重复同一个动词,表示动作第二次出现,例如:

(41) 她低着头走过来又走过去。

C. "动词＋了＋又＋动词","又"前后重复同一动词,表示反复多次,例如:

(42) 我想了又想,还是不明白这是怎么回事。

(43) 我挑了又挑,选了又选,结果买回来的桃子还有一个是烂的。

D. "一＋量词＋又＋一＋量词",既可以是名量词,也可以是动量词,例如:

(44) 我念了一遍又一遍,终于把这篇课文的内容全记住了。

(45) 我看了一本又一本,一星期连续看了七八本关于经济方面的书。

(46) 你一次又一次地帮助我,真太感谢了。

有时"又$_1$"也可以表示未然的重复,例如:

(47) 这几年不时兴,过几年就又复原了。

(48) 月亮又圆了,明天大概又是十五了。

E. "动词 1＋又＋动词 2,动词 2＋又＋动词 1",两个不同的动词中间用"又",表示两种动作连续交替发生,例如:

(49) 把她所有的裙子都拿出来了,穿了又脱,脱了又穿,整整试了一个晚上。

(50) 装了又拆,拆了又装,直到自己觉得十分满意才罢手。

2. "又$_2$",表示两个动作先后相续,例如:

(51) 看完了《西游记》上册,又去借下册。

(52) 写完作业以后,他又去打了一会儿篮球才回来。

孙英杰(2007)认为"又"可以表示相续,与时间有关,在句中强调的是这两个事件前后发生的顺序或时间上的间隔,时间的间隔可以长可以短,但通常为比较短的时间;张义(2010)强调"又"表示不同的动作情况在时间顺序上相继发生,在句中常用表示动作完成的助词"了"。

三、塔吉克语 ҳоло ҳам、боз、якбори дигар、дигар 的义项及用法分析

根据 Кабиров Ш. &Анвари С. Забони тоҷики（Душанбе，2010）、Аминов Саидамир. Забони тоҷикӣ（Душанбе，2007）、Назарзода С. &Сангинов А. &Каримов С. &Султон&М. -Ҳ. Фарҳанги тафсирии забони тоҷикӣ（Душанбе，2008），我们分析塔吉克语 ҳоло ҳам、боз、якбори дигар、дигар 的义项用法。

（一）塔吉克语 ҳоло ҳам 的义项及用法

ҳоло ҳам 表示动作或状态持续不变，有"仍然""依然"的意思。

ҳоло ҳам 在句中放在介词前，可以修饰谓语动词，例如：

（53）Мина ҳоло ҳам дар китобхона китоб мехонад.

　　　米娜　还　在　图书馆　书　看

　　米娜还在图书馆看书呢。

ҳоло ҳам 可以用于疑问句，例如：

（54）Вай чаро ҳоло ҳам нарасидааст.

　　　他　为什么　还　没-到

　　他为什么还没到呢？

ҳоло ҳам 表示某动作或状态从过去某个时间到现在，例如：

（55）Гапи гуфтагии туро ман ҳоло ҳам дар ёд дорам.

　　　话-E　说-E你　我　还　在　记忆

　　你说的话我还记得呢。

（二）塔吉克语 боз 的义项及用法

боз₁ 表示某个动作状态再次发生，在句中可以与能愿动词连用，例如：

（56）Ман пагоҳ бояд боз ба беморхона равам.

　　　我　明天　要　还　向　医院　去

　　我明天还要去医院。

боз₂ 表示一个动作行为将要在某种情况或事件结束后出现，例如：

(57) Мина ҳоло нест, баъд аз бист дақиқа боз биёед.
　　　米娜　现在　不在　　后　自　二十　分钟　　再　来-你
　　米娜现在不在，你二十分钟后再来。

боз₃表示未来假设句，例如：

(58) Агар ту хоҳи боз ин китобро хонӣ онро ба ту медиҳам.
　　　要是　你　想　还　这　书　　　看　那　给你　送-我
　　要是你还想看这本书，就送给你了。

боз₄表示项目、数量增加，范围扩大，可以与数量词连用，例如：

(59) Хола боз дуто ош ба ман биёред.
　　　阿姨　再　两　抓饭　给我　拿-你
　　阿姨，再给我拿两份抓饭。

(60) Вай суруд хонд боз рақс кард.
　　　他　歌　唱　还　跳舞
　　他唱了首歌，还跳了舞。

боз₅表示一个动作或状态重复发生，两个动作反复交替，用于已然，可以修饰动词，例如：

(61) Ман имрӯз боз хӯроки саҳариро нахурдам.
　　　我　今天　又　　早饭　　没-吃
　　我今天又没吃早饭。

可以与数量词用，例如：

(62) Вай дирӯз боз дуто шим харид.
　　　他　昨天　又　两　裤子　买
　　他昨天又买了两条裤子。

可以与否定词连用，例如：

(63) Вай рӯз СиаоЛи омад аммо боз ягон гап назад.
　　　那　天　小　李　来　但　又　什么　没-说-她
　　那天小李来了，但她又没说什么。

боз₆表示两种动作连续交替发生，例如：

(64) Вай аз чояш хесту <u>боз</u> нишаст нишасту <u>боз</u> хест ба фикрам

   他 站起来 又 坐下去 坐下去 又 站起来 好像

воқеъае рух додааст.

发生什么事

    他站起来又坐下去，坐下去又站起来，好像发生什么事了。

боз₇ 表示两个动作先后相续，例如：

(65) Баъд аз хӯрдани хӯрок ман <u>боз</u> китоб хондам.

   后 自 吃完饭 我 又 书 看

  吃完饭以后，我又看了一本书。

（三）塔吉克语 якбори дигар 的义项及用法

якбори дигар₁ 表示一个动作或一种状态重复，用于表示请求和祈使的句子里，可以修饰动词，例如：

(66) Муаллим, навакак гапатона нафаҳмидам бубахшед <u>якбори дигар</u>

   老师 刚才 清楚 没-听 -我 请 再

такрор кунед.

说

  老师，刚才我没听清楚，请再说一遍。

(67) <u>Якбори дигар</u> косаро бишу.

    再   碗 -P 洗

  再把碗洗一遍。

（四）塔吉克语 дигар 的义项及用法

дигар₁ 表示动作不重复或不继续下去，用于未发生的情况，可以修饰动词，例如：

(68) Соат аллакай шаш шуд, ба фикрам вай <u>дигар</u> намеояд.

   点 都 六 到 看 -我 他 再 不- 来

  都六点了，我看他不会再来了。

дигар₂ 表示过去未实现的重复，例如：

(69) Вай баъд аз марги занаш <u>дигар</u> оиладор нашуд.

   他 后 自 去世 妻子 再 结婚 没-

  妻子去世后，他没再结婚。

四、汉语重复义副词"还""再""又"与塔吉克语 холо ҳам、боз、якбори дигар、дигар 的对比分析

（一）"还"和 холо ҳам、боз 的句法语义对比

"还"的不同义项分别与塔吉克语 холо ҳам、боз 对应。

1. "还"和 холо ҳам 的句法语义对比

"还"和 холо ҳам 在句中置于介词结构前。例如：

（70）你还在这儿吗？

　　　Ту холо ҳам дар инчо？
　　　　你　　还　　在　这儿

（71）他还在图书馆看书呢。

　　　Вай холо ҳам дар китобхона китоб мехонад.
　　　　他　　还　　在　图书馆　　书　看

"还"和 холо ҳам 在疑问句中都放在疑问词后面，例如：

（72）他为什么还没到呢？

　　　Вай чаро холо ҳам нарасидааст？
　　　　他　为什么　还　　没-到

"还"和 холо ҳам 都表示动作或状态持续不变、仍然、依然的意思，如例（71）和例（73）：

（73）他的病还没好，要去医院。

　　　Вай холо ҳам сиҳат нашудааст бояд ба беморхона равад.
　　　　他　还　　　好　没-病　　要　向　医院　　　去

或者表示某动作、某种状态从过去某个时间到现在，例如：

（74）你说的话我（现在）还记得呢。

　　　Гапи гуфтагии туро ман холо ҳам дар ёд дорам.
　　　话 -E　说 -E 你　我　还　　　在　记忆

（75）我（现在）还珍藏着他送给我的礼物。

　　　Ман холо ҳам тӯҳфаи ба ман додаи вайро нигоҳ медорам.
　　　我　还　　　礼物 -E 向　我　送　　他　　珍藏　　有

"还"可以表示项目数量增加、范围扩大，除了提到的情况外，另有

增补；可以表示动作或状态再次发生，塔吉克语 холо ҳам 没有这两个语义功能，相应地要用 боз 表示，分别如下例：

(76) 他唱了首歌，还跳了舞。

  Вай суруд хонд боз рақс кард.
   他 歌 唱 还 跳舞

(77) 你不但要关心你的学生，还要关心自己的身体。

  Ту на танҳо бояд ғамхорӣ талабаҳоят бошӣ боз бояд саломатии
   你 不 但 要 关心 你的学生 是 还要 健康 -E

худатро фикр кунӣ.
自己-你 想法 做

(78) 旧的矛盾尽管解决了，新的矛盾还会产生。

  Харчанде ки хархашаи пештара ҳали худро ёфт аммо боз
   尽管 矛盾 旧的 解决 但 还

метавонад аз нав рух диҳад.
 会 新 发生

"还"可以表示时间远久，холо ҳам 没有这个语义，例如：

(79) 这张照片还是我刚大学毕业那年照的呢。

  Ин акс дар ҳамон соле, ки ман нав донишгоҳро хатм кардам
   这 照片 在 那 年 我 刚 大学毕业

гирифта шудааст.
 照 是

这个用法是强调事情发生在很久以前，如果要用塔吉克语表示同样的意思，不需要用 холо ҳам 来修饰发生事情的时间，这样也不会影响说话者要表达的意思。

2. "还"和 боз 的句法语义对比

"还"和 боз 都可以与数量短语连用，放在数量结构之前，例如：

(80) 这里的碗不够，还要两个。

  Дар инҷо пиёла намерасад боз дуто лозим хаст.
   在 这 碗 不-够 还 两 要

"还"和 боз 都可以与能愿动词连用，"还"只能放在能愿动词之前，

боз 可以放在能愿动词之前或之后，例如：

（81）你明年还想学中文吗？

　　　Ту соли оянда боз мехоӣ / мехоӣ боз забони хитой хонӣ？
　　　你　年　下一个　还　想　/　想　还　语言　中国　学

（82）我今天去了图书馆，明天还要去。

　　　Ман имрӯз ба китобхона рафтам пагоҳ боз бояд/бояд боз равам.
　　　我　今天　向　图书馆　去　明天　还要 / 要 还　去

"还"和 боз 都可以表示某个动作或状态再次发生，如例（78）和（83）、例（84）；都可以表示项目、数量增加，范围扩大，如例（76）和（85）。

（83）我明天还要去医院。

　　　Ман пагоҳ бояд боз ба беморхона равам.
　　　我　明天　要　还　向　医院　去

（84）他明年还想去美国。

　　　Вай соли оянда боз мехоҳад ба Америко равад.
　　　他　年　下一个　还　想　向　美国　去

（85）弟弟去过美国、德国，还去过中国。

　　　Додарам ба Америко ба Олмон боз ба Хитой сафар кардааст.
　　　弟弟 -我 向 美国　向 德国　还 向 中国　去

боз 不能表示动作或状态持续不变的语义，相应语义表达需用 ҳоло ҳам。

（86）我回家时，弟弟还在睡觉呢。

　　　Вақте ки ман ба хона омадам, бародар ҳоло ҳам хоб буд.
　　　时候　我 向 家 来 -我 弟弟　还　睡觉 是

（二）"再"和 боз、якбори дигар、дигар 的句法语义对比

"再"的不同义项分别与塔吉克语 боз、якбори дигар、дигар 对应。

1."再"和 боз 的句法语义对比

"再"和 боз 都置于谓语结构前，都可以与数量结构连用，用于未然的情况，例如：

(87) 我想再吃两个包子呢。

　　　Ман мехохам боз дуто манту хурам.
　　　　我　　想　　再　两　　包子　　吃

(88) 他明天会再来。

　　　Вай пагоҳ боз хоҳад омад.
　　　　他　明天　再　会　来

(89) 我今晚再跟你联系。

　　　Ман имшаб боз бо ту тамос мегирам.
　　　　我　今晚　再　跟你　联系

"再"和 боз 都可以与能愿动词连用，跟"还"相反，"再"只能放在能愿动词之后，боз 可以放在能愿动词前面或后面，例如：

(90) 我还没吃饱，想再吃两个鸡蛋。

　　　Ман ҳоло ҳам сер нашудам боз мехоҳам/мехоҳам боз дуто тухм
　　　　我　还　　饱　没-吃-我再　　想-我 / 想-我再　两　　鸡蛋

хӯрам.
吃

"再"可以与否定词连用，боз 不能与否定词连用，如果要表示否定得用 дигар，例如：

(91) 她走了以后，再没来过。

　　　Вай баъд аз рафтан дигар наомад.
　　　　她　后　自　走　　再　没-来

(92) 那家饭馆我再也不想去。

　　　Ман дигар намехоҳам ба вай тарабхона равам.
　　　　我　再　　不-想　　向　那　饭馆　　去

(93) 自从上大学离开家乡后，我再也没回去过。

　　　Баъд аз дохил шудан ба донишкада зодгоҳро тарк кардаму
　　　　后　自　　　　　向　大学　　　家乡　　离开

дигар бар нагаштам.
再　　没-回去-我

"再"和 боз 都表示同一动作行为或状态的重复或持续，一个动作行

为将要在某种情况或事件结束后出现,例如:

(94) 我要走了,明天再继续吧。

Ман бояд равам пагоҳ боз давом медиҳем.

我要 走 明天 再 继续

(95) 再吃点儿吧。

Боз камтари дигар хуред.

再 较少 -E 其他 吃 -你

(96) 小李现在不在,你二十分钟后再来。

СиаоЛи ҳоло нест, баъд аз бист дақиқа боз биёед.

小李 现在 不在 后 自 二十 分钟 再 来 -你

"再"可以用于请求和祈使句,боз 没有这个语义功能,需要用 якбори дигар,例如:

(97) 再把碗洗一遍。(把碗再洗一遍。)

Якбори дигар косаго бишӯ

再 碗 -P 把 洗

2. "再"和 якбори дигар 的句法语义对比

"再"和 якбори дигар 可以用于祈使句表示一个动作或一种状态的重复,可以修饰动词,如例(97)~例(99):

(98) 老师,刚才我没听清楚,请再说一遍。

Муаллим навакак гапатона нафаҳмидам бубахшед якбори дигар такрор кунед.

老师 刚才 听 没- 清楚 -我 请 -你 再 说

(99) 他好像没明白,请你再跟他解释一下。

Ба фикрам вай нафаҳмид якбори дигар ба вай фаҳмонед.

好像 他 没 -明白 -他 再 跟他 解释 -你

"再"和 якбори дигар 两者都可以修饰动词;"再"位置相对固定,一般位于句子主语之后、动词或动词结构之前,якбори дигар 位置比较灵活,可在句中任意位置,如汉语"你再给妈妈打个电话",在塔吉克语中可以有三种表达,例如:

（100）你再给妈妈打个电话。

　　　　Ту якбори дигар ба модарат занг зан.

　　　　你　　再　　向　妈妈　　打电话

　　　　Ту ба модарат занг зан якбори дигар.

　　　　Ту ба модарат якбори дигар занг зан.

"再"可用于肯定或否定祈使句，якбори дигар 不能用于否定祈使句，否定祈使句要用 дигар，例如：

（101）你不要再跟他联系了。

　　　　Ту дигар бо вай тамос нагир.

　　　　你　再　跟　他　联系　不-要

3."再"和 дигар 的句法语义对比

"再"和 дигар 都可以用于否定句中，或者用于未发生的情况、表示动作不重复或不继续下去，如例（101）、例（102）；或者表示过去未实现的重复，如例（103）：

（102）都六点了，我看他不会再来了。

　　　　Соат аллакай шаш шуд, ба фикрам вай дигар намеояд.

　　　　点　都　六　　　到　看-我　他　再　不-来-他

（103）妻子去世后，他没再结婚。

　　　　Вай баъд аз марги занаш дигар оиладор нашуд.

　　　　他　后　自　去世　妻子　再　结婚　没-是

"再"前后可加否定词，否定词在后时构成"再不""再没""再别"等，塔吉克语否定是以形态变化的形式附着在动词结构上，дигар 本身不接受否定。

（104）自从大学毕业后，我们就没再见过面。

　　　　Баъд аз хатми донишкада мо дигар вонахӯрдем.

　　　　后　自　毕业　　大学　　我们　再　没-见面-我们

（三）"又"和 боз 的句法语义对比

"又"和 боз 都可以用于动词拷贝句，构成"V+了+又+V""V+боз+V"结构；都可以与能愿动词、数量结构连用。跟"还"相同，"又"只能放在能愿动词之前，而 боз 可以放在能愿动词的前面或后面，例如：

第二章 塔吉克斯坦学生汉语语序信息结构习得研究

(105) 我想了又想，但还是不理解。

　　Ман фикр кардаму боз фикр кардам аммо ҳоло ҳам намефаҳмидам.

　　我　　想　　　又　想　　　但　　还　不-理解

(106) 周末到了，你又能跟你的好朋友见面了。

　　Рузи истироҳат расид ту боз метавони бо дӯстонат вохурӣ.

　　周末　到　　你　又　能　跟　朋友-你　见面

(107) 他昨天又买了两条裤子。

　　Вай дирӯз боз дуто шим харид.

　　他　昨天　又　两　裤子　买

(108) 小李，我觉得你又该去医院了。

　　СиаоЛи ба фикрам ту боз бояд / бояд боз ба беморхона равӣ.

　　小李 向 看-我 你 又 该 　　该 又 向 医院 去

"又"与否定词连用时，"又"在前，否定词在后，塔吉克语 боз 本身不接受否定，否定是以形态变化的形式附着在动词结构上，例如：

(109) 你又没听老师的话。

　　Ту боз гапи муаллимро гӯш накардӣ.

　　你　又　话-Е　老师　　听　没-

"又"和 боз 都可以表示一个动作或状态重复发生，如例 (106)～例 (111)；或者表示两种动作连续交替发生，如例 (112)，或者表示两个动作先后相续，如例 (113)。

(110) 他又生病了。

　　Вай боз касал шуд.

　　他　又　病

(111) 我今天又没吃早饭。

　　Ман имрӯз боз хӯроки сахариро нахурдам.

　　我　今天　又　　早饭　　没- 吃 -我

(112) 他站起来又坐下去，坐下去又站起来，好像发生什么事了。

　　Вай аз ҷояш хесту боз нишаст нишасту боз хест ба фикрам вокеъае рух додааст.

　　他 自 座位 站起来 又　坐下去　坐下去　又 站起来 向 看 -我

　　发生什么事了

(113) 吃完饭以后，我又看了一本书。

　　　Баъд аз хӯрдани хӯрок ман боз китоб хондам.
　　　　后　自　饭　　吃　　我　又　书　　看

"又"可用在"一＋量词"重复结构，如"一次又一次"，боз 没有这样的句法功能，例如：

(114) 你一次又一次地帮助我，真太感谢了。

(115) 我念了一遍又一遍，终于把这篇课文的内容全记住了。

"又"可以用于后项，用来强调后项，боз 没有这样的句法功能，例如：

(116) 听说我要到美国去学习，奶奶高兴，又不高兴。

"又"用于加强否定的语气，或者表示转折，含有强调的语气，боз 没有这一语义功能，例如：

(117) 别这么客气，我又不是外人。

　　　Шарм надоред ман одами бегона нестам.
　　　　别-客气-你　我　　人　　外　不是

(118) 你又不是我妈，为什么管那么多事。

　　　Ту модари ман нести чаро ба корхоям дахлдор мешавӣ.
　　　你　妈妈 -E 我　不是　为什么　那么多事　　管

(119) 心里有许多话，可是又不敢说出来。

　　　Дар дилам гапҳои зиёде аст аммо наметавонам гӯям.
　　　在　心　-我　话　　许多　有　但　不-　敢　　说

综合对比汉语重复义副词"还""再""又"与塔吉克语 боз、ҳоло ҳам、якбори дигар、дигар 句法语义功能，可得表 2-24。

表 2-24　汉语和塔吉克语重复义副词句法语义对应表

重复义副词		боз	ҳоло ҳам	якбори дигар	дигар
还		＋	＋	－	－
再	肯定	＋	－	＋	－
	否定	－	－	－	＋
又		＋	－	－	－

五、塔吉克斯坦学生使用"还""再""又"的偏误分析

目前"还""再""又"的偏误分析,多是以一个年级、一个班或者不同国家的学生作为研究对象,基于较少量的语料,且没有就塔吉克斯坦学生的专门研究,这既为我们提供了研究空白点,也对我们的研究提出了进一步的要求。

(一)研究设计

1. 情况调查与测试对象

根据前文"还""再""又"与 боз、ҳоло ҳам、якбори дигар、дигар 的对比分析,我们用测试卷调查中高级水平塔吉克斯坦学生,分析塔吉克斯坦学生学习"还""再""又"的情况。

我们以新疆师范大学和塔吉克斯坦民族大学孔子学院的 80 名塔吉克斯坦学生为调查对象,根据学生 HSK 成绩将其分为两组,第一组是通过 HSK 三级、四级的 40 名学生,第二组是通过 HSK 五级、六级的 40 名学生。

2. 测试卷的设计

HSK 三级、四级学生使用的调查问卷只有选择题,共 15 题,每个题目有三个选项,分别是"又""还""再",同时每道题题干配有塔吉克语译文;HSK 五级、六级学生使用的调查问卷有两种题型,一种是选择题,共 20 题,不配塔吉克语译文,一种是翻译题,是将 6 个塔吉克语句子翻译成汉语。问卷题目的设置既可以全面了解学生对"还""再""又"的掌握情况,又可以进一步了解塔吉克斯坦学生在使用"还""再""又"时所出现的误代、错序以及遗漏上的偏误。

(二)测试数据统计

塔吉克斯坦学生重复义副词"还""再""又"使用偏误统计如表 2-25 所示。

表 2-25　塔吉克斯坦学生重复义副词"还""再""又"使用偏误统计

重复义副词	通过 HSK 三级、四级偏误率 / %	通过 HSK 五级、六级偏误率 / %	平均偏误率 / %
还	25.83	50.00	37.92
再	30.83	40.25	35.54
又	46.25	51.07	48.66

以上调查数据显示塔吉克斯坦学生对"还""再""又"3个词的掌握情况并不理想，下面我们进一步分析研究塔吉克斯坦学生使用"还""再""又"的偏误，并探讨造成这些偏误的原因。

（三）误代偏误

塔吉克斯坦学生重复义副词"还""再""又"误代使用偏误统计如如表2-26所示。

表2-26 塔吉克斯坦学生重复义副词"还""再""又"误代使用偏误统计

偏误类型	HSK 三级、四级学生		HSK 五级、六级学生	
	错题数	偏误率/%	错题数	偏误率/%
"还"写成"再"	26	4.17	34	21.25
"还"写成"又"	5	21.67	46	28.75
"再"写成"还"	45	18.75	111	27.75
"再"写成"又"	29	12.08	50	28.75
"又"写成"还"	40	25.00	74	26.43
"又"写成"再"	34	21.25	69	24.64

1."还"和"再"的误代

1.1 把"还"写成"再"

（120）*以后咱们<u>再</u>会见吗？

　　　以后咱们<u>还</u>会见吗？

　　　（Мо баъдан <u>боз</u> во мехӯрем?）

（121）*明天我们<u>再</u>吃面条。（今天吃了）

　　　明天我们<u>还</u>吃面条。（今天吃了）

　　　（Пагоҳ <u>боз</u> лагмон мехӯрем.）

1.2 把"再"写成"还"

（122）*放心吧，我会<u>还</u>跟他联系的。

　　　放心吧，我会<u>再</u>跟他联系的。

　　　（Хавотир нашав, Ман <u>боз</u> бо вай тамос мегирам.）

（123）*明天我们<u>还</u>吃面条。（今天没吃）

　　　明天我们<u>再</u>吃面条。（今天没吃）

　　　（Пагоҳ <u>боз</u> лагмон мехӯрем.）

2. "还"和"又"的误代
2.1 把"还"写成"又"
(124) *明天我们又吃面条。(今天吃了)
　　　明天我们还吃面条。(今天吃了)
　　　(Пагоҳ боз лагмон мехӯрем.)
(125) *我们都不希望他（再）唱了，可是他又要唱。
　　　我们都不希望他（再）唱了，可是他还要唱。
　　　(Мо намехоҳем вай (боз) шер хонад, аммо вай боз
　　　мехоҳад хонад.)
2.2 把"又"写成"还"
(126) *我还没钱了。
　　　我又没钱了。
　　　(Ман боз пул надорам)
(127) *他去年去了英国，今年还去了法国。
　　　他去年去了英国，今年又去了法国。
　　　(Вай порсол ба Англия рафт, имсол боз ба Фаронса рафт.)
3. "再"和"又"的误代
3.1 把"再"写成"又"
(128) *那个地方我没又去过。
　　　那个地方我没再去过。
　　　(Ман дигар ба ончо нарафтам.)
(129) *要是又胖一点儿，就好看多了。
　　　要是再胖一点儿，就好看多了。
　　　(Агар боз камтарак фарбеҳтар шавӣ, хушрутар мешавад.)
3.2 把"又"写成"再"
(130) *妈，那篇课文我刚才再背了一篇。
　　　妈，那篇课文我刚才又背了一遍。
　　　(Модар вай матнро ман навакак боз азёд кардам.)
(131) *不就一本小破书嘛，看了再看，你烦不烦啊。
　　　不就一本小破书嘛，看了又看，你烦不烦啊。

（Як китоби кухна ку охир, хондию boз хондй, дилат ба назад.）

《现代汉语八百词》对"还""再""又"的区别解释为："还""再""又"都可以表示动作再一次出现；"还"主要表示未实现的动作，"再"强调重复的动作在将来的时间，"又"主要表示已经实现的动作。

"还"和"再"的误代偏误主要受学生塔吉克语负迁移的影响。"还""在"都对应塔吉克语里的 boз，表示动作行为的重复，差别在于"还"预设一个相同的动作已完成，"再"预设之前出现过另一个动作或者将要出现的动作之前未能完成；与能愿动词连用时，"还"在能愿动词前，"再"在能愿动词后，而塔吉克语里的 boз 在能愿动词前后都可以出现。根据数据可以看出，中高级水平学生使用"还""在"的错误率都较高，应该是在初级阶段没有掌握好这一结构的用法，到了中高级阶段仍有错误。

"还"和"又"的误代偏误主要原因是汉语目的语的负迁移。"了"主要表达完成或变化的意义，所以"了"一般与"又"连用，不与"还"连用，塔吉克斯坦学生没能很好地掌握"还""又"与"了"的连用。此类误用在HSK五级、六级学生的偏误率明显高于HSK三级、四级学生，可以看出随着学习难度的加深，目的语负迁移造成的偏误也逐渐增多。

"再""又"的误代偏误也主要受塔吉克语负迁移影响。"再"用于未然的情况，"又"用于已然的情况，都对应塔吉克语 boз，学生受塔吉克语负迁移而混用"再"和"又"。例（130）出现了一个关键词"刚才"，表示动作的重复已经结束，这个重复是已然，不是未然，这时只能用"又"不能用"再"。

（四）错序偏误

HSK 五级、六级的塔吉克斯坦学生在做塔吉克语和汉语翻译题时，使用"还""再""又"很容易将这三个词在句子中的位置用错，所出现的偏误主要如下：

（132）Якбори дигар косаро бишу!
　　　你再把碗洗一遍！（把碗再洗一遍！）
　　　*再一次洗碗！

（133）Ин китоб хеле шавковар аст, агар фурсат шавад, ман боз онро мехонам.

　　　　这本书很有意思，有时间我要再看一遍。

　　　　*这本书很有意思，有时间我再一次要看。

（134）Вай дирӯз боз ба китобхона рафт.

　　　　他昨天又去了图书馆。

　　　　*他又昨天去了图书馆。

（135）Ман дирӯз ба китобхона рафтам, пагоҳ бояд боз биравам.

　　　　我昨天去了图书馆，明天还要去。

　　　　*我昨天去了图书馆，明天要还去。

语序错误是在塔吉克斯坦学生学习汉语中比较常见的偏误，造成这一偏误的原因主要是塔吉克语负迁移的影响。塔吉克斯坦学生学习汉语时没有掌握重复义副词与能愿动词连用的格式，汉语是"还＋能愿动词""能愿动词＋再""又＋能愿动词"，塔吉克语能愿动词放在副词前面和后面都可以，这一差异导致塔吉克斯坦学生在使用"还""再""又"时出现语序偏误。

（五）遗漏偏误

遗漏偏误不是塔吉克斯坦学生常见的偏误，例如：

（136）Ман дирӯз ба китобхона рафтам, пагоҳ бояд боз биравам.

　　　　我昨天去了图书馆，明天还要去。

　　　　?我昨天去了图书馆，明天要去。

这句本来表示动作的重复，要是遗漏了"还"，句子的意思就完全变了。"？我昨天去了图书馆，明天要去"只能表示"我明天要去某个地方，但不一定要去图书馆"

（137）Ман имрӯз боз хӯроки саҳариро нахурдам.

　　　　我今天又没吃早饭。

　　　　?我今天没吃早饭。

这句话本来表示"没吃早饭"动作的重复，如果遗漏"又"，句子的意思就变了。"我今天没吃早饭"，就不表示重复义，只表示陈述"我今天没吃早饭"这样一个事实。

六、汉语重复义副词"还""再""又"的教学建议

(一)加强"还""再""又"的辨析

卢福波(2010)提出学习者习得汉语副词时典型而常见的偏误类型是"近义副词混用"。副词"还""再""又"虽然有不同的用法,其中几个近似的用法成为学生不好分辨与把握的语言点,可能会导致混用偏误,从问卷调查结果可以看出学生常出现这种偏误。这3个词可以表示动作或状态的重复,使用的方法和规则并不完全一致,如果让学习者分出这3个词近义项目的区别,就能帮学生避免混用的偏误。

一般情况下,"再"用于未然的重复,"又"用于已然的重复,"还"主要是表示某种动作或状态从以前到现在一直持续不变。"再"也可以用于表示已然的重复,"又"也可以用于未然的重复,需要给学生解释这种容易混用的形式。教师可以通过"时间词"来帮助学生理解,在句中出现表示过去的时间词,用"又";在句中出现表示未来的时间,用"再";有时句中出现了一个时间词,若不能从词本身判断用"还""再""又"中哪一个,就看上下文和其他成分的关系,这时需要教师补充相应的学习内容。

(二)分层次进行练习

学生即便掌握好语言点,如果缺乏练习,还会产生偏误,需要从多种练习入手,才能把握好正确的用法。练习题要形式多样,难度顺序从浅至深,可以按照课文出现的语言点来安排教学与练习顺序。汉语副词"还""再""又"的学习也可以按这样的策略设计练习形式。

首先,给学生练习这3个词的用法,可用造句、填空、替换等形式,主要观察学生对各个词了解和把握的情况;其次,通过例句分别解释"还""再""又"的区别和混用问题,练习题形式可以采用学生看句子判断正误并改错,也可以用选词填空完成句子;最后,分别对比容易混用的其他词语,比如"还"和"更"、"又"和"也"、"又……又……"和"一边……一边……"等,然后再练习。

(三)加强汉语和塔吉克语对比

教师可以通过两种语言的对比给学生补充与加强正确的语法知识。

通过对比分析发现，"还"可以用 боз、ҳоло ҳам 来对应，"再"可以用 боз、якбори дигар、дигар 来对应，"又"可以用 боз 来对应。

在开始教授这些基本知识时，教师需要给学生解释清楚哪个词跟哪个词对应，在使用上强调异同之处。"还"表示动作或状态持续不变，有"仍然""依然"的意思，但塔吉克语 боз 没有这样的语义功能；"再"可以与否定词连用，塔吉克语 боз 不能与否定词连用，如果要表示否定得用 дигар；"又"可以用在前后重复"一＋量词"中间，塔吉克语的 боз 没有这样的句法功能。

如果学生分不清汉语和塔吉克语重复义副词之间的异同，这些句法、语义和语用的差别会导致学生使用时出现各种偏误。

七、结语

本研究比较分析汉语重复义副词"还""再""又"与塔吉克语 боз、якбори дигар、ҳоло ҳам、дигар 的语义和用法，从对塔吉克斯坦学生的问卷调查中考查学生使用汉语"还""再""又"的现状并分析偏误类别和原因。

"还"和 ҳоло ҳам 在语义上主要差别是汉语可以用"还"来表示动作或状态再次发生，塔吉克语不能用 ҳоло ҳам 来表示动作或状态再次发生。

"还"和 боз 在句法上的差别主要是"还"和 боз 在与能愿动词连用时，"还"只能放在能愿动词的前面，而 боз 可以放在能愿动词的前面或者后面；在语义上的差别主要是，"还"表示动作或状态持续不变、有"仍然""依然"的意思，боз 没有这一语义功能。

"再"和 боз 在句法上的主要差别是"再"可以与否定词连用，боз 不能与否定词连用，如果要表示否定需用 дигар；在语义上的差别主要是，汉语"再"可以用于请求和祈使的句子，塔吉克语 боз 没有这个语义功能。

"再"和 якбори дигар 在句法上的主要差别是"再"在汉语中的位置相对固定，一般位于句子主语之后、动词或动词结构之前，塔吉克语 якбори дигар 位置比较灵活，可以用在主谓之间、状语和谓语中心语之间、句末等位置；在语义上的主要差别是，汉语"再"可以用在肯定或否定祈使句里面，塔吉克语 якбори дигар 不能用于否定祈使句。

"再"和 дигар 在句法上的主要差别是"再"可以加否定词，加在前边的否定词有"没、没有、不、不是、别、不要、甭、未"，否定词在后边构成"再不""再没"和"再别"等，塔吉克语 дигар 不可以这样加否定词。

"又"和 боз 在句法上的主要差别是"又"可以用在前后重复"一＋量词"中间，塔吉克语的 боз 没有这样的句法；在语义上的主要差别是"又"用于加强否定的语气，боз 没有这种语义功能。

我们采用问卷考察塔吉克斯坦学生使用"还""再""又"的情况，学生出现的偏误可分为误代、遗漏和错序三类，几乎每个题型都出现这些偏误。学生没有掌握好这3个词的意义和用法，有些是语义及格式比较复杂造成的，有些是塔吉克语负迁移造成的。在教学中教师需要加强汉语和塔吉克语对比，加强近义词语和格式的辨析，分层次进行练习。

附录

（一）HSK 五级至六级水平学生用

同学：

你好！本次问卷的主要目的是调查塔吉克斯坦学生学习汉语重复义副词"还""再""又"的情况。首先请你在下面填写自己的相关信息，然后请你根据自己的理解和认识答题。谢谢！

根据提问回答问题

1. 性别：□男　　　□女
2. 年龄：　　　岁
3. 年级：□一年级□二年级□三年级□四年级□硕士
4. 你在家说什么语言：□塔吉克语　□俄语　□其他语言
5. 你上大学之前是否学过汉语：□学过 __ 年　□没学过
6. 你是否参加过汉语水平考试（HSK）：□是　　□否

　　　　　　　　　　　　级别：

7. 做问卷调查的时间：　　　年　　月　　日

（一）请用"再""还""又"填空

1. 妈，那篇课文我刚才（　　）背了一遍。

2. 哪天要是（　　）练一次就好了。

3. 你怎么（　　）迟到了？

4. 爸爸，我这儿朋友特别多，我想（　　）待两天。

5. 既然大家一再要求，那我就（　　）唱一首。

6. 现在还早，我（　　）睡一会儿。

7. 弟弟睁开眼睛看了看，翻个身（　　）睡着了。

8. 你（　　）考虑考虑吧。

9. 我（　　）没有钱了。

10. 除非把他找来，（　　）没有其他人懂这一行的了。

11. 我们都不希望他（再）唱了，可是他（　　）要唱。

12. 他去年去了英国，今年（　　）去了法国。

13. 没关系，明年（　　）可以考一次。

14. 明天我们（　　）吃面条。（今天吃了。）

　　　明天我们（　　）吃面条。（今天没吃。）

15. 好，我不（　　）开口了，让你们两个去说吧！

16. 要是（　　）胖一点儿，就好看多了。

17. 代表们为什么（　　）不回来？

18. 不就一本小破书嘛，看了（　　）看，你烦不烦啊。

19. 老板，请（　　）给我一杯豆浆。

20. 最近（　　）漂亮了。

（二）把下列句子翻译成汉语

1. Ин китоб хеле шавковар аст, агар фурсат шавад, ман бори дигар онро мехонам.

2. Якбори дигар косаро бишу!

3. Вай дируз боз ба китобхона рафт.

4. Ман имруз боз хуроки сахариро нахурдам.

5. Ман алакай хуроки шомро хурдам, аммо мехохам боз мева

хурам.

6. Ман дируз ба китобхона рафтам, пагох бояд боз биравам.

（二）HSK 三级至四级水平学生用

同学：

你好！本次问卷的主要目的是调查塔吉克斯坦学生学习汉语重复义副词"还""再""又"的情况。首先请你在下面填写自己的相关信息，然后请你根据自己的理解和认识答题。谢谢！

1. Чинс：Мард☐ Зан☐

2. Шумо чанд сола?

3. Шумо дар кадом гурух мехонед?

4. Шумо дар хона бо кадом забон гуфтугу менамоед?

Точики☐ Руси☐ Дигар забон☐

5. Оё шумо имтихони HSK -ро супоридаед?

Ха☐ Не☐ Чандум дарача?

（一）Ба чойхои холи калимахои зеринро пур кунед. "再""还""又"

1. 你明天（　　）要来吗？（Ту пагох боз мебиёи?）

A. 又　　　　　　B. 还　　　　　　C. 再

2. 你的手机（　　）坏了吗？（Телефони ту боз вайрон шуд?）

A. 又　　　　　　B. 还　　　　　　C. 再

3. （　　）把碗洗一遍！（Якбори дигар косаро бишу!）

A. 又　　　　　　B. 还　　　　　　C. 再

4. 以后咱们（　　）会见吗？（Мо баъдан боз во мехурем?）

A. 又　　　　　　B. 还　　　　　　C. 再

5. 老师刚才我没听清楚，请你（　　）说一遍。（Муаллим навакак гапатона нафахмидам, якбори дигар такрор кунед.）

A. 又　　　　　　B. 还　　　　　　C. 再

6. 今天（　　）下雨了。（Имруз боз борон борид.）

A. 又　　　　　　B. 还　　　　　　C. 再

7. (　　) 吃点儿吧。(Боз камтари дигар хуред.)

A. 又　　　　　　B. 还　　　　　　C. 再

8. 昨天 (　　) 去了图书馆。(Дируз боз ба китобхона рафтам.)

A. 又　　　　　　B. 还　　　　　　C. 再

9. 明天看来 (　　) 要下大雨。(Бафикрам пагох боз борон меборад.)

A. 又　　　　　　B. 还　　　　　　C. 再

10. 她的病还没好，明天 (　　) 要请假。(Вай холо хам сихат нашудааст, пагох бояд боз чавоб гирад)

A. 又　　　　　　B. 还　　　　　　C. 再

11. 这本书很好，我 (　　) 想看一遍。(Ин китоб хеле шавковар аст, ман мехохам боз онро хонам.)

A. 又　　　　　　B. 还　　　　　　C. 再

12. 那个地方我没 (　　) 去过。(Ман дигар ба ончо нарафтам.)

A. 又　　　　　　B. 还　　　　　　C. 再

13. 放心吧，我会 (　　) 跟他联系的。(Хавотир нашав. Ман боз бо вай тамос мегирам.)

A. 又　　　　　　B. 还　　　　　　C. 再

14. 我今天 (　　) 没吃早饭。(Ман имруз боз хуроки сахариро нахурдам.)

A. 又　　　　　　B. 还　　　　　　C. 再

15. 你 (　　) 考虑考虑吧。(Якбори дигар хуб фикр кун.)

A. 又　　　　　　B. 还　　　　　　C. 再

第三章
塔吉克斯坦学生汉语句式信息习得研究

第一节 塔吉克斯坦学生汉语"是"字句习得研究

一、引言

（一）研究背景

进入21世纪以来，塔吉克斯坦掀起了一股"汉语热"，这主要源于中国与塔吉克斯坦两国政治经济方面的合作与交流。中国与塔吉克斯坦建交以来，在政治、外交等诸多问题上有相同或相近的观点和立场，两国都希望发展友好合作关系。2001年塔吉克斯坦以创始国身份加入上海合作组织，和中国的关系更加密切。2013年5月19日，应国家主席习近平邀请，塔吉克斯坦共和国总统埃莫马利·拉赫蒙对中国进行了国事访问。2014年9月11日至12日，国家主席习近平赴塔吉克斯坦共和国出席上海合作组织杜尚别峰会，并对塔吉克斯坦共和国进行了国事访问。政治外交上的友好关系是经贸关系和文化交流关系发展的基础，随着两国间直接经贸往来的不断加强，塔吉克斯坦的贸易伙伴中，中国稳居前五名。中国和塔吉克斯坦双方密切的贸易往来，经济上的互利互惠，使得塔吉克斯坦民众学习汉语的需求更加迫切。

（二）研究目的和意义

现代汉语"是"是最为活跃的语法标记，"是"字句的使用频率极高，所表达的意思也纷繁复杂。据统计，北京大学语料库中与"是"字句有关的语料约有2343986条，北京语言大学"HSK动态作文语料库"的统计数据中"是……的"和"是"字句这两种句型数量占了统计中11种句型和句式总数的69.90%。另外，在新汉语水平考试（HSK）大纲中，从一级到六级，"是"字句都是必须掌握的特殊句型之一。由此可见，"是"字句使用频率极高，对它的研究十分必要。

本研究使用"塔吉克斯坦学生汉语中介语语料库"，结合问卷调查，考察了塔吉克斯坦学生"是"字句习得情况，对所产生的偏误类型进行分析，针对"是"字句教学提出建议。

从目前的文献来看，对外汉语教学"是"字句偏误问题的研究者们主要将目光集中在韩国及东南亚国家的留学生身上，对中亚国家学生的汉语学习关注很少。塔吉克斯坦学生的第一语言是塔吉克语，属印欧语系印度-伊朗语族伊朗语支，中亚其他国家（吉尔吉斯斯坦、乌兹别克斯坦、哈萨克斯坦、土库曼斯坦）学生的第一语言属于阿尔泰语系突厥语族，它们之间有着很大的区别。本研究以塔吉克斯坦汉语学习者为研究对象，考察他们在"是"字句习得过程中产生的偏误现象及原因，希望能充实不同语言背景汉语学习者"是"字句的习得研究。

本研究通过比较汉语、塔吉克语"是"字句的构成，为塔吉克斯坦学生学习"是"字句提供帮助，减少以及预防塔吉克斯坦汉语学习者学习"是"字句时出现偏误。同时，本研究提出的教学建议以期能帮助提高"是"字句的教学效果。

（三）"是"字句研究综述

1. "是"字句的本体研究

1.1 "是"字句的定义

"是"字句在现代汉语里的使用频率很高，较为复杂，学术界还没有统一的"是"字句定义。朱斌（2007）认为"是"字句有广义和狭义之分，广义"是"字句指所有在形式上用"是"的句子，句中的"是"包括动词用法、形容词用法和指代词用法等；狭义的"是"字句只指动词用法。

1.2 "是"的词性

从语法的角度看，"是"的词性比较难确定，现在一般的语法书都认为"是"为判断动词，如马建忠《马氏文通》（1898）、王力《中国现代语法》（1954）、高名凯《汉语语法论》（1957）等。但各家对"是"的称呼不同，马建忠称其为"断辞"，王力称其为"系词"，丁声树（1961）、朱德熙（1980）等称其为"谓语动词"。

有学者认为"是"还可作形容词，如谢永玲（1999）、刘乃仲（2000）等；也有学者认为"是"是助动词，如黄正德（1988）、齐春红

(2007)；张伯江、方梅（1996）认为"是"还可作副词，张谊生（2000）、史金生（2002）也认为"是"可作语气副词。

语法界对于"是"词性最主要的争议，表现在"是＋谓词性短语"这类句式中"是"是动词还是副词。王力、吕叔湘、张志公等认为在"是＋谓词性短语"中，"是"仍然是动词（或者叫系词），全句仍然是判断句；胡裕树、张静、宋玉柱等认为在"是＋谓词性短语"中，"是"是语气副词；邢福义认为，"是"单独用在动词、形容词前面时，表示肯定、强调的语气，其性质近似助词，分析句子时，只能算辅助性的成分，不能算成句子成分。

1.3 "是"的语义研究

陈建民（1986）认为"是"字句的主语与谓语之间可以表示多种语义关系，有等同，如"《阿Q正传》的作者是鲁迅"；有归类，如"我是北京大学中文系的学生"；有表示存在，"山坡上（全）是栗子树"；有表示特征或质料，如"这小孩（是）黄头发"；有表领有，如"这张桌子（是）三条腿"；还有一些其他关系，比如表时间、位置、评价、手段、打比方等，"是"主要起肯定、联系的作用。

徐建华（1991）认为"是"字句主宾语语义关系有分类、等同、描写、说明、评论等五种。

周洪波（1992）认为，根据主语和宾语之间的语义关系，可区分出"是"字句的下位类型，有认同型、归类型、描写型、说明型。

范晓（1998）认为作主语的词语表起事，作宾语的词语表止事，起事和止事构成"是"字句的动核结构，"是"字句主语和宾语之间的语义关系是很复杂的，主要有等同、归类、存在、领有四种关系。表等同是说在"A是B"里，A和B的所指的对象，范围完全一样，所以两者的顺序可以交换，如"北京是中国的首都"；表归类是说在"A是B"里，B是表示"类"，A只是B类中的一个成员，即A属于B类，两者顺序不能交换，如"小李是上海人"；表领有是指在"A是B（的）"里，A所表示的事物归B所表示的事物所有，即"A归B所有"，如"那本书是小李的"；表存在是指在"A是B"里，A是处所，B是存在于A的事物，如"他满身是泥"；还有一些特殊的语义关系，如表比喻、表穿着打扮和工具手段等等。

金家恒（2004）认为"是"字句的语义由静态动词"是"系连的前后两项词语之间的关系确定，主要有分类、指别、等同、存现、陈述、说明等。

综上所述，语法学家对"是"字句语义研究取得了较大的一致性，"是"字句主语和宾语之间可以表示多种语义关系，其中最主要的是等同、归类、存在、特征、领有等。《汉语水平等级标准与语法等级大纲》（1996）甲级语法大纲、《国际中文教育中文水平等级标准》（2021）"附录A语法等级大纲"都对"是"字句语义做了同样的规定。

甲级语法大纲"是"字句共有五类，表示等同，如"她是我们的汉语老师"；表示质料或特征，如"那种鞋是皮的"；表示说明或归类，如"她是医生，他是工程师"；表示存在，如"图书馆旁边是操场"；表示领有，如"这把椅子是三条腿"。这几项语义为"是"字句的基本意义，在对外汉语教学中，我们应该从这些基本意义出发，逐步引导学生理解、学习"是"字句的其他语义。

2. 对外汉语教学中的"是"字句研究现状

"是"字句作为现代汉语特殊而且重要的句式，在对外汉语教学研究中也受到一定的重视。

2.1 "是"字句的分类

刘月华等（2001）提出，"是"的语法特点包括等同于一般动词的语法特点以及不同于一般动词的语法特点；"是"字句的结构特点是，能充当"是"的主语和宾语的词语类型比一般动词要广泛，几乎一切实词和短语都可以。

吕叔湘《现代汉语八百词》（1999）按照"是"字句的结构特点将含有"是"的句子分成了八种句型，①主语＋是＋名词；②主语＋是＋……的；③……的＋是＋名词/动词/小句；④主语＋是＋动词/形容词/小句；⑤主语＋是＋介词；⑥是＋小句；⑦"是"前后用相同的词语；⑧是＋名词……（"是"是"凡是"的意思），并详细列出了每种句型中"是"的不同意义。

卢福波（1996）认为"是"字句是由判断动词"是"作谓语构成的

句子，主要表示判断，说明事物等于和属于什么，基本结构是"名（人或事物）＋是＋名（人或事物）"。

杨晶淑（2007）运用认知语法理论分析和研究了汉语中与"是"有关的句式，将传统语法划分为不同类型的"是"字句进行了统一系统的阐释；通过"是"与韩语 yi 对比分析，找出两种语言系统之间认知机制的共性。

董斌（2007）在《对外汉语精读教材"是"字句研究》一文中，通过研究对外汉语精读教材《汉语教程》，建立了"是"字句语料库，从"是"字句的分类统计、编排顺序以及复现情况三个角度对教材进行考察，并综合分析了"是"字句各下位句式的复现情况，对教材编写有一定的借鉴意义。

2.2 "是"字句的偏误研究

刘丽宁（2003）以东南亚、日本及韩国等地的学习者为调查对象，选取了八种"是"字句句式进行了比较详细的偏误分析及习得调查，在分析语料的基础上，归纳总结出八种"是"字句的常见偏误情况，分析了偏误原因，并提出相应的教学建议和对策。

江敏（2009）运用对比分析以及偏误分析等理论对俄语背景留学生学习"是"字句的偏误进行了分析，指出俄语背景学习者在学习"是"字句时的主要困难及原因，并给出相应的学习建议。

金秀贞（2012），钮萌、钱恒（2013），王静文（2014）都做了有关韩国留学生"是"字句习得情况方面的研究，通过搜集语料或问卷调查的方式分析得出韩国留学生在使用"是"字句时产生的偏误类型，提出了针对性的教学建议及对策。

（四）研究问题

1. "是"字句的研究范围

1.1 本研究"是"字句句型

本研究结合语料分析、听课观察，整理了塔吉克斯坦学生较常使用而且出错较多的句式，在参考《现代汉语八百词》等资料的基础上将"是"字句总结为以下九种句式。

S1：主＋是＋名词性词语，如：我是学生。

S2：的字短语＋是＋……，如：背红书包的是我朋友。
S3：主＋是＋形容词，如：这件衣服是新的。
S4：主＋是＋介宾短语，如：老师是为你好。
S5：主＋是＋主谓短语，如：这是我第一次吃中国菜。
S6：是＋小句，如：字写成这样，是笔不好用。
S7：主＋是＋动词（短语），如：我的愿望是当老师。
S8：主＋是＋……的（1），如：这本书是我的。
S9：主＋是＋……的（2），如：我是坐车来的。

本研究讨论分析以肯定句为主，不讨论关联词语中的"X 是"，如"尽管……可是……""不是……就是……"。

1.2 关于"是……的"

关于"是……的"结构，很多学者已经做了大量研究，目前为止，是否存在"是……的"结构，把它归入"是"字句还是独立成一类，其具体用法和意义是什么等问题仍没有定论。

徐静茜（1984）、杨石泉（1997）认为，不存在"是……的"结构，所谓"是……的"实际上仍然是"是"字句，是以"的"字结构为宾语的"是"字句。有许多学者肯定"是……的"句的存在，认为它是一个单独句式，且按照"是"和"的"的词性及功能的不同分为两至三种。

鉴于留学生学习汉语经常使用"是……的"结构，本研究将其归入"是"字句，其中将"是……的"中"的"后能补出中心语的句子确定为"S8：主＋是＋……的（1）"，如"这个书包是我的"；将"是……的"中"是"表示强调、"的"后不能补出中心语、可省去"是"的句子划分为"S9 主＋是＋……的（2）"，如"我（是）来学习的"。

2. 语料来源

本研究语料主要是从"塔吉克斯坦学生汉语中介语语料库"和调查问卷中收集到的。

本研究从上述语料库收集了有效的"是"字句共 372 句，其中偏误句 66 句，这些语料为研究塔吉克斯坦学生"是"字句的习得情况提供了基础数据。

调查问卷以学生平时作业、日常交流出现的"是"字句偏误为蓝本，设计了选择、插空选择、判断并改错等题目，通过问卷调查的形式收集语料。这样可以使我们更准确地了解塔吉克斯坦学生"是"字句的偏误情况，将问卷测试的数据作为本研究的一个有力支撑。

(五) 调查问卷设计

1. 问卷调查的目的

为了更真实地了解塔吉克斯坦学生汉语学习者"是"字句的学习和掌握情况，找出学生在学习、使用"是"字句时常见的偏误，笔者从语料库和日常收集的塔吉克斯坦学生的口语表达等材料中找出使用"是"字句时容易出现的偏误例句，结合这些材料及"是"字句各类型用法设计成问卷，向新疆师范大学的不同等级汉语水平的塔吉克斯坦学生发放调查问卷。通过统计分析问卷结果，进一步了解塔吉克斯坦学生掌握和习得"是"字句的情况。

2. 调查问卷的说明

问卷分为三道大题。第一道为选择题，共 10 题，每题四个选项，主要考查学生掌握各类型"是"字句情况；第二道为插空选择题，共 8 道，每题三个选项，主要考查学生辨析运用各类型"是"字句的能力；第三道为判断改错题，共 6 道，主要考查学生运用理解"是"字句的能力。

问卷使用的词语均为《汉语水平词汇等级大纲》甲、乙级词汇，为保证调查效果，题目均有塔吉克语和俄语翻译，发放给初级水平学生的问卷配有拼音。

3. 被试对象的说明

本次问卷调查均为新疆师范大学的塔吉克斯坦学生，学生汉语水平分初、中、高三个等级，初级为学习汉语 3—12 个月或 HSK 一至三级的学习者；中级为学习汉语一年以上或 HSK 达到四级的学习者；高级为 HSK 达到五级或五级以上的学习者。

本次问卷共发放了 100 份，未答完题和非塔吉克语为第一语言背景的视为无效问卷，收回有效问卷 75 份，其中初级发放 60 份，收回 40 份；中级发放 25 份，收回 21 份；高级发放 15 份，收回 14 份。

4. 问卷测试的要求

本次问卷要求测试人员将问卷发放给学生后，在学生开始答题前进行简单的解释，以免学生不明白题目的意思，影响测试结果。要求学生独立完成，对不认识的生词可以进行查阅，但不得抄袭他人问卷。问卷大多是在学生晚自习时由测试人员发放并监督完成，晚自习结束后再收回。

二、调查问卷中的结果与分析

（一）初级水平调查结果与分析

表 3-1　初级水平调查问卷统计表（共 40 份）

考察句式	题号	正确频次	错误频次	偏误率 / %		偏误率排序
S1：主＋是＋名词性词语	一（1）	27	13	32.50	23.75	8
	二（1）	34	6	15.00		
S2：的字短语＋是＋……	一（2）	12	28	70.00	53.33	2
	二（2）	20	20	50.00		
	三（2）	24	16	40.00		
S3：主＋是＋形容词	一（3）	14	26	65.00	46.25	5
	二（5）	29	11	27.50		
S4：主＋是＋介宾短语	一（4）	11	29	72.50	50.00	3
	二（4）	29	11	27.50		
S5：主＋是＋主谓短语	一（5）	18	22	55.00	37.50	7
	二（6）	32	8	20.00		
S6：是＋小句	一（6）	23	17	42.50	48.75	4
	三（5）	18	22	55.00		
S7：主＋是＋动词（短语）	一（7）	23	17	60.00	37.50	7
	二（3）	34	6	15.00		
S8：主＋是＋……的（1）	二（7）	36	4	38.00	38.00	6
S9：主＋是＋……的（2）	一（9）	13	27	67.50	56.25	1
	二（8）	22	18	45.00		

由表 3-1 可以看出初级水平塔吉克斯坦学生"是"字句 S9"主＋是＋……的（2）"句式偏误率最高；其次是 S2"的字短语＋是＋……"，在该句式的测试题中，一（2）题的偏误率达到了 70.00%，主要原因是大部分学生选择了"*穿红色衣服是我的朋友"，遗漏"的"造成的，说明该阶段学生掌握该句式还比较困难；S4"主＋是＋介宾短语"、S6"是＋小句"的偏误率也相对较高，达到了 50.00%和 48.75%，这两个句式在初

级阶段教材出现比较少也比较晚，《汉语教程》一年级第二册中才开始出现，学生的掌握情况不是很好。初级水平学生对 S1"主＋是＋名词性词语"、S7"主＋是＋动词（短语）"、S5"主＋是＋主谓短语"掌握情况较好，偏误率较低，说明学生对这三个句式比较熟悉，容易掌握。

由表 3-1 中可以得出初级水平塔吉克斯坦学生"是"字句各句式的偏误率由高到低为：S9>S2>S4>S6>S3>S8>S7、S5>S1。

（二）中级水平调查结果与分析

表 3-2　中级水平调查问卷统计表（共 21 份）

考察句式	题号	正确频次	错误频次	偏误率/%		偏误率排序
S1：主＋是＋名词性词语	一（1）	21	0	0.00	2.38	9
	二（1）	20	1	4.76		
S2：的字短语＋是＋……	一（2）	7	14	66.67	38.11	3
	二（2）	17	4	19.05		
	三（2）	15	6	28.60		
S3：主＋是＋形容词	一（3）	10	11	52.38	35.71	4
	二（5）	17	4	19.05		
S4：主＋是＋介宾短语	一（4）	12	9	42.86	28.57	6
	二（4）	18	3	14.29		
S5：主＋是＋主谓短语	一（5）	11	10	47.62	30.05	5
	二（6）	18	3	14.29		
S6：是＋小句	一（6）	15	6	28.57	45.23	2
	三（5）	8	13	61.90		
S7：主＋是＋动词（短语）	一（7）	11	10	47.62	26.19	7
	二（3）	20	1	4.76		
S8：主＋是＋……的（1）	二（7）	19	2	9.52	9.52	8
S9：主＋是＋……的（2）	一（9）	7	14	57.14	54.76	1
	二（8）	10	11	52.38		

从表 3-2 中可以看出 S9"主＋是＋……的（2）"偏误率达到 54.76%，是偏误率最高的句式，说明该句式在中级水平阶段依然是比较难掌握的，学生不甚了解，容易出错。其次是 S6"是＋小句"，偏误率达到 45.23%，在该句式的测试题中，偏误集中产生在判断题三（5）上，学生不了解该句式表达的语义，认为"是"多余了，13 名学生将句子"是

他在比赛中得了第一名"判断为错,且在改正的过程中,大部分学生都将"是"删除了。在 S2 "的字短语+是+……"中产生偏误的主要原因还是遗漏"的"。学生产生偏误率较低的是 S8 "主+是+……的(1)"和 S1 "主+是+名词性词语",这两个均是学习时间较长、课文中经常出现的句型,学生掌握比较好。

由表 3-2 中可以得出中级水平塔吉克斯坦学生"是"字句各句式的偏误率由高到低为: S9>S6>S2>S3>S5>S4>S7>S8>S1。

(三)高级水平调查结果与分析

表 3-3 高级水平调查问卷统计表(共 14 份)

考察句式	题号	正确频次	错误频次	偏误率 / %	偏误率排序
S1:主+是+名词性词语	一(1)	14	0	0.00	0.00	8
	二(1)	14	0	0.00		
S2:的字短语+是+……	一(2)	7	7	50.00	30.05	2
	二(2)	12	2	14.29		
	三(2)	10	4	28.57		
S3:主+是+形容词	一(3)	7	7	50.00	28.57	3
	二(5)	13	1	7.14		
S4:主+是+介宾短语	一(4)	12	2	14.29	14.29	6
	二(4)	12	2	14.29		
S5:主+是+主谓短语	一(5)	9	5	35.71	25.00	4
	二(6)	12	2	14.29		
S6:是+小句	一(6)	9	5	35.71	42.86	1
	三(5)	7	7	50.00		
S7:主+是+动词(短语)	一(7)	10	4	28.57	14.28	7
	二(3)	14	0	0.00		
S8:主+是+……的(1)	二(7)	14	0	0.00	0.00	8
S9:主+是+……的(2)	一(9)	8	6	42.86	21.43	5
	二(8)	14	0	0.00		

由表 3-3 可以看出 S6 "是+小句"偏误率最高,偏误的原因也是学生不理解该句式的用法,认为小句前的"是"多余;S2 "的字短语+是+……"偏误率排在第二,偏误的主要原因还是遗漏了"的"字;S3 "主+是+形容词"和 S5 "主+是+主谓短语"偏误率排在第三和第四。

在 S3"主＋是＋形容词"的测试题一（3）中，只有一半的同学答对了，经统计，有 35.00%的同学认为该句子应该是"*我这才体会到家人对我来说是多么重要的"，到了高级水平阶段，由于汉语的复杂性和学生学习难度的不断加大，学生对该句式的掌握程度反而降低了。S8"主＋是＋……的（1）"和 S1"主＋是＋名词性词语"偏误率最低，均为 0，说明在该阶段，学生对这两个句式已经掌握得相当好了，不容易出错。

由表 3-3 可以得出高级水平的塔吉克斯坦学生"是"字句各句式的偏误率由高到低为：S6>S2>S3>S5>S9>S4>S7>S8、S1。

（四）"是"字句各句式在不同水平的偏误情况分析

为进一步对比学生掌握各类"是"字句情况，本研究统计了各句式不同阶段的偏误分布情况。

表 3-4　"是"字句各句式在不同水平的偏误情况

考察句式	题号	偏误率/%（初级 40 份）		偏误率/%（中级 21 份）		偏误率/%（高级 14 份）	
S1：主＋是＋名词性词语	一（1）	32.50	23.75	0.00	2.38	0.00	0.00
	二（1）	15.00		4.76		0.00	
S2：的字短语＋是＋……	一（2）	70.00	53.33	66.67	38.11	50.00	30.05
	二（2）	50.00		19.05		14.29	
	三（2）	40.00		28.60		28.57	
S3：主＋是＋形容词	一（3）	65.00	46.25	52.38	35.71	50.00	28.57
	二（5）	27.50		19.05		7.14	
S4：主＋是＋介宾短语	一（4）	72.50	50.00	42.86	28.57	14.29	14.29
	二（4）	27.50		14.29		14.29	
S5：主＋是＋主谓短语	一（5）	55.00	37.5	47.62	30.05	35.71	25.00
	二（6）	20.00		14.29		14.29	
S6：是＋小句	一（6）	42.50	48.75	28.57	45.23	35.71	42.86
	三（5）	55.00		61.90		50.00	
S7：主＋是＋动词（短语）	一（7）	60.00	37.5	47.62	26.19	28.57	14.28
	二（3）	15.00		4.76		0.00	
S8：主＋是＋……的（1）	二（7）	38.00		9.52		0.00	
S9：主＋是＋……的（2）	一（9）	67.50	56.25	57.14	54.76	42.86	21.43
	二（8）	45.00		52.38		0.00	

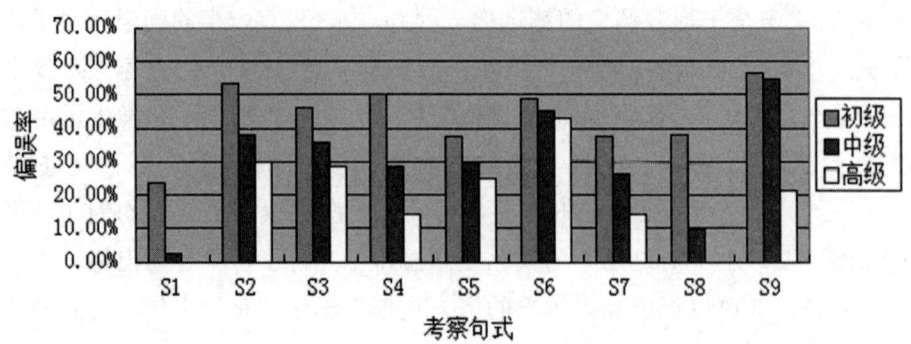

图 3-1 "是"字句各句式在不同水平的偏误情况

由表 3-4、图 3-1 可以发现"是"字句各句式偏误率都随着学习时间的增长、学生汉语水平的提高呈逐渐降低的趋势，这符合学生的习得规律。

结合表 3-1、表 3-2、表 3-3 中得出的偏误率排序（由高到低）为：

初级水平：S9>S2>S4>S6>S3>S8>S7、S5>S1

中级水平：S9>S6>S2>S3>S5>S4>S7>S8>S1

高级水平：S6>S2>S3>S5>S9>S4>S7>S8、S1

我们可以看出：

S1"主＋是＋名词性词语"是各句式中初、中、高各级水平的学生偏误率均为最低的句式。初级水平学生偏误率为 23.75%，通过不断的学习、操练，偏误率迅速下降，中级只有 2.38%的偏误率，高级的偏误率为 0；说明该句式学生最易掌握。

S2"的字短语＋是＋……"，初级水平的学生偏误率为 53.33%，排序第二；中级水平的学生偏误率为 38.11%，排序第三；高级水平的学生偏误率为 30.05%，排序第二。该句式从初级水平到中级水平偏误率下降较为明显，但从中级水平到高级水平偏误率下降幅度较小。通过偏误率的排序，我们可以看出，该句式较难掌握。

S3"主＋是＋形容词"，初级水平的学生偏误率为 46.25%，排序第五；中级水平的学生偏误率为 35.71%，排序第四；高级水平的学生偏误率为 28.57%，排序第三。该句式虽然偏误率呈逐渐降低趋势，但在"是"字句各句式偏误排序中随着学生水平不断提高偏误排序逐渐靠前，说明在学生学习过程中,随着学习程度不断加深,相较于其他"是"字句句式来说该句式难度逐渐增大,不易掌握。

S4"主+是+介宾短语",初级水平的学生偏误率为 50.00%,排序第三;中级水平的学生偏误率为 28.57%,排序第六;高级水平的学生偏误率为 14.29%,排序第六。该句式初级水平学生偏误率较高,从初级到中级再到高级水平,偏误率下降均较为明显,说明随着汉语水平的提高,中高级水平的学生较容易掌握该句式。

S5"主+是+主谓短语",初级水平的学生偏误率为 37.50%,和 S7 一样排序第七;中级水平的学生偏误率为 30.05%,排序第五;高级水平的偏误率为 25.00%,排序第四。虽然该句式偏误率呈逐渐降低趋势,但在各类"是"字句偏误排序中随着学生汉语水平的提高反而逐渐靠前,说明在学习过程中随着学生学习程度不断加深,相较于其他"是"字句掌握该句式难度逐渐增大。

S6"是+小句",初级水平的学生偏误率为 48.75%,排序第四;中级水平的学生偏误率为 45.23%,排序第二;高级水平的偏误率为 42.86%,排序第一。该句式从初级到中级、高级的偏误率下降幅度均很小,并且成为中级水平学生偏误率排序第二、高级水平学生偏误率排序最高的句式。可以看出,相对于其他"是"字句,该句式越到中高级水平越难掌握。

S7"主+是+动词(短语)",初级水平的学生偏误率为 37.50%,排序第七;中级水平的学生偏误率为 26.19%,排序第七;高级水平的偏误率为 14.28%,排序第七。随着学生汉语水平提高,该句式偏误率逐步降低,且各级水平学生的偏误率排序中无变化,说明学生掌握该句式相对容易。

S8"主+是+……的(1)",初级水平的学生偏误率为 38.00%,排序第六;中级水平的学生偏误率为 9.52%,排序第八;高级水平的偏误率为 0,同 S1 句式一样排序第八。该句式从初级水平到中级水平偏误率下降非常明显,到高级水平时下降为 0,说明学生掌握该句式情况相对较好。

S9"主+是+……的(2)",初级水平的学生偏误率为 56.25%,排序第一;中级水平的学生偏误率为 54.76%,排序第一;高级水平的偏误率为 21.43%,排序第五。该句式在初级、中级水平学生偏误率均为各类

"是"字句中最高,但高级水平学生偏误率明显下降。说明随着学生汉语水平逐渐提高,掌握该句式的情况越来越好。

三、语料中的偏误结果与分析

本研究通过在"塔吉克斯坦学生汉语中介语语料库"检索"语句"类中的"是"字句,收集到有效"是"字句190句(初级水平65句、中级水平59句、高级水平66句);通过检索"作文"类中的"是"字句,涉及148篇,包含有效"是"字句182句(其中初级水平13句、中级水平83句、高级水平86句),共计372句(初级水平78句、中级水平142句、高级水平152句)。由于初级水平学生输出的作文较少,因此收集到的语料中初级水平的"是"字句相对较少。

本部分与前文分级依据标准相同,按照语料库中标注的HSK级别,将HSK三级归为初级水平,HSK四级、五级归为中级水平,HSK六级归为高级水平。

语料中大部分"是"字句都是S1,其他句式只出现了一次或两次且均为偏误句,例如初级水平"是"字句中,S2只出现了一次且该句为偏误句,这不代表初级水平学生完全没掌握该句式,S3出现了3次,且均正确,也不代表初级水平学生完全掌握了该句式。有些句式根本就没有出现,例如初级水平"是"字句中,没有出现S4句式,不代表学生不知道该句式。因此我们只分等级讨论所出现的句式在该等级所有句子中的使用频率和偏误句的数量,不讨论偏误率。

(一)初级水平"是"字句统计结果与分析

表 3-5 初级水平"是"字句统计表

句式	总用例/句	使用频率/%	偏误用例/句
S1:主+是+名词性词语	52	66.67	4
S2:的字短语+是+……	1	1.28	1
S3:主+是+形容词	3	3.85	0
S7:主+是+动词(短语)	3	3.85	0
S8:主+是+……的(1)	5	6.41	2

续表

句式		总用例／句	使用频率／%	偏误用例／句
S9：主＋是＋……的（2）		1	1.28	0
其他	与名词性谓语句混淆	9	11.54	9
	其他偏误句	4	5.13	4
合计		78	100.00	20

由表 3-5 可以看出，初级水平学生使用 S1 句式"主＋是＋名词性词语"频率最高，达到了 66.67%，说明学生对该句式比较熟悉；其次是 S8、S7、S3，S2 和 S9 均只出现了一次，S4、S5、S6 都没有出现，说明对汉语初学者来讲这些句式还比较复杂。

值得一提的是，在其他偏误句中，出现最多的是与名词性谓语句混淆，在总的偏误句中所占比例接近一半，说明学生对这两类句子的认识和理解比较模糊。

(二) 中级水平"是"字句统计结果与分析

表 3-6　中级水平"是"字句统计表

句式	总用例／句	使用频率／%	偏误用例／句
S1：主＋是＋名词性词语	92	64.78	5
S2：的字短语＋是＋……	6	4.23	3
S3：主＋是＋形容词	2	1.41	1
S6：是＋小句	3	2.11	0
S7：主＋是＋动词（短语）	7	4.93	1
S8：主＋是＋……的（1）	10	7.04	3
S9：主＋是＋……的（2）	3	2.11	1
其他偏误句	19	13.38	19
合计	142	100.00	34

由表 3-6 可以看出，中级水平学生语料出现了七种句式，其中 S1 使用频率最高，达到了 64.78%；S8、S7、S2 句式的使用频率相较于初级水平学生都有所提高，S3 使用频率相较于初级水平降低了，S4、S5 均没有出现。

(三) 高级水平"是"字句统计结果与分析

表 3-7　高级水平"是"字句统计表

句式	总用例/句	使用频率/%	偏误用例/句
S1：主＋是＋名词性词语	96	62.74	0
S2：的字短语＋是＋……	9	5.88	4
S3：主＋是＋形容词	4	2.61	1
S4：主＋是＋介宾短语	2	1.31	0
S5：主＋是＋主谓短语	3	1.96	0
S6：是＋小句	8	5.23	2
S7：主＋是＋动词（短语）	8	5.23	0
S8：主＋是＋……的（1）	12	7.84	2
S9：主＋是＋……的（2）	9	5.88	1
其他偏误句	2	1.31	2
合计	153	100.00	12

由表 3-7 可以看出，高级水平学生语料中所有的"是"字句都出现了，使用频率最高的还是 S1，达到 62.74%；其次是 S8，占 7.84%；S9、S2 使用频率相较于初、中级有所提高，达到 5.88%；S4 和 S5 句式出现了，说明随着学生汉语水平的不断提高，使用"是"字句的类型越来越丰富，掌握情况也越来越好。

整体来看，塔吉克斯坦学生使用"是"字句采取了避难就易的策略，S1 句式始终是使用频率最高的句式，该句式产生的偏误相对来说也最少。高级水平的语料中才出现 S4、S5 句式，这与语料库中大部分作文都是描述性表达有关，这两种句式用得不多。

从偏误的数量看，初级水平总偏误用例为 20 句，占初级水平语料的 25.64%；中级水平总偏误用例为 34 句，占中级水平语料的 23.94%；高级水平总偏误用例为 12 句，占高级水平语料的 7.84%。从初级到高级阶段偏误率呈下降趋势，从中级到高级阶段，偏误率下降幅度较大，说明在汉语学习达到了一定水平后，学生理解、掌握各类"是"字句的程度都大大提高了。

四、"是"字句的偏误类型

参考鲁健骥（1994）语法偏误分类，结合学生问卷和语料中出现的各类"是"字句偏误，我们总结出塔吉克斯坦学生学习"是"字句的偏误类型，主要有遗漏、误加、误代、错序、与其他句式混淆等，其中，"与其他句式混淆"是我们发现的较有特点的偏误类型。

（一）遗漏偏误

塔吉克斯坦学生学习"是"字句的遗漏偏误主要分为两种，一种是遗漏"是"，另一种是遗漏"的"，详见表 3-8。

表 3-8　问卷中遗漏偏误统计表

遗漏偏误	集中句式	遗漏频次			共计	偏误率 / %
		初级	中级	高级		
遗漏"是"	S6：是＋小句	18	2	1	21	28.00
遗漏"的"	S2：的字短语＋是＋……	13	11	7	31	41.33
	S9：主＋是＋……的（2）	21	7	6	34	45.33

1. 遗漏"是"

根据问卷数据统计，S6"是＋小句"是遗漏"是"字最集中的句式，例如：

（1）*这我第一次来中国。

　　　这是我第一次来中国。

（2）*不是陈老师，李老师教我们汉语口语。

　　　不是陈老师，是李老师教我们汉语口语。

例（1）、例（2）均遗漏了"是"。例（1）"是"在句中作动词，必须补出，否则句子不完整；例（2）中"是"表强调，强调主语"陈老师"，由整个句子的意思来看，这个表强调的"是"不可省略。该句式遗漏"是"大多出现在初级水平学生中，这是因为该句式在初级水平阶段出现得较少，学生也未完全掌握，到中高级阶段，这种偏误就逐渐减少了。

2. 遗漏"的"

S2"的字短语＋是＋……"和 S9"主＋是＋……的（2）"是遗漏"的"较集中的句式。例如：

(3) *穿红色（的）衣服是我的朋友。
　　　穿红色（的）衣服的是我的朋友。
(4) *对我来说，曾经最难受是我第一次去学校那天。
　　　对我来说，曾经最难受的是我第一次去学校那天。
(5) *你是什么时候来中国？
　　　你是什么时候来中国的？
(6) *老人肯定是来取子女寄的钱。
　　　老人肯定是来取子女寄的钱的。
(7) *他的回答是正确。
　　　他的回答是正确的。

例（3）~例（7）均遗漏了"的"。例（3）中"的"字短语表示某一类人或事物，因此"的"字不可省；例（4）同理；例（5）~例（7）中"是……的"表示强调，与"是"相比"的"更不可缺少。

（二）误加偏误

塔吉克斯坦学生学习"是"字句产生的误加偏误主要有误加"的""是""就""在"等。

1. 误加"的"

(8) *我这才体会到家人对我来说是多么重要的。
　　　我这才体会到家人对我来说是多么重要。
(9) *我的家对面的是学校。
　　　我的家对面是学校。

例（8）、例（9）都误加了"的"。例（8）"是"作动词，"多么重要"作宾语，如果误加"的"变成不完整的宾语"多么重要的"，缺少名词中心语作宾语，不合适，因此必须删去"的"。例（9）"我的家对面"作主语，如果误加"的"就变成了不完整的主语"我的家对面的"，缺少名词中心语作主语，因此不能加"的"。

2. 误加"是"

(10) *我有很多朋友，第一个朋友是我的同学，他叫是拉赫蒙。
　　　我有很多朋友，第一个朋友是我的同学，他叫拉赫蒙。
(11) *因为是每个人的想法不一样。

因为每个人的想法不一样。

例（10）"*他叫是拉赫蒙"已经有了动词"叫"，又重复使用"是"，多余了，因此要删去"是"。例（11）连词"因为"和后面整个句子"每个人想法不一样"中间不需要动词"是"，因此必须删去。

3. 误加"就"

（12）*就是我们以前习惯了这样说。

是我们以前习惯了这样说。

（13）*奶奶家有一棵枣树、一小块田地和一只小狗，可我最喜欢的就是那棵枣树。

奶奶家有一棵枣树、一小块田地和一只小狗，可我最喜欢的是那棵枣树。

例（12）是 S6"是＋小句"，不需要加"就"；例（13）是 S2"的字短语＋是＋……"，句子成分都完整，不需要加"就"。

4. 误加"在"

（14）*你是在去孔子学院吗？

你是去孔子学院吗？

（15）*我是在民族大学二年级的学生，我的专业是汉语。

我是民族大学二年级的学生，我的专业是汉语。

（16）*从小到大，我一直都是在父母和老师眼中的好孩子。

从小到大，我一直都是父母和老师眼中的好孩子。

例（14）"是"表强调，强调"去孔子学院"，不能加"在"；例（15）"是"作谓语，"学生"作宾语中心语，"民族大学二年级的"作定语，不需要加"在"；例（16）"是"作谓语，"好孩子"作宾语中心语，"父母和老师眼中的"作定语，无需加"在"。

（三）误代偏误

塔吉克斯坦学生学习"是"字句产生的误代偏误分为两种，一种是该用"是"的用了别的词，另一种是该用别的词的用了"是"。

1. 该用"是"误代了别的词

（17）*我哥哥在大学的老师。

我哥哥是大学的老师。

(18) *她有三个孩子的妈妈。
　　　她是三个孩子的妈妈。

例（17）"在"误代，"我哥哥"是主语，"大学的老师"是宾语，缺少一个谓语动词，所以应该将"在"换成"是"。

例（18）"有"误代，"有"表示一种所属关系，这个句子表示一种肯定判断，因此应该将"有"换成"是"。

2. 该用别的词误代了"是"

(19) *我哥哥是 TCELL 公司工作。
　　　我哥哥在 TCELL 公司工作。
(20) *听说明天在孔子学院是唱歌比赛，听他一说，我也想参加。
　　　听说明天在孔子学院有唱歌比赛，听他一说，我也想参加。

例（19）"工作"是谓语动词，应该将"是 TCELL 公司"改为"在 TCELL 公司"作状语。

例（20）偏误句"是"在句中表示强调，但联系前后内容看，该句的本义是表示存在，所以应该将"是"换为"有"。

（四）错序偏误

这种偏误是指句子中成分的位置不正确。

(21) *我是最喜欢的口语课。
　　　我最喜欢的是口语课。
(22) *是那个穿黑毛衣的你哥哥吧？
　　　那个穿黑色毛衣的是你哥哥吧？
(23) *我爸爸妈妈都医生是。
　　　我爸爸妈妈都是医生。
(24) *这首歌是马季写的出来。
　　　这首歌是马季写出来的。

例（21）、例（22）是 S2 "的字短语＋是＋……"，"是"作谓语应该放在主语之后。例（21）学生没有分辨出主语，看到代词"我"就习惯性当成了主语，造成偏误；例（22）也可以改为"你哥哥是那个穿黑色毛衣的吧"，学生混淆了这两种句式造成偏误；例（23）中"是"作谓语动词，应该放在主语和副词状语之后；例（24）中"出来"作"写"的补语,应该放在"的"之前,或者也可以删去"出来"改为"这首歌是马季写的"。

(五)与其他句式混淆

这种偏误是指"是"字句与其他句式相混淆造成的。塔吉克斯坦学生学习"是"字句时主要与名词性谓语句、形容词性谓语句、"有"字句等产生混淆。

1. 与名词性谓语句混淆

(25)*我今年是二十一岁了。
　　　我今年二十一岁了。
(26)*我们塔吉克斯坦人。
　　　我们是塔吉克斯坦人。

例(25)中"二十一岁"名词作谓语,不用加"是"。例(26)中"塔吉克斯坦人"是宾语,缺少谓语动词"是"。这样的偏误句在初级水平学生中比较多,中高级较少,因为这两个句式初级阶段学生都是刚刚接触,不易分辨。

2. 与形容词谓语句混淆

(27)*我觉得我的家庭是很幸福。
　　　我觉得我的家庭很幸福。
(28)*我们的教室的墙白色。
　　　我们的教室的墙是白色。

例(27)中"很幸福"是形容词作谓语,不用加"是"。例(28)中"墙"作主语,"白色"作宾语,缺少谓语动词"是"。这样的偏误句也是初级水平学生出现得较多,中高级阶段较少。

3. 与"有"字句混淆

(29)*我爸爸和哥哥是有工作人,妈妈是家庭主妇。
　　　我爸爸和哥哥是有工作的人,妈妈是家庭主妇。
(30)*我的好朋友是很多人。
　　　我的好朋友有很多。

例(29)加"是"表示强调,但不完整,必须加"的",也可以改为"有"字句"我爸爸和哥哥有工作"。例(30)"是"表判断,后面应该加具体名词,所以这个句子应该改为"有"字句。

五、"是"字句偏误成因及教学建议

(一)"是"字句偏误成因分析

刘珣(2007)指出,第二语言学习者偏误的来源是多方面的,由多方面因素造成,包括第一语言迁移、目的语知识负迁移、文化因素负迁移、学习策略和交际策略的影响、学习环境的影响等。

通过分析"是"字句偏误,可以发现塔吉克斯坦学生主要受以下四方面的影响而产生偏误。

1. 第一语言负迁移

人习得第一语言后已经形成一套比较完整的语言系统,在学习第二语言的时候,常常受之前语言语法规则影响,因此很容易出现偏误现象。

参与调查的塔吉克斯坦学生第一语言均为塔吉克语,我们发现一些偏误是由塔吉克语负迁移造成的。前文我们讲过,塔吉克语 budan 可以与形容词构成系表结构,汉语没有系表结构,形容词一般可以直接作谓语陈述主语,例如:

(31) Vai hele zebo ast.
　　　她　非常　漂亮　是

她非常漂亮。

(32) Man fikr mekunam ki oilai man khushbakt ast.
　　　我　觉得　　-我　家庭-E　我　　幸福　　是

我觉得我的家庭很幸福。

例(31)、例(32)塔吉克语句尾均有表"是"的系动词 budan,汉语用形容词直接充当谓语,不加"是",塔吉克斯坦学生在输出这两句话时常常出现与形容词谓语句相混淆的偏误。

汉语中有名词性谓语句,名词性词语直接充当谓语,不用加"是",塔吉克语用系动词 budan 的第三种类型 hast 辅助承担系词的功能。例如:

(33) Man bistu yak sola hastam.
　　　我　二十 一　岁　是-我

我二十一岁了。

（34）Mo tojikem.　　/ Mo tojik hastem.
　　　我们 塔吉克斯坦人-我们/ 我们 塔吉克斯坦人 是-我们
　　我们是塔吉克斯坦人。

例（33）塔吉克语必须加系词 budan，句义才完整。例（34）中，前一句塔吉克语常常用在口语中，可以不加系词 budan，后一句常用在书面形式中，这两句话没有语体以外的语义区别，汉语必须加"是"表示判断。塔吉克斯坦学生会在表达例（33）时误加"是"，而在表达例（34）时遗漏"是"，与名词性谓语句混淆。

塔吉克语用伊扎菲结构连接修饰语和中心语，中心语加词尾 i。
（35）Ru ba rui khonai man maktab ast.
　　　对面-E 　家-E 　我　 学校　 是
　　我的家（的）对面是学校。

例（35）塔吉克语有两层伊扎菲结构，塔吉克斯坦学生将该句表达为"*我的家对面的是学校"是受塔吉克语负迁移的影响，将 Ru ba ru 和其后标记修饰关系的-i，直译成了"对面的"。

2."是"字句的复杂性

现代汉语"是"字句看似简单，却是非常复杂的句式。"是"的意义、作用、位置，以及"是"字句分类等问题学界仍在研究。如吕叔湘（1999）以"是"字为中心，根据"是"前后成分，尤其是后面的成分将"是"字句分为八大类；刘月华等（2001）将"是"字句分为"是"字句和"是……的"结构，再根据句式表达的意义对"是"字句做了划分。

"是"的使用还具有灵活性，在句子中可以放在句首，也可以放在句中、句末，有些句子"是"和"的"可以省略，但都是有条件限制的，尤其是"是"在口语中省略的规律很难把握，这种复杂性和灵活性导致学习者对很多句式和用法都不能完全理解。

（36）是他在比赛中得了第一名。
（37）我选择的是书画班。

例（36）是 S6"是＋小句"的正确句子，"是"在句子中表示强调。大多数学生都将该句判断为错误，改正的方法均是删去了"是"或改为"他在比赛中是得了第一名"，说明学生对该句式及"是"在句中表达强调的语义理解得不好。学生认为"是"在句首是错误的,这也导致学生出现了遗漏的偏误,使该句式成为高级水平学生学习"是"字句中偏误率最高的句式。

例(37)是 S2"的字短语+是+……"的正确句子,很多学生将该句判断为错误,并改为"*我选择的书画班""*我选择的班是书画"。究其原因为"是"的灵活使用,学生平时听到的口语中有很多省去了"是"。如"*这我第一次来中国"这样的偏误,都是在口语中常常省去"是"造成的。

3. 目的语负迁移

学生学习汉语过程中,不同类型"是"字句出现的顺序前后不一,简单的、容易掌握的出现得较早。随着学习不断深入,学生对先掌握的句式更加熟悉,使用时也容易避难就易、避繁就简,新学习的和较难的句式练习、使用得较少,因此学生在运用时容易将简单的语法规则泛化,或跟其他句式杂糅在一起造成偏误。例如:

(38)*我弟弟是17岁了。

(39)*图书馆里都上自习。

(40)*我是最喜欢的口语课。

例(38)是名词性谓语句。学生学习名词性谓语句时学习了"今天几号?/今天是几号?""今天阴天/今天是阴天"这类表示时间、日期、天气等的句子,既能用名词性谓语句说,也能用"是"字句说,既能加"是"也可以不用"是",例(38)是学生将这个规则泛化,造成了误加偏误。

例(39)缺少了"的",正确的句子应该是"图书馆里都是上自习的",属于 S8"主+是+……的(1)",但学生学习 S7"主+是+动词(短语)"较早,如"我的爱好是跑步"这样的句子,该句式的语法也较简单,因此学生在遇见"主+是+动词短语+的"这样的句子时,分不清这两个句式有什么区别,出现混用的情况,造成遗漏偏误。

例(40)的"是"放错了位置。初级阶段学生接触的都是较简单的句子,大多是人或物作主语,学生将这一特点泛化,看到句首的人称代词"我"就将其认定为主语,将谓语动词"是"放在主语之后造成错序偏误。

4. 外部因素影响

教材是学生学习汉语的依托，也是参考标准。"是"字句在教材中出现的时间较早，使用的频率也很高，但不同教材中"是"字句的范围并没有形成一个统一的界定标准。不同教材的编排顺序和语法点不太一样，教材对"是"字句只给出基本句式，出现特殊变换句式也不单独做讲解，造成学生对复杂句式掌握不好。

教师在教学过程中应该起主导作用。学生学习"是"字句时，不同句子中"是"的不同语义、不同句式的区别都需要教师进行对比和讲解。如果教师采取"蜻蜓点水"的教学方法一笔带过，导致学生对各类"是"字句的不理解、不重视，就会造成偏误。

语言环境是学生由学习转化为习得的重要影响因素。我们平常的口语由于有上下文语境，很多句子常常省略"是"或"的"，外国学生在跟中国人交流的过程中，便将这种口语形式当作了完全正确的例子，久而久之造成了偏误。

（二）教学建议

1. 加强语言对比，尽量减少已掌握语言的负迁移

塔吉克斯坦学生一般会两种语言，一种是第一语言塔吉克语，另一种是俄语，塔吉克斯坦学生习得"是"字句产生偏误主要是受塔吉克语影响。教师应对塔吉克语有一定的了解，在进行教学时加强汉语和塔吉克语之间的对比，找出两种语言之间的异同，提醒学生注意、理解并记忆，以减少塔吉克语负迁移导致的偏误。

给初级阶段学生讲解"是"字句，要专门提出与形容词谓语句的区别，并通过翻译具体句子讲解在塔吉克语形容词谓语句中有系动词 ast，而汉语不用"是"的区别。当学生出现"*我们塔吉克斯坦人"这样的偏误句时，老师也应该给学生讲解在汉语中这种句子需要有"是"。上文中提到的"*我今年是二十一岁了"，可以在学生出现这样的偏误后，有针对性地请塔吉克斯坦学生把这个句子用塔吉克语写在黑板上，再给学生对比，让学生一目了然，再进行仔细讲解。

2. 仔细讲解，多加强调

塔吉克斯坦学生常出现的偏误也受"是"字句本身的复杂性和灵活

性影响，这就要求教师在讲解"是"字句时，不能完全照搬教材，要根据学生的水平、各类"是"字句的难易程度、容易出现偏误的点来讲解。

初级水平的学生容易把名词性谓语句和"是"字句相混淆，教师在讲解时就要讲清二者的区别；中高级学生在"是"表强调的句式中偏误较多，教师就应该着重强调一下这几种句式的语义及用法，让学生更容易理解。教师更要考虑到"是"字句在口语和书面语中的区别，给学生讲解清楚，最好将学习者在这方面的错误收集起来，单个给予分析和讲解，这样效果会更好一些。

在出现"*我的家对面的是学校"这样的偏误时，教师可以讲解"*我的家对面的是学校"和正确的句子"我的家对面是学校"里有无"的"的区别，并反复强调容易出错的句子，使学生加强记忆，减少偏误。

3. 加强练习

任何语言点的学习都需要不断地练习、巩固，才能帮助学生将该知识点内化。学习"是"字句也是一样，只有通过大量的练习，学习者才能真正理解并掌握该语言点，做到举一反三、触类旁通。

有些教材课文练习很少，教师也就减少了课后练习，甚至有时候为了赶进度而忽视练习。这样做容易使学习者对所学知识点一知半解、含糊不清，造成学习者使用汉语的偏误。因此，教师要高度重视练习的作用，精心设计练习，提高新学习句式的复现率。例如，在课堂上让学生造句就是一种很好的练习方式，教师讲解"是"字表强调的句式时，教师先举例，然后鼓励学生造句，学生自己思考，有助于学生理解、掌握。

六、结语

现代汉语"是"字句的使用频率很高。本研究在前人理论研究成果和中介语理论的指导下，运用偏误分析理论，结合自建的"塔吉克斯坦学生汉语中介语语料库"并使用问卷调查方法，对塔吉克斯坦学生习得"是"字句的偏误情况进行了详细、全面的分析，总结了偏误原因，对"是"字句的教学提出了建议，希望能够对塔吉克斯坦学生习得"是"字句有所帮助。

本研究的创新之处在于以汉语、塔吉克语"是"字句构成比较为基础，通过分析塔吉克语找出了由第一语言迁移造成的偏误，发现了"与其他句式混淆"这种有特点的偏误类型。

本研究有一定不足，调查问卷设计不够完善，语料库中不同汉语水平等级的语料数量不均衡，提出的教学建议需要进一步研究和探索。

附录

塔吉克斯坦学生"是"字句习得测试卷

姓名：_____ 班级：_____ 年龄：_____
你学汉语多长时间了？_____ 你通过了 HSK 几级？_____

一、选择题（每题 3 分）

1. 下面句子正确的是（　　　）
   A. 我们塔吉克斯坦人。　　　　B. 我们是塔吉克斯坦人。
   C. 我们都塔吉克斯坦人。　　　D. 我们塔吉克斯坦人的。

2. （　　）是我的朋友。
   A. 穿红色衣服的　　　　　　　B. 红色衣服穿的
   C. 穿红色衣服　　　　　　　　D. 穿的红色衣服

3. 我这才体会到家人对我来说（　　　）。
   A. 是重要的　　　　　　　　　B. 是多么重要的
   C. 是重要了　　　　　　　　　D. 是重要

4. 老师批评我了，不过我知道她是（　　　），所以我不怪她。
   A. 好　　　　B. 好我　　　　C. 为我好　　　　D. 为我的

5. 让人高兴的（　　　）。
   A. 是小明通过考试　　　　　　B. 小明通过考试
   C. 是小明通过了考试　　　　　D. 小明通过了考试

6. 不是陈老师，（　　　）李老师教我们汉语口语。
   A. 是　　　　B. \　　　　C. 是的　　　　D. 而

7. 今天下午,他的任务是(　　)。
A. 干净　　　　　　　　B. 打扫卫生
C. 打扫干净　　　　　　D. 他打扫

8. 我今年(　　)20 岁了。
A. 是　　　B. 不　　　　C. /　　　　　D. 没

9. A:(　　) B:我是去年来的。
A. 你是什么时候来中国的?　　B. 什么时候你来中国的?
C. 什么时候你是来中国的?　　D. 你是什么时候来中国?

10. A:你的包里_____东西吗?（有/是）

B:_____。　　　　　　　　（有/是）

A:_____什么东西?　　　　（有/是）

B:_____三本书。　　　　　（有/是）

二、把"是"放在合适的位置。（每题 5 分）

例如:他（A）一个（B）好老师（C）。　A

1. 北京（A）一个美丽的（B）城市（C）。

2. （A）我（B）最喜欢的（C）口语课。

3. 我的（A）愿望（B）当医生（C）。

4. 我们（A）来中国（B）为了学习汉语（C）。

5. （A）这件衣服（B）红色的（C）。

6. 这（A）我（B）第一次（C）吃中国菜。

7. （A）你的（B）手机（C）新的?

8. （A）我（B）骑自行车（C）来的。

三、判断题（每题 5 分）

例如:他老师。(×)　　　　　改:他是老师。
　　　他是我的朋友。(√)　　改:

1. A:你出生于哪一年?
　 B:我是出生于一九九一年。(　　)　改:

2. 我选择的是书画班。(　　)　　　　改:

3. 我爸爸妈妈都医生是。(　　)　　　改:

4. 这我第一次来中国。(　　)　　　　改:

5. 是他在比赛中得了第一名。(　　)　　改：
6. 这个演员是漂亮。(　　)　　改：

第二节　塔吉克斯坦学生汉语比较句习得研究

一、引言

(一) 研究缘由

汉语比较句一般包括比较主体、比较标记、比较基准和比较结果（结论项）四个部分，基本语序为：比较主体＋比较标记＋比较基准＋比较结果。自马建忠《马氏文通》起，有关汉语比较句的研究方兴未艾，比较句语序也成为语言共性与类型学研究中判断某种语言类型的参项之一。

比较句是对外汉语教学中的重点和难点，探究外国学生习得汉语比较句情况的论文其研究对象多来源于日本、韩国、泰国等，见表3-9。（肖小平，2004；刘峰，2004；胡亮节，2006；张蕾，2008；何莉，2009；伍丽，2011；石炜，2012；黄丽纹，2013；贾枭，2014）

表3-9　汉语比较句习得研究硕士论文的学生来源和研究句式

学生来源	比字句	一样句	有/没有	不如	像	越来越	更、最比较句
泰国学生	＋	＋	＋	＋	＋	＋	
秘鲁学生	＋	＋	＋	＋	＋	＋	＋
越南学生	＋	＋	＋	＋	＋	＋	＋
菲律宾学生	＋	＋		＋	＋	＋	
韩国学生	＋	＋					＋
越南和韩国	＋	＋	＋	＋	＋		
日本留学生	＋	＋				＋	
越南留学生	＋	＋	＋	＋	＋		
外国留学生	＋	＋	＋	＋	＋		

目前鲜有面向中亚语言环境，研究中亚留学生比较句习得情况的成

果。本研究以塔吉克斯坦学生输出的语料为研究对象，尝试结合类型学理论探讨塔吉克斯坦学生习得汉语比较句的情况。

（二）研究目的

本研究拟从语言类型学和跨语言角度描写塔吉克语表示比较意义的句式，确定其差比句的语序类型。在本体研究的基础上分析塔吉克斯坦学生习得汉语比较句的情况，与其他国家留学生习得该句式的情况进行了比较，并提出相应的教学建议。

（三）比较句研究综述

有关比较句的研究内容包括比较范畴研究、相关句式研究、类型学研究、习得研究等。

1. 比较范畴研究

《马氏文通》（1898）在"实字卷之三"的第八节"论比"中，首次完整地划分了比较语义的次类，即平比（如、若、犹、由）、差比（于）、极比（最、至、极、甚），这三个概念沿用至今，后人基本是在此基础上提出更多细化的类别。

赵金铭（2002a）最早运用认知语法理论建立汉语比较范畴，从语义和逻辑出发将比较范畴分为近似、等同、胜过和不及等四个次范畴。

刘焱（2004）建立了以语义为纲、以句式为载体、以语用为比较参照的比较系统，把比较范畴分为平比和差比，平比包括类同、相同和近似，差比分为不及、高出和极端。

许国萍（2005）按照原型范畴理论建立了现代汉语的比较范畴，使用类型学定义提出了比较结构的8个主要属性，确定了不属于比较范畴的一些句式，认为比较范畴内部大致可以分为平比和差比两个层次，差比可以分为极比、胜过和不及三类。

何元建（2010）分析了汉语比较句式的成分结构及比较句各句式之间的内在结构联系，认为汉语比较句有五种基本句式，即①"和/跟……比（较）/相比（较）"字句；②"有"字句；③"像"字句；④"比"字句；⑤"于"字句。其中前三种既可表示等比，也可表示差比；后两种只能表示差比。语义上，等比表示比较对象在性质、程度上相近或相等，差比表示对象在性质、程度上有所差异，并不相同或相似。句法上，差比句的形式变化比等比句复杂得多。

现有研究先从语义划分类别，再按语义对相应语法形式归类，没有形成统一的比较范畴分类。

2. 相关句式研究

比较句相关句式的研究主要围绕差比句比较项、比较项是否对称、结论项、否定形式等展开。

差比句比较项有相同的部分，又有相异的部分，同中见异、异中见同，才能有比较关系。刘焱（2004）认为选择比较项一般要受到语义强制性制约，语用、认知等因素也有促动作用，往往使得比较项的选择范围缩小或扩大。

比较句中比较主体和比较基准在句法上常常不是对称结构，甚至不是同一性质的句法结构，对此有省略、替换、比较点位置灵活等解释。朱德熙（1982）讨论了"N1（的）+N2+比+N3+VP""N1 的+N2+比+N3 的+（N2）+VP"两种格式的差别。刘月华等（2001）认为，比字句中"比"前后词语应该性质相同或者结构相同，省略以不产生歧义为标准，一般情况下是省略"比"后成分，即比较基准中的成分承前省略。刘慧英（1992）把比较项结构不对称的类型归成三类，一是句法类型一致，语义类型不一致；二是句法类型不一致，语义类型一致；三是句法类型和语义类型都不一致；并将导致不对称的原因归结为省略、任指、比喻、隐含。

对于结论项的研究结论基本一致，即能够充当比较句结论项的成分有限。任海波（1987）提出有 AP、VP、AV、NP 四类；史银妗（2003）认为有形容词成分、动词性成分和名词性成分。

张和友（2002）考察了两类表示程度差别的比较句"X 不比 YW""X 没有 YW"在意义和结构上的差别，认为第一类否定句在意义上有两种意义，源自相应的肯定句只有一种意义；第二类否定句只有一种意义，其语义单一性来自相应的肯定句有两种蕴涵义。从表层看，否定词是对句子结论项的否定，是一种狭域否定，实际上都是对整个命题的否定，是一种广域否定。

关于介词"比"，吕叔湘《现代汉语八百词》（1999）指出："比，介词,用于比较性状和程度。"可以用于两种不同事物的比较、同一事物前后不同时期比较等。邢福义(2002)把介词分为涉动介词和涉形介词,涉形介词主要用于表示比较的意义,最典型的是"比",此外还有"跟""同""和"等;涉形介词所构成的介词短语经常用来修饰形容词和形容词结构,也可以修饰某些跟"强弱、高低、多少"等意义有联系的动词结构。

汉语本体理论的深入研究是对外汉语教学理论发展的基础,对比较句各个构成成分进行深入的研究有利于我们深入地描写、解释此语言现象,探知语言现象背后的规律,也有利于汉语学习者全面、有效地习得比较句。

3. 类型学研究

格林伯格(Greenberg,1963)通过对30种语言的研究,提出了45条主要和语序有关的语法普遍现象;与形容词比较结构有关的第22条指出,当差比句的唯一语序或语序之一是"基准-形容词"时,该语言是后置词语言;如果唯一语序是"形容词-基准"时,大于偶然性的绝对优势可能是该语言为前置词语言。

汉语是前置词语言,同时汉语差比语序是"比较标记—基准—形容词"。格林伯格研究的30种语言不包括汉语,德赖尔(Dryer,2003)把类型学研究语种库扩大到逾900种,指出汉语是差比语序方面的唯一例外。

赵金铭(2002b)研究了现代汉语方言中的差比句,认为差比句从南到北分布为"A+结果+标记+B""A+结果+B""A+标记+结果+B""A+标记+B+(助)+结果""A+标记+B+结果",其变化越来越接近普通话,而且和汉语历史语法的发展相吻合。李蓝(2003)将现代汉语方言差比句归纳为八种基本语序类型,其中五种和赵金铭一样,只是在具体解释上有些不同。熊仲儒(2007)讨论了各种方言在功能范畴的语音实现上与现代汉语差比句存在的差异。此外,《湖北安陆方言的比较句》《山东潍坊方言的比较句》《江苏高邮方言的比较句》等论文描述了具体某种方言中的比较句。

汉语与其他语言比较句的对比研究,一般是先描述其他语言中表比较意义的表达形式,再与汉语的比较句进行对比分析,如《汉维比较句对比研究》《汉语与哈萨克语比较句研究的类型学视角》《汉藏语系语言差比句研究》，此外还有汉英、汉韩、汉日、汉法等的比较句对比研究。

4.习得研究

汉语比较句习得研究有考察外国留学生习得情况的，也有从国别和学习阶段的角度进行研究的，还有比较语法项目选取和排序问题、习得难度等级及习得顺序问题等研究。

陈珺、周小兵（2005）根据 5 个语法大纲选定 17 类比较句句式作为研究对象，通过分析语料确定了相关语法点的排序。赵金铭（2006）通过分析北京语言大学"汉语中介语语料库"中外国学习者差比句偏误，从语言类型学视野考察差比句偏误的类型学意义，探讨外国学习者汉语差比句偏误中所反映的语言共性问题。陈珺（2010）在考察相关语法大纲基础上选取现代汉语中有代表性的 22 个比较句句式，根据韩国留学生作文及口语语料比较句的使用频率和偏误，分析研究了汉语比较句语法项目的常用度和难易度。谢白羽（2011）从教学出发，在偏误分析基础上探讨了比较句的语序类型、不对称问题、量性特征、否定结构、主观性特征等相关问题，既深化了比较句的本体研究，又对教学有一定指导作用。

另有多篇硕士学位论文以某个国家学生为研究对象，通过语料库、调查问卷、日常作业获取基本数据，结合比较句本体研究成果，从句法、语义、语用层面总结偏误类型，并结合学生第一语言背景、学习策略、教师教学方法和教材存在不足等方面探求偏误原因并提出相应的教学对策。

（四）研究范围

本研究结合汉语比较句本体研究、对外汉语教材和塔吉克斯坦学生语料出现的比较句确定了研究范围，主要包括 5 个句式，即①"比"字句；②"更＋形容词"句；③"跟……一样"句；④"越来越"句；⑤"最＋形容词"句。

（五）研究方法

本研究首先对塔吉克斯坦学生语料采用统计分析法，分析每个句式的正确率与偏误率，运用语言对比法探讨学生偏误原因，然后根据自然语料的情况制作调查问卷，最后采用文献法将研究结论与其他国家学生汉语比较句习得情况进行对比，以期找出外国学生学习汉语比较句的共性。

(六) 自然语料来源

本研究自然语料来自"塔吉克斯坦学生汉语中介语语料库"和日常收集的塔吉克斯坦学生考试试卷, 语料文本共计 70000 字。

(七) 问卷调查

1. 问卷的设计

塔吉克斯坦学生语料共出现 63 个 "比" 字句, 包括 5 种句式, 据此设计了调查问卷。调查问卷共有 4 道大题, 20 个小题, 其中 "比" 字句有 7 个小题, "比" 字句否定有 3 个小题, "更" 字句有 1 个小题, "跟……一样" 句有 4 个小题, "越来越" 句有 3 个小题, "最" 字句有 2 个小题。

第一个题型为将括号里的词填在合适的位置上, 包括 5 个小题, 主要测试学生能否正确选择 "一点儿" "一样" "越来越" 以及数词充当结论项时的位置; 第二个题型是单项选择, 包括 8 个小题, 主要测试学生能否根据句式选用恰当的比较词; 第三个题型是连词成句, 考查学生掌握比较句各组成部分语序的情况; 第四个题型是用括号里的词完成句子, 考查学生根据具体语境完成比较句的情况。

2. 调查对象

参加调查问卷的学生主要来自新疆师范大学国际文化交流学院和塔吉克斯坦国立民族大学 (在表格中将简写为 "新师大国交院" "塔民大"), 分布情况详见表 3-10。调查共发放问卷 95 份, 回收 95 份, 其中有效问卷为 83 份, 有效率为 87.40%; 83 份有效问卷中 HSK 三级水平有 24 份, 四级水平有 41 份, 五级水平有 18 份。

表 3-10 参与调查问卷的学生分布情况

班级	三级/人	四级/人	五级/人
新师大国交院预科硕士 15-1	1	4	2
新师大国交院预科硕士 15-2	5	4	0
新师大国交院预科硕士 15-3	0	1	1
新师大国交院 A2 班	0	2	0
新师大国交院 A3 班	3	1	0
新师大国交院本科 12-3 班	0	0	1

续表

班级	三级/人	四级/人	五级/人
新师大国交院本科 13-2 班	0	0	1
新师大国交院华侨 14-1 班	5	0	0
新师大国交院华侨 14-3 班	1	4	0
新师大各专业学生	0	5	5
塔民大汉语-塔语专业四年级	3	5	3
塔民大汉语-计算机专业四年级	0	2	0
塔民大孔子学院	0	9	4
塔吉克斯坦彭吉肯特师范大学	6	4	1
总计	24	41	18

二、塔吉克语中的比较句

塔吉克语简单句为 SOV 后置词语言，其差比句语序符合格林伯格（Greenberg）的研究结论，即"基准-形容词"；比较词是 az、nisbat ba；形容词有原级、比较级和最高级三种形式。

（一）平比句构成

（1）这个桌子和那个桌子一样大。
　　In miz va on miz barobar ast.
　　　这 桌子 和 那 桌子　相同　　是
（2）今天和昨天一样热。
　　Imruz misli diruz garm ast.
　　　今天　　像　昨天　热　是
（3）我和你一样大。
　　Cinnu soli man misli tu kukhna ast.
　　　年龄 -E 我　 像　你　老　是
（4）我的分数和你的分数一样高。
　　Bahoi man misli tu baland ast.
　　　分数 -E 我　像　你　高　是
（5）你和我一样漂亮。
　　Tu misli man zebo hasted.
　　　你　像　我　漂亮是 -你

(6) 他和我一样高。

　　Vai misli man baland ast.
　　他　像　我　高　是

（二）差比句构成

塔吉克语差比句语序是"比较主体＋比较标记＋比较基准＋比较结果"，表示比较结果的形容词使用-tar比较级形式。

(7) 这个桌子比那个桌子大。

　　In miz az on miz kalontar ast.
　　这桌子 比 那桌子　大　　 是

(8) 今天比昨天热。

　　Imruz az diruz garmtar ast.
　　今天　比 昨天　热　　是

塔吉克语和汉语差比句语序一致，区别是形容词带比较标记-tar、句末有系动词。

当结论项里有数量词、表程度差异的副词时，塔吉克语是"数量词＋形容词比较级""程度副词＋形容词原级"，与汉语相反。

(9) 哥哥比弟弟大两岁。

　　Barodari kalon az barodari xurdi du sol kalontar ast.
　　兄弟　-E 大 比 兄弟 -E 小　两岁 大　　　是

(10) 她比我漂亮得多。

　　Vai nisbati man bisjor zebo ast.
　　她　比　　我　多　　漂亮 是

(11) 他比我高得多。

　　Vai az man hele baland ast.
　　他 比 我　非常　高　　是

塔吉克语否定差比句一般用句末系动词否定形式nest表示。

(12) 我的分数没有你的高。

　　Bahoi man az bahoi tu baland nest.
　　分数 -E 我 比 分数 -E 你 高　　不

（三）极比句构成

塔吉克语表示极比是在形容词后加最高级标记-tarin。

（13）杜尚别是塔吉克斯坦最大的城市。

Dushanbe kalontarin shahri Tojikiston ast.

杜尚别　　大-最　城市-E　塔吉克斯坦　是

（14）夏天是最热的季节。

Tobiston mavsimi garmtarin ast.

夏天　季节-E 热-最 是

塔吉克语还可以用 az hama 结构表示极比，可以理解为"比所有的……都"，这时形容词用原级形式。

（15）我们学校是最大的。

Maktabi mo az hama kalon ast.

学校-E 我们 比　所有　大　是

Maktabi mo kalontarin ast.

学校-E 我们 大-最 是

三、自然语料统计分析

塔吉克斯坦学生自然语料一共出现了 160 个比较句，其中"比"字句 63 个，"更＋形容词"句 11 个，"跟……一样"句 31 个，"越来越"句 27 个，"最"字句 28 个。

（一）"比"字句习得情况

自然语料"比"字句存在偏误的有 27 个，正确的有 36 个，偏误率为 43.00%；其中肯定句 62 个，否定句 1 个。塔吉克斯坦学生"比"字句没有出现基本结构的错误，学生掌握基本结构和语序较好，没有颠倒比较主体和比较客体语序的情况；偏误主要出现在结论项和比较客体。具体情况见表 3-11。

表 3-11 "比"字句偏误分布情况

偏误分布	误用程度副词	结论项补语错序	结论项其他偏误	比较基准省略不当、表述不清
句数	7	8	4	8

1. 程度副词的误用

以下 7 个句子均有误用程度副词"很""非常"的现象（有些句子还存在其他偏误）。

（16）*今天比昨天很热。（HSK 三级）

（17）*男的衣服比女的衣服很漂亮。（HSK 三级）

（18）*塔国的水果比中国很好吃。（HSK 四级）

（19）*她比较我很漂亮。（HSK 三级）

（20）*男的衣服比女的衣服很便宜的。（HSK 三级）

（21）*杨老师发音发得比以前的老师非常清楚。（HSK 四级）

单个形容词充当结论项是汉语比字句最基本的格式，程度副词误用有两方面原因。

其一，一般情况下汉语性质形容词作谓语需要在前面加"很"等程度副词标记，塔吉克斯坦学生早先习得了形容词谓语句"很/非常/特别＋形容词"，在学习比较句时套用该结构造成偏误。

其二，当两个比较项差异较大时，汉语差比句是在结论项形容词后加程度补语，如"今天比昨天热得多"，塔吉克语是在结论项形容词前加程度副词作状语，受塔吉克语这一语序负迁移影响学生造出偏误句，如"*今天比昨天很热"。

"比"字句程度副词偏误出现在 HSK 三级和四级水平的学生中，三级的偏误率高于四级的偏误率；五级水平的学生没有出现这样的偏误。

2. 结论项补语错序

（22）*这件衣服比那件三倍贵。（HSK 四级）

（23）*女孩比男孩一岁大。（HSK 三级）

（24）*他的眼睛比我的有点儿大。（HSK 三级）

（25）*租房子在郊区比市中心有点儿便宜。（HSK 三级）

与汉语相反，塔吉克语比较句结论项数量成分置于形容词前，受塔吉克语语序负迁移影响，学生产生结论项补语错序偏误，这类偏误多在 HSK 三级水平的学生中出现，五级水平学生没有这种偏误。

"有点儿"是绝对程度副词，表示较小的程度量，一般用于形容词前作状语。例（24）、例（25）可以改为"他的眼睛比我的大一点儿""在郊区租房子比在市中心便宜一点儿";"一点儿"是不定量词,表示较小的、不确定的量,可以用于比较句结论项形容词后作补语。

3. 结论项中的其他偏误

(26)*从这幅图我们可以看出来,2008年正式场合西装比1998年同比增加了到57%。(HSK 五级)

这个句子是"A 比 B+增加类动词+数量补语"结构。"增加"类动词的宾语都是数量短语,表示数量的变化。"增加了"表示增长的过程量,"增长到"表示增长的结果,例(26)中只能选用其中一个,要么是"增加了57%",或者是"增长到57%"。

(27)*我开始比其他的学生起一个小时早看书。(HSK 五级)

这个句子是"A 比 B+多/少/早/晚+动词+数量补语"结构。"多、少"是表示数量的性质形容词,后加表数量的短语;"早、晚"是指示时间属性的性质形容词,后面加表时间的短语。该例由一般动词"起"充当结论项,可以改为"我开始比其他的学生早起一个小时看书"。

(28)*他们不管自己的年纪,他们的生活比我们年轻的人丰富多。(HSK 五级)

(29)*我在中国的生活条件比在我们国家的生活条件好得多了。(HSK 五级)

这两个比较句的结论项应该是"形容词+得+多(丰富得多)""形容词+多+了(丰富多了)""形容词+很+多(丰富很多)"。该结构中"多"是表量的特殊形容词,用在"比"字句中主要表示程度差异大。

以上四例均出现在五级水平学生试卷中,说明学生在这个阶段已经掌握汉语"比"字句的基本结构,但表述复杂结论项时仍存在偏误。

4. 比较基准省略不当、表述不清

(30)*他的衣服比我贵两倍。(HSK 四级)

(31)*他的衣服比我一倍贵。(HSK 三级)

(32)*塔吉克斯坦的水果比中国很好吃。(HSK 四级)

(33)*他们的价格比我们便宜多得多。(HSK 三级)

(34)*俄罗斯比全部国家大。(HSK 三级)

(35)*你们为了我付出了多少,我都会还给你们比这个还多。(HSK 四级)

(36)*我比别的课好学习汉语。(HSK 三级)

两个比较项中心语相同、修饰限定语不同时,比较基准部分表领属关系的偏正结构可以省略中心语,但必须保留表示领属关系转指意义的助词"的",例(30)~例(33)遗漏了助词"的"造成偏误。

例(34)是受塔吉克语表示极比的结构 az hama 影响造成的偏误。

一般的,两个对等的东西才能比较,充当比较对象的两个比较项在语义上应该属于同一范畴,在句法上应该前后保持一致。例(35)和例(36)两个句子的比较项不一致,应该修改为"我的回报会比你们的付出多""我学习汉语比别的课学得好"。

(二)"更"字句习得情况

"更+形容词"结构存在一个"已经很……了"的预设,随着前面条件或时间的变化,后续结果在原有程度上有所加深。自然语料出现的 11 个"更"字句全部为使用正确的习得句,说明塔吉克斯坦学生对这一句式的掌握情况较好。

(三)"跟……一样"句习得情况

"跟……一样"句表示等比,"跟"可以用"和""与""同"代替,"一样"可用"相同""相似""差不多"等,表示相比的事物在某方面的异同。塔吉克斯坦学生使用"跟……一样"句偏误主要是比较项表述不当。

(37)*但是我希望将来塔吉克斯坦的和中国的经济一样高。(HSK 四级)

(38)*那是我第一次看到中国人,也是第一次只知道中国人和我们的不一样。(HSK 四级)

(39)*迪拜的菜也是跟我们一样。但是说话不一样。(HSK 四级)

(40)*我把老师像自己的父亲一样尊重。(HSK 四级)

例(37)应该改为"塔吉克斯坦的经济水平和中国的一样高",比较句一般是比较前项出现完整的短语,比较后项省略与比较前项相同的中心语。

例(38)应该改为"中国人和我们不一样",比较的对象是"人",人称代词"我们"后面不需要助词"的";例(39)刚好相反,比较的对象是"菜",比较后项省略中心语时应保留助词"的"。

例（40）应该改为"我像尊敬自己的父亲一样尊敬老师"，该例偏误受塔吉克语语序负迁移影响。其中"像尊敬自己的父亲一样作状语，"后加动词短语。

（41）我像尊敬自己的父亲一样尊敬老师。

　　Man muallimro misili padaram ekhtirom mekunam.
　　我　老师　-P把　像　父亲 -我　尊重　　　做 -我

这几个句子均出现在四级水平学生的语料中，说明这一阶段学生已经开始使用"跟……一样"句，但还没有很好地掌握。

（四）"越来越"句习得情况

"越来越"句表示人或者事物的数量、程度、范围等随着时间推移或事物发展而产生的变化，是同一个事物在不同时段内、不同条件下的比较，用比较主体的现在情况和过去情况进行比较。

1. 误用"越来越"

（42）*气候越来越变化了。（HSK 三级）

（43）*在塔吉克住，他开车越来越。（HSK 三级）

（44）*今天的天气越来越冷了。（HSK 三级）

（45）*昨天的天气越来越。（HSK 三级）

使用"越来越"句要注意句子中时间跨度、条件变化等表现变化的情景。从上述四例偏误句可以看出三级水平的学生没有掌握"越来越"的使用条件。

例（42）、例（43）"越来越"后应该出现变化结果，改为"气候变得越来越热""在塔吉克斯坦住，他开车越来越好"；例（44）、例（45）"今天""昨天"没有时间跨度，不能用来说明天气变化的情况。

2. "越来越"结构位置有误

（46）*在我们的班越来越学生多。（HSK 三级）

（47）*我学习汉语八个月，所以我觉得现在我写汉字越来越好。（HSK 三级）

"越来越"一般放在主语后，作谓语部分的状语，例（46）应该改为"我们班的学生越来越多"；"越来越 X"结构可以作补语，例（47）应该改为"我的汉字写得越来越好"。

（五）"最"字句习得情况

语料中 28 个"最"字句，有 3 个句子存在偏误。

（48）*国家最大在世界上是俄罗斯。（HSK 三级）

这个句子应改为"俄罗斯是世界上最大的国家"或者"世界上最大的国家是俄罗斯"。

（49）*她是一个最漂亮的女人。（HSK 四级）

"最"用于极比，蕴含了程度最深、唯一的意义，语义上与"一个"冲突，这个句子应改为"她是最漂亮的女人"。

（50）*那时候是我是最开开心心的时间。（HSK 四级）

"最"后面应加性质形容词，状态形容词"开开心心"说明了"开心"达到了一定程度，不能用于极比句，应该改为"那时候是我最开心的时间"。

四、调查问卷统计分析

（一）"比"字句调查结果及分析

问卷中共有 10 个小题考查"比"字句，数据统计与整理情况见表 3-12。

表 3-12 "比"字句调查数据统计　　　　　　单位：%

序号	题号	考察点	级别					
			三级		四级		五级	
			正确率	偏误率	正确率	偏误率	正确率	偏误率
1	一（1）	"一点儿"的位置	20.80	79.20	46.30	53.70	61.10	38.90
2	一（3）	数量补语的位置	66.70	33.30	73.10	26.90	100.00	0.00
3	二（3）	比较词的选择	87.50	12.50	97.60	2.40	100.00	0.00
4	二（5）	比较项的省略	66.70	33.30	65.90	34.10	88.90	11.10
5	二（7）	结论项的语序	16.70	83.30	48.80	51.20	72.20	27.80
6	三（1）	比较句语序	91.70	8.30	78.00	22.00	94.40	5.60
7	四（1）	比较句的使用	87.50	12.50	95.10	4.90	94.40	5.60
8	二（8）	否定比较句的选用	25.00	75.00	36.60	63.40	32.20	67.80
9	四（2）	否定比较句的使用	20.80	79.20	22.00	78.00	27.80	72.20
10	四（3）	否定比较句	65.00	35.00	70.70	29.30	76.70	23.30

根据上表横向对比可知，测试题正确率总体来看随着学生汉语水平的提高而上升。有两个小题异常，分析如下。

三（1）连词成句，考查学生输出比较句的语序。四级水平的学生出现了一些三级和五级水平的学生都没有出现的答案，导致正确率下降很多，说明这一阶段学生最容易把"比"字句与其他句式相混淆。

二（8）否定比较句的选用，考查学生使用否定比较句时对否定词选择及语序的掌握情况。"比"字句的否定形式比较复杂，塔吉克斯坦学生未掌握好该语法点，部分五级水平的学生错选"没有比"或者把否定词"不"置于形容词前面，说明四级、五级水平的学生还无法完全掌握这一语言点。

根据上表纵向对比可知，三级水平学生偏误率最高的是"结论项的语序"，其次是根据情境使用"比"字句否定形式。结论项语序偏误是初级阶段学生受塔吉克语负迁移影响对比较句补语的位置掌握不够好造成的，随着汉语水平提升学生该项偏误率逐渐降低。四级、五级水平偏误率最高的都是否定比较句的选用，学生知道限定条件内应该要使用比较句的否定形式，却不能正确表达。

"一点儿"的位置选择一题，各阶段学生都存在偏误；在自然语料中没有出现使用"一点儿"的句子，只有一个该用"一点儿"却用错了的句子。对比塔吉克语比较句，塔吉克语 kamtar（一点儿）置于形容词前面，如 kame balandtar（高一点儿）、kame beshtar（多一点儿），结合自然语料和问卷测试情况，可以看出塔吉克语负迁移是造成学生输出偏误的主要原因。

数量补语的位置选择一题，也是塔吉克语负迁移影响使得三级、四级水平学生出现偏误。随着汉语水平提升，五级水平学生不再出现这类偏误。

比较词的选择一题，个别三级、四级水平学生错选了"比较"，这是混淆了"比较"和"比"，五级水平学生没有这类偏误，自然语料也没有这样的偏误。

比较项的省略一题，各阶段学生均存在偏误，跟自然语料出现比较项省略不当的偏误表现一致。比较项如何省略是汉语比较句比较复杂的部分，需要向汉语学习者不断强调的是比较基准表领属关系的中心语可以省略，助词"的"不可以省略。

结论项的语序一题，对应自然语料句子"A 比 B＋多/少/早/晚＋动词＋数量补语"；相较数量补语位置选择一题，由于同时受结论项复杂度增加和塔吉克语负迁移影响，本题各阶段学生均有偏误。

比较句的使用一题，出现的偏误是学生混淆了比较主体和比较基准；自然语料没有这类偏误。

涉及否定比较句的三道题，各阶段学生都存在偏误。"比"字句的否定用"没有"，即"A 比 B W（形容词）"的否定句是"A 没有 B W（形容词）"；当表示反驳、强调时，可以说"不比"，即"A 不比 B W（形容词）"。由问卷数据可以看出，塔吉克斯坦学生出现"*没有比"否定偏误较多，另有"*A 比 B 不＋W（形容词）"这一由语序带来的否定偏误。

（二）"更"字句调查结果及分析

表 3-13 "更"字句调查数据统计　　　　　　单位：%

序号	题号	考察点	级别					
			三级		四级		五级	
			正确率	偏误率	正确率	偏误率	正确率	偏误率
11	二（6）	"更"字句	50.00	50.00	75.60	24.40	83.30	16.70

根据表 3-13 可知，随着汉语水平提升，学生掌握"更"字句的情况越来越好；出现的偏误选项是由被调学生混淆了程度副词"更"和"很"造成的。自然语料没有出现"更"字句偏误，但问卷数据反映出各阶段学生对"更"字句的掌握还有待提高。

（三）"一样"句调查结果及分析

表 3-14 "一样"句调查数据统计　　　　　　单位：%

序号	题号	考察点	级别					
			三级		四级		五级	
			正确率	偏误率	正确率	偏误率	正确率	偏误率
12	一（2）	"一样"的位置	66.70	33.30	63.40	36.60	88.90	11.10
13	一（5）	复杂比较项中"一样"的位置	50.00	50.00	83.00	17.00	100.00	0.00

续表

序号	题号	考察点	级别					
			三级		四级		五级	
			正确率	偏误率	正确率	偏误率	正确率	偏误率
14	二（1）	"跟"的选用	41.70	58.30	73.20	26.80	77.80	22.20
15	三（2）	"一样"句的语序	66.70	33.30	92.70	7.30	100.00	0.00

根据表3-14可知，三级水平学生偏误率最高的是"和""跟""与""同"的选择；由于不能正确区分"一样"句和"比"字句，当出现干扰项"比"时，三级水平学生多选择"比"，四级、五级水平学生较少受此干扰。

涉及"一样"句语序的3道题，三级水平学生偏误率较高，主要是把"一样"置于形容词后造成的偏误。

（四）"越来越"句调查结果及分析

表3-15 "越来越"句调查数据统计   单位：%

序号	题号	考察点	级别					
			三级		四级		五级	
			正确率	偏误率	正确率	偏误率	正确率	偏误率
16	一（4）	"越来越"的位置	91.70	8.30	87.80	12.20	100.00	0.00
17	二（2）	"越来越"后的形容词	91.70	8.30	100.00	0.00	100.00	0.00
18	三（3）	"越来越"句的语序	95.80	4.20	97.60	2.40	100.00	0.00

根据表3-15可知，各阶段学生掌握"越来越"句的情况都比较好。个别偏误主要是三级水平学生错将"越来越"置于形容词后造成的。

（五）"最"字句调查结果及分析

表3-16 "最"字句调查数据统计   单位：%

序号	题号	考察点	级别					
			三级		四级		五级	
			正确率	偏误率	正确率	偏误率	正确率	偏误率
19	二（4）	"最"的选择	83.30	16.60	92.70	7.30	94.40	5.60
20	三（4）	"最"字句的语序	91.70	8.30	83.00	17.00	100.00	0.00

根据表3-16可知，各阶段学生掌握"最"字句情况都较好。个别学

生不能正确区分"更"字句表差比、"最"字句表极比，造成错选"更"的偏误；另有三级、四级水平学生出现"最＋形容词"和中心语语序颠倒的偏误。

（六）小结

调查问卷数据与学生自然语料分析结论基本一致。问卷以自然语料为基础，考察了自然语料没有出现的现象和学生写作自觉回避的语法点。自然语料只出现一例否定句，问卷中有关"比"字句否定及应用的题偏误率都较高，说明学生掌握否定句情况不好，因而实际应用中自然而然地采用回避策略；自然语料没有句式杂糅偏误，问卷数据反映三级水平学生有"比"字句和"一样"句杂糅的现象；自然语料程度副词误用和错用情况较多，问卷同样反映各阶段学生都存在程度副词偏误。

对比其他国家学生习得汉语比较句的情况，在偏误类型一致条件下，出现的偏误受学生第一语言影响存在一些差别。比如，"结论项错序"类型有两种情况，其一是整个比较结果置于比较标记前，其二是结论项中精确数量补语置于动词或形容词前；塔吉克斯坦学生输出语料没有第一种错序，而第二种错序普遍存在，属于汉语习得共性偏误。这样便可以做出教学预测，加强精确数量补语语序教学，并进一步探讨教学方法。

五、偏误成因及教学对策

（一）偏误成因

《汉语教程》第二册第一课"比"字句语言点明确说明，在"比"字句里，如果谓语是形容词，那么形容词前不能使用"很、真、非常"等副词，"比"的否定是"没有"，不是"不比"，"不比"在否定或反驳对方的话时才用；同时，教材设置了相应的练习题。根据语料和问卷数据可以看出，学生并没有很好地掌握这两点。即便学生能够完成相关教材语言点的学习和相应的练习，若不能真正理解其中的原因和使用条件，在后续学习和实际应用过程中仍会出现偏误。

汉语比较句构成复杂，外国学生学好比较句有一定的难度。对塔吉克斯坦学生来说，汉语和塔吉克语比较句的构成和基本语序一致，但汉语比较句结论项精确数量补语置于形容词后、比较句否定形式复杂，以及比较项省略与对称等问题仍会造成学生学习的困扰。

1. 第一语言负迁移

塔吉克语比较句的基本构成及语序和汉语比较句基本一致,塔吉克斯坦学生学习汉语比较句初期,塔吉克语会带来正迁移;当结论项出现精确数量补语,或者表示程度差异较大意义需要使用程度副词,或者使用比较句否定形式时又会产生负迁移。如很多学生认为"我的分数比你的高"的否定形式是"*我的分数没有比你高""*我的分数比你的不高",而不是"我的分数没有你高""我的分数不比你的高"。对比日本留学生汉语比较句习得研究论文的分析,日语比较句否定形式的否定词在句尾,塔吉克语比较句否定形式的否定词也在句尾,把"不"放在结论项的偏误都是由第一语言负迁移造成的。在初级、中级阶段,这类偏误较多;高级阶段学生可以明确区分第一语言和目的语之间语序的区别后,这类偏误发生率就会降低。

2. 目的语的过度泛化

汉语比较句中程度副词误用是外国学生普遍存在的偏误。一般情况下光杆性质形容词不能作谓语,外国学生先习得了形容词前加标记"很"作谓语的用法,"她很漂亮"和"*她漂亮"这样的句子强化了学生形容词前加程度副词的观念。在学习比较句时直接套用,在结论项形容词前也加上程度副词,造成偏误。

(二)教学对策

1. 针对教师的教学策略

首先,适当使用语言对比分析。

对比汉语和塔吉克语比较句,基本构成语序相同,即"比较主体+比较标记+比较基准+比较结果";当结论项是"形容词+精确数量补语""形容词+模糊数量补语"时,两种语言语序相反。教师讲解要详略得当,相同的语序略讲,不同的语序要详细讲解。

充分进行语内对比。学习"A 比 BW(形容词)"基本"比"字句时,要明确不能使用"很、非常、特别"等程度副词,与必须出现程度副词的形容词谓语句做充分对比,并反复强调加深记忆。

其次,全面掌握有关比较句的疑难点。

教师要全面理解比较句重难点,预测学生可能会出现的偏误,并在教学过程中实施监控与调整。如初级阶段要反复强调比较结果前不能使用程度副词，当表达两个比较对象差异较大时，在结论项使用"形容词＋模糊数量补语"结构（"她比我漂亮得多"或者"她比我漂亮一点儿"）；到了中高级阶段可以进一步解释，比较句强调结果，比较结果已有明确性和受限性，不能再使用程度副词确定比较结果程度。偏误句"*她比我很漂亮"存在两个定性，一个是"她很漂亮"，另一个是"她比我漂亮"，同一个句子不能同时表达这两个定性。

最后，对于结论项精确数量补语的位置问题，初级阶段充分对比塔吉克语和汉语精确数量词语的语序，反复强调不同；中高级阶段向学生说明，在比较两个对象时，汉语一般直接说出比较结果（"我比你大"），如要明确具体比较差距，则在比较结果后面继续说明（"我比你大两岁"）。

2. 针对学生的学习策略

首先，正确看待偏误。二语学习偏误是正常现象，会随着学习水平的提高而消失。如初级阶段学习过程出现的"比"字句和"一样"句比较句杂糅问题，中高级阶段学生能理解句式之间的区别后就不会出现了。

其次，汉语比较句构成复杂，但有规律可循。如程度副词误用偏误、结论项中补语位置偏误问题在外国学生中普遍存在，但有针对性地矫正程度副词"很、非常"的泛化使用就可以减少类似偏误。

最后，在教师指导下有意识地注意第一语言和汉语的区别。如在汉语、塔吉克语"比"字句基本结构一致的情况下，要明确两种语言"比"字句结论项数量补语的位置相反这个不同之处。

六、结语

比较句是对外汉语教学中的重难点。本研究依据二语习得理论和偏误分析理论，以塔吉克斯坦学生自然语料和问卷调查语料为研究对象和内容，探讨塔吉克斯坦学生学习汉语比较句存在的偏误类型，分析偏误原因，与其他国家留学生习得汉语比较句的情况做对比，发现其中共同之处，并提出相应的教学对策。

本研究的创新之处在于详细描写了塔吉克语比较句的构成及语序，通过对比发现汉语比较句与塔吉克语比较句的异同之处，在偏误原因分析中具体阐明塔吉克语负迁移的表现。本研究的对象为塔吉克斯坦学生，不同于其他国别学生，希望能够对塔吉克斯坦学生学习汉语比较句有所帮助，能够对汉语比较句的教学有所裨益。

本研究受自然语料所限未能更加全面地分析塔吉克斯坦学生汉语比较句习得的情况，问卷调查涉及的学生汉语水平分布也不够均衡，因此存在一定不足，希望今后能继续进行研究和探索。

附录

塔吉克斯坦学生习得汉语比较句调查问卷

亲爱的同学：

你好！此问卷旨在进一步调查塔吉克斯坦学生学习汉语比较句的情况，调查数据仅用于本研究。请大家认真、独立完成下面的题目。非常感谢大家的帮助！

HSK 水平_____　　　　学习汉语时间：

一、选择题（将括号里的词填在合适的位置上）

1. 杜尚别的夏天比新疆的夏天__A__热__B__。（一点儿）

2. 她和我__A__高__B__。（一样）

3. 哥哥比弟弟__A__大__B__。（两岁）

4. 我们班__A__学生__B__多__C__。（越来越）

5. 去图书馆__A__跟去操场__B__远__C__。（一样）

二、单项选择题

1. 这个手机____那个手机一样贵。

　　A. 比　　　　B. 有　　　　C. /　　　　D. 跟

2. 参加 HSK 的人越来越____。

　　A. 很多　　　B. 非常多　　C. 多　　　　D. 更多

3. 姐姐____我漂亮。

　　A. 比较　　　B. 比　　　　C. 和　　　　D. 跟

4. 俄罗斯是世界上面积____大的国家。

　　A. 更　　　　B. 一样　　　C. 最　　　　D. 特别

5. 姐姐的衣服比＿＿＿漂亮。
   A. 我　　　　　B. 我的　　　　C. 我衣服　　　D. /
6. 这朵花比那朵＿＿＿漂亮。
   A. 最　　　　　B. 更　　　　　C. 很　　　　　D. 非常
7. 怪不得他考得比我好，原来他比我。
   A. 多一年汉语学了　　　　　B. 一年多学了汉语
   C. 多学了一年汉语　　　　　D. 多学一年汉语了
8. 我一米七，你也一米七，我＿＿①＿＿比你＿＿②＿＿高。
   A. ① 不 ② /　　B. ① 没有 ② /　　C. ① / ② 不　　D. ① / ② 没有

三、连词成句

1. 喜欢　我　她　比　音乐　更
2. 一样　长得　妹妹　跟　漂亮　姐姐
3. 汉字　越来越　他的　写得　好
4. 最　学生　的　优秀　是　他　我们班

四、用括号里的词完成句子

1. 弟弟一米八，我一米七，＿＿＿＿＿＿＿＿＿＿＿＿＿＿＿＿＿。
   （我 弟弟 个子 的 比 高）
2. 你考了90分，我考了92分，＿＿＿＿＿＿＿＿＿＿＿＿＿＿＿＿＿。
   （我 你 的 成绩 比 不 低）
3. 你考了90分，我考了92分，＿＿＿＿＿＿＿＿＿＿＿＿＿＿＿＿＿。
   （我 你 的 成绩 没有 高）

第三节　塔吉克斯坦学生汉语否定结构习得研究

一、引言

（一）研究缘由

在人与人的语言交际过程中，否定结构是非常重要的表达方式，否定词是否定结构的语法标记。汉语否定词包括"不、没(有)、别、甭、未曾、无、未、勿"等,在现代汉语中"不"和"没(有)"的使用最为频繁,其他否定词都可以用"不"和"没(有)"代替,例如"别"是"不要"的合音,"未"可以用"没(有)"代替。石毓智(2001)指出,"'没'的出现和发展是否定词系统变化的一个纲,它的产生和发展导致了'无、未、不曾、未曾'等一批否定标记的消失,最后形成了现代汉语否定标记系统中'没'和'不'二分天下的局面"。在收集作文和作业语料的过程中,我们发现涉及否定结构的塔吉克斯坦学生都使用"不"和"没(有)",命令和祈使语气都使用"不要",没有出现"别、勿"等。因此,本研究有关塔吉克斯坦学生否定结构的习得主要集中于否定词"不"和"没(有)"。

汉语否定结构复杂,使其成为外国学生习得的难点,也是外国学生容易出现偏误的语法点之一。现代汉语语法学界从不同角度揭示汉语否定句的规律,目前这些最新研究成果并没有很好地运用到对外汉语教学中,汉语否定结构教学对否定词"不"和"没(有)"的句法语义功能方面的区别没有给予重视,简单地总结为"没(有)"否定过去、"不"否定将来;学生判断否定结构,总是以时间词为准选择使用"不"还是"没(有)",遇到诸如句子"昨天,我是故意不来的""明年这个时候,我还没毕业呢"时就会产生"不"和"没(有)"混用的偏误。

关于外国学生汉语否定结构的习得已经有不少研究,主要以东南亚、日韩和欧美国家学生为研究对象,少有中亚国家学生。塔吉克语的否定结构一般为句末"на+谓词性成分",另用句末 нест 表示"不是/没有+名词"中的"不是/没有"。汉语否定词"不"和"没(有)"与塔吉克语否定成分存在多对一的关系,塔吉克斯坦学生容易出现使用偏误,值得进行研究。

(二)研究目的

本研究考查塔吉克斯坦学生习得汉语否定结构的情况,讨论分析初级、中级、高级水平学生习得 16 类汉语否定结构的顺序。通过整理问卷调查数据和中介语语料库中出现的偏误句,总结塔吉克斯坦学生习得汉语否定结构的偏误类型,分析产生偏误的原因,以期为塔吉克斯坦学生乃至其他国家学生的汉语学习提供参考。

（三）研究意义

1. 理论意义

本研究以塔吉克斯坦学生为研究对象，考查他们习得汉语否定结构过程中出现的偏误现象、类型、成因以及规律，有针对性地帮助塔吉克斯坦学生提高汉语水平，充实针对不同语言背景学习者习得汉语否定结构的研究。

2. 实际应用意义

改进针对塔吉克斯坦学生汉语否定结构教学的策略，提高课堂教学效率。

结合具体问卷数据和语料分析得出研究结论和教学建议，为塔吉克斯坦学生学习汉语否定结构提供参考。

本研究搜集整理的塔吉克斯坦学生汉语否定结构的习得偏误语料可以充实现有的汉语中介语语料库系统。

（四）理论来源

1. 对比分析理论

对比分析是在共时语言环境中对不同语言语音、词汇和语法等进行对比，揭示不同语言之间区别与联系的方法。肇始于20世纪40年代美国的第二语言教学对比分析理论，该理论认为语言教学应该建立在对第一语言和第二语言进行详细对比的基础之上。

对比分析的语言学基础是结构主义语言学，结构主义语言学注重对语言形式结构方面进行客观和静态的描写，基于此才有两种语言对比的物质基础。对比分析的心理学基础是迁移理论，语言是一种习惯，当学习者学习第二语言时，就会受到第一语言习惯的影响；对第二语言学习有促进作用的积极影响是正迁移，对第二语言学习起阻碍作用的消极影响是负迁移。

语言对比分析的操作程序大致分为以下四个步骤。（刘珣，2007）

描写，对目的语和学习者第一语言进行详细具体的描写，作为对比分析的基础；

选择，在两种语言之间选择有意义的语言结构进行对比；

对比，就已经选择语言结构进行对比，揭示两种语言之间的区别与联系；

预测，在对比基础上预测学习者习得第二语言过程中可能出现的难点以及产生的偏误。

2. 偏误分析理论

偏误分析是分析学习者在习得第二语言过程中出现的偏误，研究偏误产生的原因，揭示学习者中介语系统，以此来探寻第二语言习得的规律。盛行于 20 世纪 70 年代的偏误分析弥补了对比分析的局限，二语学习研究开始从语言对比转向学习者自身的语言系统，偏误分析能够使教师了解学习者掌握第二语言的程度，让研究人员了解学习者如何习得目的语，供学习者检验学习过程中做出的目的语规则假设。

偏误分析的理论基础是乔姆斯基的普遍语法假说，该理论认为二语习得是规则形成的过程，学习者在学习过程中对目的语规则做出假设，不断检验修正进而建构接近目的语规则的中介语系统。

偏误的来源主要有第一语言负迁移、目的语规则泛化、语用因素影响、学习策略和交际策略影响、学习环境影响等；偏误分析操作程序分为以下五个步骤。（刘珣，2007）

A. 搜集学习者口语和书面表达的语料；

B. 鉴别具体是哪方面的偏误，区分系统偏误和偶尔失误；

C. 偏误归类；

D. 揭示产生偏误的原因；

E. 评估偏误是否影响学习者正常交际。

（五）相关研究综述

1. 汉语否定结构本体研究

现代汉语语法学界从各种不同角度研究和分析了否定结构。有的主张从时间和动作状态角度区分否定标记"不"和"没（有）"。吕叔湘（1999）指出："'没（有）'用于客观叙述，限于指现在和过去，不能指将来；'不'用于主观意愿，可指过去、现在和将来；'不'可以用在所有的能愿动词之前，而'没（有）'只能用于'能、能够、肯、要和敢'等少数几个词的前面。"郭锐（1997）提出："区分过程与非过程在形式上是有依据的,否定词'不'和'没(有)'就是其区分形式上的依据。'不'是用来否定非过程成分,'没(有)'用来否定过程成分。"许建章(2004)认为,"否定副词'不'和'没(有)'同谓词成分的组合,首先要受到广义事态未然状态和已然状态的制约。未然状态下只能用'没'否定;已然状态下既可以用'没'否定,也可以有条件地用'不'否定"。

有的学者认为"不"和"没"主要是主观和客观的差别。朱德熙(1982)认为,"'不'加在表示动作的动词或词组前面往往是表示对某种愿望的否定(不愿意、不想、不肯)"。史锡尧(1995)认为,"'不'和'没(有)'在否定动作动词的时候,'不'是对说话人主观意愿的否定,并且是还没有发生的情况;而'没(有)'则是对客观情况的否定,并且是过去的情况"。白荃(2000)认为,"'不'和'没(有)'的差别主要体现在叙述的角度是客观的还是主观的,时间因素不是根本因素。'不'主要是对动作发出者做出的主观评价或者表达的主观意愿而做的否定,而且还可以否定事物本身的性质和自然界某些有规律的运动;而'没(有)'是对客观事实的否定,包括过去的经历,或动作的发生、进行和完成等"。

其他分辨"不"和"没(有)"研究还有:

李宇明(1999)探讨形容词否定,认为"'不'是对性质形容词的否定,'没(有)'是对形容词变化过程的否定,是动态的否定"。

聂仁发(2001)从语义特征角度进行分析,认为"不"是对活动、意愿和事物的性质的否定,"没(有)"是对活动的实现和变化的否定。

徐杰、李英哲(1993),袁毓林(2000)从信息论角度讨论了否定的辖域、焦点和预设等概念。

沈家煊(1995)、石毓智(2001)从"有界、无界""量连续、离散量"等认知语言学角度分析了"不"和"没(有)"的内在区别和使用规律。

2. 汉语否定结构习得偏误研究

袁毓林(2005a,2005b)从中介语语料库抽出包含"没有""不"的否定句,分析了句法、语义等不同类别的偏误,对偏误的原因做出简要说明,并给出相应的正确表达方式。

刘雍（2007）将"过程"与"非过程"理论运用于越南留学生习得"不"和"没有"的偏误分析，指出"混用""遗漏"是两种越南学生最容易出现的偏误类型。

马海玲（2010）结合中亚留学生口语和书面作业中的偏误语料，调查了初、中、高三个级别中亚留学生使用"不"和"没"的情况。

卢秀珍（2013）以学习汉语的韩国高中生作为调查对象，详细对比了汉语与韩语否定结构的异同点，根据测试卷总结出韩国高中生容易出现的偏误类型，深入分析产生偏误的原因，提出了具体可行的教学建议。

3. 汉语否定结构习得过程研究

王建勤（1997）从汉语中介语语料出发，概括出与"不"相关的10种否定结构、与"没"相关的4种否定结构，发现汉语否定结构习得过程有单一否定期、"不""没"混合期、以"没"泛化为主的偏执期、"不""没"分化整合期，得出否定结构习得过程有顺序的结论，提出否定结构教学应注重学习者内在习得顺序，针对不同学习阶段制定不同教学策略。

李英（2004，2009）运用"扩散理论"分析留学生否定结构习得情况，指出不同层次学习者都会出现"不"和"没"的混用，时间词和语块熟悉度是影响学习者习得过程中选择"不"和"没"的两种重要因素。

何山燕（2004）对调查搜集的语料进行定量统计，分析了泰国留学生汉语否定结构习得过程中的习得顺序、偏误类型以及产生偏误原因。

杨宏建（2007）以我国新疆哈萨克族学生为调查对象，通过对比汉语和哈萨克语否定结构的相同点和不同点，分析哈萨克族学生习得汉语否定结构的过程。

综上可知，汉语否定结构本体研究已经很深入，但学界目前还没有达成一种共识；本体研究成果没能很好地应用到对外汉语教学中，学生依然根据时间词不同、表示主观还是客观来选择使用否定词，选用失误时就会产生习得过程中的偏误。

（六）研究设计

1. 调查对象情况

本研究调查对象为新疆师范大学的塔吉克斯坦学生，共发放了85份测试卷，收回了68份，未答完题、答非所问以及非塔吉克语背景的视为无效问卷，最后得到有效问卷 63 份。

有效问卷被调分为初、中、高三个等级。HSK 三级以下或者 HSK 三级、学习汉语在半年到两年的为初级水平学生，共 26 份问卷；HSK 三级、学习时间为两年以上或者 HSK 级级的为中级水平学生，共 23 份问卷；HSK 五级以上为高级水平学生，共 14 份问卷。

2. 问卷设计

测试卷分为两个部分，第一部分是被试者基本情况，主要了解 HSK 等级、学习汉语时长以及被试者掌握语言等信息；第二部分是测试核心内容，主要分为选词填空、判断并改错、塔吉克语汉语翻译三类题，共 37 个小题。

3. 研究方法

3.1 相对频率统计法

本研究采取相对频率法统计测试结果。相对频率统计法是用某种否定结构在某个等级上正确使用的频次除以该否定结构出现的频次之和。这样可以避免语料分布不均造成无法随机等量抽样的难题，从而使数据具有可比性，提高数据的效度和信度。

我们预测，初、中、高某个等级某种否定结构的正确使用频率相对越高，这种否定结构就越容易习得、越早习得，反之则相对难以习得、较晚习得。

3.2 蕴含量表测量法

蕴含量表也叫哥特曼量表表示法，它结合个案研究的语言样本数据来观察第二语言学习者习得某些语言结构的顺序，施家炜（1998）利用准确率和蕴含量表等多种方法对外国留学生 22 类现代汉语句式的习得顺序进行了描写分析。

3.2.1 蕴含量表的制作过程

第一步，数据转换。

本研究根据正确率将塔吉克斯坦学生习得 16 类否定结构的数据转换成"1"或者"0"，"1"表示被试已习得此类结构，"0"表示被试未习得此类结构。转换的标准为 75.00%，即当每种否定结构正确率大于或者等于 75.00%的时候转换成数字"1"存入表格，表示此类结构已经"习得"；反之，当正确率小于75.00%的时候转换成数字"0"存入表格，表示此类结构没有"习得"。

第二步，建立矩阵。

矩阵中我们确定两个变量，Q表示否定结构类型，S表示被试者。对表格中完成转换的"0"和"1"数据进行排序后，计算每类否定结构（Q）"1"的数量总和，接着按照由小到大的顺序从左边向右边对否定结构进行排列；计算表格中每位被试者（S）的"1"的数量总和，按照从大到小的顺序从上往下对被试者进行排列，数量最多的被试者处于最上层，数量最少的被试者位于最下层，由此便完成了蕴含量表矩阵的建立。基于此，我们以16类否定结构和被试者为变量，分别建立了初级、中级和高级汉语水平塔吉克斯坦学生习得汉语否定结构的得分矩阵。

蕴含量表中的列表示的是16类否定结构，按照"1"的数量总和从左到右、由小到大进行排列，排序越靠右边的否定结构塔吉克斯坦学生习得的状况越好，反之，越靠左边的否定结构塔吉克斯坦学生习得的状况越差。蕴含量表中的行表示的是被试者及其每一类否定结构的习得状况，按照"1"的数量总和从上到下由大到小进行排列，排序越靠上边的表示塔吉克斯坦学生习得否定结构的种类越多，反之，越靠下边的表示塔吉克斯坦学生习得否定结构的种类越少。蕴含量表最后一行对每一列中的"0"和"1"进行统计，从而方便继续确定边缘值。

第三步，划分分界线。

蕴含量表矩阵建立后就是划分矩阵分界线。将具有相同总数"1"的被试分为一组（被试具体习得否定结构的类别可以不同），从蕴含量表右下方到左上方依次划出分界线。确定习得否定结构"1"最少的被试"1"的总数，从右往左数出该个数（"0"也算在内），再与下一列之间画一条竖线，然后从右往左数出倒数第二行"1"的总数，依此类推画至第一层被试者，然后用横线将所画竖线连接起来，每段横线都表示某个习得阶段。这时，蕴含量表呈现出一条从左上方到右下方的折线，即塔吉克斯坦学生16类否定结构习得与否的分水岭。折线右上方表示塔吉克斯坦学生已经习得的否定结构，折线左下方表示塔吉克斯坦学生尚未习得的否定结构，折线横向处于同一水平的，则处于相同的习得阶段。

第四步，统计偏误。

矩阵数据的理想模型为，折线左下方区域的否定结构都是"0"，折线右上方区域的否定结构都是"1"；违反矩阵理想模型的变量就是偏误，即折线左下方的"1"和折线右上方的"0"都是偏误，将这些偏误相加就是偏误总数。也就是说，我们以为被试者应该掌握的否定结构实际上他们并没有习得，我们以为被试者不应该掌握的否定结构实际上他们却习得了。蕴含量表的偏误总数与统计数据符合理想模型的程度呈负相关，偏误总数越大，蕴含量表模型越不理想；反之，偏误总数越小，蕴含量表模型越理想。

第五步，计算边缘值。

统计每一种否定结构"1"和"0"的数量，就会得到两组数据，一个是某类否定结构"0"的被试者总数，另一个是某类否定结构"1"的被试者总数；将每列中最大的数（不管是"0"的总数还是"1"的总数）相加，就可以计算出最大边缘值。

3.2.2 蕴含量表的可靠性检验

蕴含量表的有效性和可靠性，需要通过统计程序的检验。具体来说就是计算相关系数，即再生系数（coefficient of reproducibility）、最小边缘再生系数（minimum marginal reproducibility）和再生提高百分比（percent improvement in reproducibility），这些数据决定最后的关键数字"可测量性系数"（coefficient of scalability）。（吴继峰、王亚琼，2014）

再生系数（Crep），也叫可重复系数。该系数指导我们有多大把握能够根据被试者在蕴含量表中的等级来预测学生的实际表现；这个数值通常应接近或超过 0.9，越接近 1，那么预测的可靠性越大。计算方法为：

$$Crep = 1 - 偏误个数 / 被试人数 \times 测试项目数量$$

最小边缘再生系数（MMrep），也叫最小边界重复性系数。最小边界重复性系数是指，如果我们不考虑蕴含量表中的偏误，我们可以在多大程度上来预测被试者的实际情况。计算方法为：

$$MMrep = 最大边缘值 / 被试人数 \times 测试项目数量$$

可测量系数（Cscal），表示蕴含量表所建立的等级分级是可靠的、有效的，按照统计学知识，可测量系数一般要大于或者等于 0.6，我们才能对语言项目的习得顺序进行可靠真实的预测。计算方法为：

$$Cscal = (Crep-MMrep)/(1-MMrep)$$

二、汉语、塔吉克语否定结构成分对比分析

（一）名词的否定

（1）没有车我回不了家。

  Мошин нест ман наметавонам ба хона баргардам.

  车 没有 我 不- 会 向 家 回

（2）你（又）不是我妈，为什么管那么多事。

  Ту модари ман нести чаро ба корҳои ман дахолат кунед.

  你 妈妈-E 我 不是 为什么 事情-E 我 干涉 做-你

（3）小李现在不在，你二十分钟后再来。

  СиаоЛи ҳоло нест, баъд аз бист дакика боз биёед.

  小 李 现在 不在 后 自 二十 分钟 再来-你

汉语用"没（有）"否定名词，用"不"否定属性动词"是、像、包括、相符、等于"，否定持续体标记"在（V）"时用"没（有）"和"不"均可；塔吉克语这三类词语的否定都用否定词 нест。

（二）动词的否定

（4）我三天没吃饭了。

  Ман аллакай се руз хурок нахурдам.

  我 已经 三 天 饭 没-吃-我

（5）那家饭馆我再也不想去了。

  Ман дигар намехоҳам ба вай тарабхона равам.

  我 再 不-FUT-想-我 向 那 饭馆 去-我

（6）星期六他没有回家。

  Шанбе вай ба хона нарафтааст.

  星期六 他 向 家 没-回-PST-他

（7）星期六他不回家。

Шанбе вай ба хона намеравад.

<small>星期六　他　向　家　不-FUT-回-他</small>

塔吉克语否定动词使用"на＋动词"形式，用表示现在和将来的时间标记 ме 区分汉语"不"和"没（有）"，与 ме 共现的"на＋ме＋动词"对应"不"，"на＋动词＋过去时标记或者经历体标记"对应"没（有）"。

（三）形容词的否定

（8）汉语不难。

Забони Чини мушкил нест.

<small>语言 -E 中国 难 不是</small>

（9）汉语不太难学。

Забони Чини наонқадар мушкил аст.

<small>语言 -E 中国 不- 那么 难 是</small>

（10）苹果没熟，还要等几天。

Себ холо напухтааст, боз якчанд рузи дигар бояд сабр кард.

<small>苹果 现在 没- 熟， 还 几 天 再 要 等 做</small>

塔吉克语形容词否定句的构成一般是"性质形容词＋нест"；当句中有程度副词时否定形式是"на＋程度副词＋性质形容词＋аст"；"变化"义形容词的否定形式为"на＋形容词＋аст"。

（四）否定词与介宾短语的位置

（11）我没有给爸妈写过信。

Ман ба падару модарам мактуб навиштаам.

<small>我 给 爸 妈 -我 信 没- 写 -我</small>

（12）昨晚我没把作业做完就睡觉了。

Дируз шаб ман вазифаи хонагиамро пурра тайер накарда, хоб рафтам.

<small>昨天 晚上 我 作业 -E 家庭 -P 把 完全 准备 没- 做 睡觉 去</small>

汉语否定词一般位于介词短语之前，塔吉克语否定结构一般位于介词短语的后面。

对比汉语和塔吉克语否定结构，可以看出两种语言的否定词不是一一对应的关系，塔吉克语的否定表达中否定词 нест 和否定前缀 на-互补使用，显示出更多屈折语特征。

三、调查结果统计分析

（一）否定结构习得总体情况

通过统计分析 63 份测试卷，可以得到在初、中、高级汉语水平塔吉克斯坦学生习得 16 类汉语否定结构的偏误情况和正确使用情况；偏误情况表主要呈现塔吉克斯坦学生偏误的分布，正确使用情况表主要用来确定塔吉克斯坦学生汉语否定结构的习得顺序和习得阶段，详见表 3-17。

1. 学生整体偏误情况

表 3-17 塔吉克斯坦学生汉语否定结构偏误情况表　　单位：%

顺序	编号	否定结构	初级	中级	高级	平均偏误率
1	G1	不＋形容词	0.00	0.00	0.00	0.00
2	G9	没＋动结式结构	21.00	13.00	6.00	13.30
3	G3	不＋心理动词	27.00	17.00	0.00	14.70
4	G11	V＋得＋不＋形容词	21.00	9.00	23.00	17.70
5	G5	不＋能愿动词	23.00	20.00	23.00	22.00
6	G2	没＋形容词	31.00	30.00	10.00	23.70
7	G16	没……着/了/过	29.00	32.00	12.00	24.30
8	G8	没＋动作动词	43.00	30.00	23.00	32.00
9	G12	V＋不＋形容词	58.00	43.00	0.00	33.70
10	G7	不＋动作动词	40.00	41.00	32.00	37.70
11	G4	没＋心理动词	54.00	51.00	18.00	41.00
12	G14	不＋数量补语	46.00	39.00	46.00	43.70
13	G15	不……了	64.00	51.00	32.00	49.00
14	G13	没＋数量补语	50.00	70.00	28.00	49.30
15	G10	不＋动结式结构	63.00	67.00	58.00	62.70
16	G6	没＋能愿动词	85.00	91.00	82.00	86.00
		平均偏误率	40.94	37.75	24.56	

图 3-2 为总体平均偏误率柱状图，横轴表示 16 类汉语否定结构，分别用 G1～G16 表示；纵轴表示平均偏误率。

从图 3-2 中可以看出，16 类汉语否定结构平均偏误率的差别相对较大，偏误率最低的是 G1（不＋形容词），平均偏误率为 0，平均正确率为

100.00%，塔吉克斯坦学生一开始就已经习得了此类结构；偏误率最大的是 G6（没＋能愿动词），平均偏误率为 86.00%，平均正确率为 14.00%。

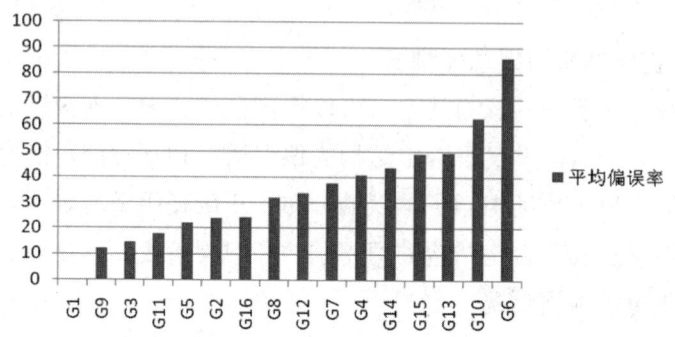

图 3-2　塔吉克斯坦学生习得 16 类汉语否定结构的平均偏误率（%）

平均偏误率在 50.00%以上的汉语否定结构有 2 个，即 G10（不＋动结式结构）和 G6（没＋能愿动词）；平均偏误率在 30.00%～50.00%的汉语否定结构有 7 个，是最集中的区间，分别是 G8（没＋动作动词）、G12（V＋不＋形容词）、G7（不＋动作动词）、G4（没＋心理动词）、G14（不＋数量补语）、G15（不……了）、G13（没＋数量补语）；平均偏误率在 10.00%～30.00%的汉语否定结构有 6 个，即 G9（没＋动结式结构）、G3（不＋心理动词）、G11（V＋得＋不＋形容词）、G5（不＋能愿动词）、G2（没＋形容词）、G16（没……着/了/过）。

图 3-3 为不同汉语水平学生的平均偏误率柱状图，横轴表示 16 类汉语否定结构，分别用 G1～G16 表示；纵轴表示平均偏误率，初、中、高级不同汉语水平的偏误率用不同颜色的条形呈现。

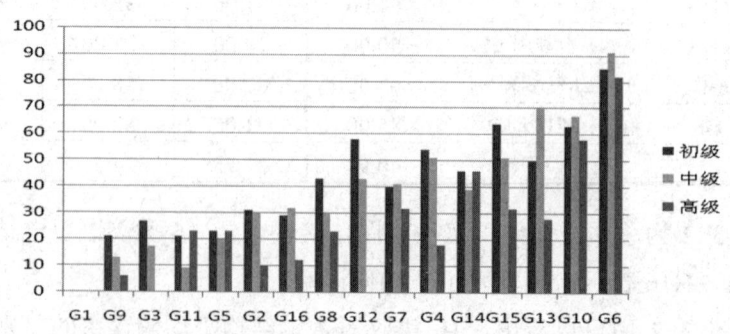

图 3-3　初、中、高级汉语水平塔吉克斯坦学生习得 16 类汉语否定结构的偏误率（%）

从图 3-3 可以看出，总体上塔吉克斯坦学生习得 16 类汉语否定结构的情况与他们的汉语水平程度呈正相关，平均偏误率随着汉语水平的提高而下降，初级水平的平均偏误率为 41.00%，中级水平的平均偏误率为 38.00%，高级水平的平均偏误率为 25.00%。

图中数据显示有几类否定结构习得水平跟学习者汉语水平呈非正相关状态。如 G11（V＋得＋不＋形容词），中级水平偏误率下降，高级水平偏误率高于初级水平，即高级水平＞初级水平＞中级水平；G5（不＋能愿动词）和 G14（不＋数量补语），中级水平偏误率下降，高级水平上升到与初级水平持平，即初级水平＝高级水平＞中级水平；G16（没……着/了/过）、G7（不＋动作动词）、G13（没＋数量补语）、G10（不＋动结式结构）、G6（没＋能愿动词），中级水平偏误率高于初级阶段，高级水平大幅下降，低于初级水平偏误率，即中级水平＞初级水平＞高级水平。后文将对产生这些不合常规现象的原因做部分探究。

2.学生整体正确使用情况

表 3-18　塔吉克斯坦学生汉语否定结构正确使用情况表　　　单位：%

顺序	编号	否定结构	初级	中级	高级	平均正确率
1	G1	不＋形容词	100.00	100.00	100.00	100.00
2	G9	没＋动结式结构	79.00	87.00	94.00	86.70
3	G3	不＋心理动词	73.00	83.00	100.00	85.30
4	G11	V＋得＋不＋形容词	79.00	91.00	77.00	82.30
5	G5	不＋能愿动词	77.00	80.00	77.00	78.00
6	G2	没＋形容词	69.00	70.00	90.00	76.30
7	G16	没……着/了/过	71.00	68.00	88.00	75.70
8	G8	没＋动作动词	57.00	70.00	77.00	68.00
9	G12	V＋不＋形容词	42.00	57.00	100.00	66.40
10	G7	不＋动作动词	60.00	59.00	68.00	62.30
11	G4	没＋心理动词	46.00	49.00	82.00	59.00
12	G14	不＋数量补语	54.00	61.00	54.00	56.30
13	G15	不……了	36.00	49.00	68.00	51.00
14	G13	没＋数量补语	50.00	30.00	72.00	50.70
15	G10	不＋动结式结构	37.00	33.00	42.00	37.30
16	G6	没＋能愿动词	15.00	9.00	18.00	14.00

对表 3-18 中 16 类汉语否定结构的数据进行整理排序，用折线图形式呈现出来，横轴表示 16 类否定结构，纵轴表示准确率，不同汉语水平否定结构准确率用三种颜色的折线表示。

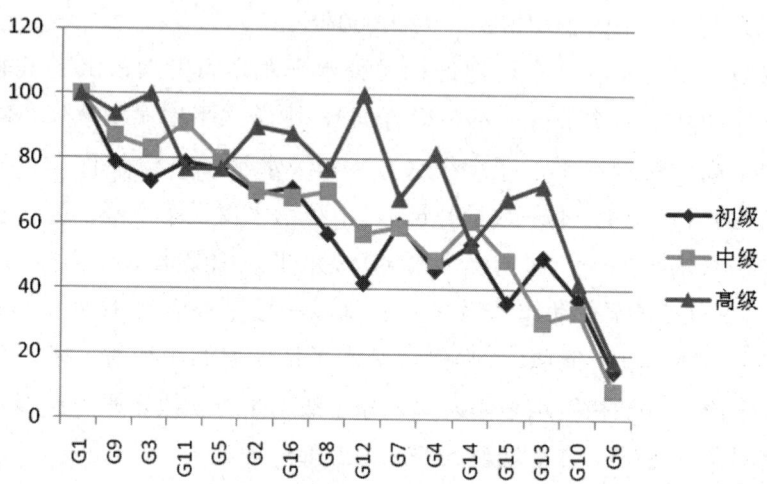

图 3-4　初、中、高级汉语水平塔吉克斯坦学生习得 16 类汉语否定结构的正确率（%）

通过图 3-4 可以看出，塔吉克斯坦学生习得 16 类汉语否定结构并非均质发展，有的否定结构的习得水平与学习者的汉语水平呈正相关，有的否定结构的习得水平与学习者的汉语水平并不是正相关。如 G12（V＋不＋形容词），初级水平的准确率为 42.00%，中级水平的准确率为 57.00%，高级水平的准确率为 100.00%，这就说明 G12（V＋不＋形容词）的习得水平与学习者的汉语水平是正相关的，中级水平的准确率比初级水平的准确率高 15.00%，高级水平的准确率比中级水平的准确率高 43.00%。依照王建勤（1997）否定结构习得过程四个过渡时期的理论，该结构在高级水平已经完全习得。而 G5（不＋能愿动词）、G14（不＋数量补语）、G10（不＋动结式结构）、G6（没＋能愿动词）等否定结构的习得水平与学习者的汉语水平不是正相关的关系。

由表 3-19 可以看出，随着学习者汉语水平的提高，有 8 类否定结构与之呈正相关；也有 8 类否定结构与学习者汉语水平并不是正相关，主要分为以下三种情况。

G5（不＋能愿动词）、G14（不＋数量补语），中级水平学习者准确率上升，高级水平准确率下降到与初级水平持平，即中级水平＞初级水平＝高级水平。

G11（V＋得＋不＋形容词），中级水平学习者准确率上升，高级水平准确率下降到低于初级水平，即中级水平＞初级水平＞高级水平。

G7（不＋动作动词）、G13（没＋数量补语）、G10（不＋动结式结构）、G6（没＋能愿动词），中级水平学习者准确率下降，高级水平准确率较大上升、超过初级水平，即高级水平＞初级水平＞中级水平。

表 3-19　否定结构习得水平与学习者汉语水平相关性统计表　　单位：%

		否定结构	初级	中级	高级
否定结构习得水平与学习者汉语水平呈正相关	G1	不＋形容词	100.00	100.00	100.00
	G9	没＋动结式结构	79.00	87.00	94.00
	G3	不＋心理动词	73.00	83.00	100.00
	G2	没＋形容词	69.00	70.00	90.00
	G8	没＋动作动词	57.00	70.00	77.00
	G12	V＋不＋形容词	42.00	57.00	100.00
	G4	没＋心理动词	46.00	49.00	82.00
	G15	不……了	36.00	49.00	68.00
否定结构习得水平与学习者汉语水平非正相关	G11	V＋得＋不＋形容词	79.00	91.00	77.00
	G5	不＋能愿动词	77.00	80.00	77.00
	G16	没……着/了/过	71.00	68.00	88.00
	G7	不＋动作动词	60.00	59.00	68.00
	G14	不＋数量补语	54.00	61.00	54.00
	G13	没＋数量补语	50.00	30.00	72.00
	G10	不＋动结式结构	37.00	33.00	42.00
	G6	没＋能愿动词	15.00	9.00	18.00

（二）16 类汉语否定结构的习得顺序

为了更全面了解塔吉克斯坦学生习得 16 类汉语否定结构的情况，根据初级、中级、高级不同汉语水平学生习得 16 类汉语否定结构正确使用频率分别进行排序，运用相对频率统计法和蕴含量表测量法，以正确使用频率顺序为主，用蕴含量表排序结果来验证正确频率排序的可靠性。冯丽萍、孙红娟（2010）指出，习得顺序的排列，是依据正确率直接排序还是采用蕴含量表,可以参考研究中样本的数量;当样本量比较小、个体差异较大时,适合使用蕴含量表测量的方法。

本研究拟从初、中、高三个等级汉语水平被试者中随机抽取 10 位的问卷进行蕴含量表排序,综合考虑这两种方法的排序结果,以期找出塔吉克斯坦学生 16 类汉语否定结构的习得顺序和习得阶段。

1. 初级水平塔吉克斯坦学生汉语否定结构习得顺序

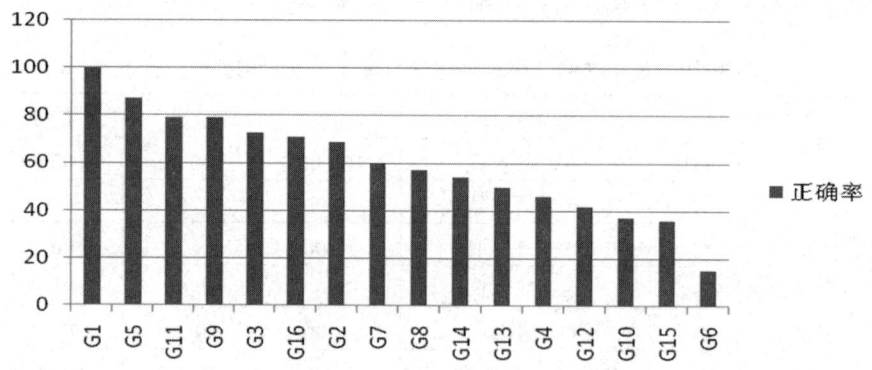

图 3-5　初级水平学生习得 16 类汉语否定结构正确率(%)顺序

由图 3-5 可知,初级水平塔吉克斯坦学生习得 16 类汉语否定结构的正确率排序为:

G1>G5>G11>G9>G3>G16>G2>G7>G8>G14>G13>G4>G12>G10>G15>G6

即:不+形容词>不+能愿动词>V+得+不+形容词>没+动结式结构>不+心理动词>没……着/了/过>没+形容词>不+动作动词>没+动作动词>不+数量补语>没+数量补语>没+心理动词>V+不+形容词>不+动结式结构>不……了>没+能愿动词

初级水平塔吉克斯坦学生习得 16 类汉语否定结构蕴含量表[①]呈现如下:

[①] 说明:S 代表被试者,G 代表否定结构类型,E 表示偏误个数,即折线左边 1 的个数和折线右边 0 的个数,C 表示正确的个数,T 表示 0 和 1 的个数,十位数字表示 0 的个数,个位数字表示 1 的个数。

	G10	G15	G6	G12	G8	G13	G4	G16	G14	G7	G2	G3	G9	G11	G5	G1
S4	1	1	1	1	1	1	0	1	0	1	1	1	1	1	1	1
S3	0	1	0	1	1	0	1	1	1	0	1	1	1	1	1	1
S5	0	0	0	1	1	1	1	1	1	0	1	1	1	1	1	1
S8	0	0	0	1	1	1	1	1	1	1	0	1	1	1	1	1
S10	0	0	0	0	0	1	1	0	1	1	1	1	1	1	1	1
S6	0	0	0	0	0	0	0	1	1	0	1	1	1	1	1	1
S1	0	0	0	0	0	0	0	1	1	1	1	1	1	1	1	1
S2	0	0	1	0	0	0	0	0	0	1	0	1	0	0	1	1
S7	0	0	0	1	0	0	0	0	0	0	0	1	0	1	1	1
S9	0	0	0	0	0	0	0	0	0	0	0	1	1	1	1	1
E	1	2	2	3	0	2	1	2	1	3	1	2	2	1	0	0
C	9	8	8	7	10	8	9	9	8	7	9	8	8	9	10	10
T	91	82	73	64	64	64	64	55	46	46	46	37	28	19	100	100

接下来计算蕴含量表各项指标系数，以此来检测蕴含量表排序的可靠性和有效性。

上表数据显示偏误个数为 23 个，计算再生系数为：

$$C_{rep} = 1 - 偏误个数/被试人数 \times 测试项目数量$$
$$= 1 - 23/10 \times 16 = 0.85625$$

该指标说明，我们有 85.63%的把握预测初级汉语水平塔吉克斯坦学生习得 16 类汉语否定结构的顺序规律。

上表数据显示最大边缘值为 115，因此，量表最小边缘重复性系数为：

$$MM_{rep} = 最大边缘值/被试人数 \times 测试项目数量$$
$$= 115/10 \times 16$$
$$= 0.71875$$

可以这样认为，如果忽略矩阵中的偏误情况，根据量表我们有 71.88%的把握预测初级汉语水平塔吉克斯坦学生习得 16 类汉语否定结构的顺序规律。

由上面两组数据可以得出量表的可测量性系数为：

$$\text{Cscal} = (\text{Crep-MMrep}) / (1-\text{MMrep})$$
$$= (0.85625-0.71875) / (1-0.71875) = 0.489$$

当可测量性系数超过 60.00% 的时候，蕴含量表才具有可靠的预测性，初级水平塔吉克斯坦学生习得 16 类汉语否定结构蕴含量表的系数 0.489<0.6，虽具有一定程度预测性，但不是非常可靠。

根据蕴含量表，我们得到初级水平塔吉克斯坦学生 16 类汉语否定结构的习得顺序为：

G1>G5>G11>G9>G3>G2>G7>G14>G16>G4>G13>G8>G12>G6>G15>G10

即：不＋形容词＞不＋能愿动词＞V＋得＋不＋形容词＞没＋动结式结构＞不＋心理动词＞没＋形容词＞不＋动作动词＞不＋数量补语＞没……着/了/过＞没＋心理动词＞没＋数量补语＞没＋动作动词＞V＋不＋形容词＞没＋能愿动词＞不……了＞不＋动结式结构

对比初级水平塔吉克斯坦学生 16 类汉语否定结构的正确率顺序和蕴含量表排序，可以看出二者顺序基本一致，差异主要体现在 G16（没……着/了/过）、G8（没＋动作动词）、G6（没＋能愿动词）、G10（不＋动结式结构）四类否定结构。本研究将习得标准定为 75.00%，G16 类测试题中否定词"没"和"着/了/过"有一道错误即被视为未习得，因而在蕴含量表中排序靠后；通过问卷统计发现，初级水平学生否定词"没"误用为否定词"不"的频率较高，G8（没＋动作动词）偏误率明显高于 G7（不＋动作动词）。鉴于初级水平学生蕴含量表不具备可靠的预测性，本研究以正确率排序作为初级水平塔吉克斯坦学生习得 16 类汉语否定结构的顺序，即：

G1>G5>G11>G9>G3>G16>G2>G7>G8>G14>G13>G4>G12>G10>G15>G6

2. 中级水平塔吉克斯坦学生汉语否定结构习得顺序

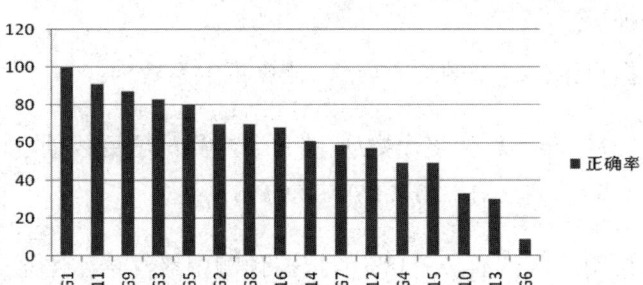

图 3-6 中级水平学生习得 16 类汉语否定结构正确率（%）顺序

由图 3-6 可知，中级水平塔吉克斯坦学生习得 16 类汉语否定结构的正确率排序为：

G1>G11>G9>G3>G5>G2＝G8>G16>G14>G7>G12>G4＝G15>G10>G13>G6

即：不＋形容词＞V＋得＋不＋形容词＞没＋动结式结构＞不＋心理动词＞不＋能愿动词＞没＋形容词＝没＋动作动词＞没……着/了/过＞不＋数量补语＞不＋动作动词＞V＋不＋形容词＞没＋心理动词＝不……了＞不＋动结式结构＞没＋数量补语＞没＋能愿动词

中级水平塔吉克斯坦学生习得 16 类汉语否定结构蕴含量表呈现如下：

	G10	G6	G15	G12	G13	G14	G7	G4	G16	G8	G2	G5	G3	G9	G11	G1
S5	1	0	1	1	1	1	1	1	1	1	1	1	1	1	1	1
S6	0	1	1	1	1	1	1	1	1	1	1	1	1	1	1	1
S8	0	1	1	1	1	1	1	1	1	1	0	1	1	1	1	1
S10	0	1	0	1	1	0	1	1	1	1	1	1	1	1	1	1
S1	0	0	1	1	1	1	1	0	1	0	1	1	1	1	1	1
S7	0	0	0	0	0	1	1	1	1	1	1	1	1	1	1	1
S3	0	0	0	0	1	0	0	1	1	1	1	1	1	1	1	1
S2	0	0	0	0	0	0	1	0	1	1	1	1	0	1	1	1
S9	0	0	0	0	0	0	0	0	1	0	1	1	1	1	1	1
S4	0	0	0	0	0	0	0	0	0	0	0	0	1	0	1	1
E	1	3	1	0	2	0	3	0	2	1	1	2	1	0	0	0
C	9	7	9	10	8	10	8	8	9	8	9	10	10	10	10	10
T	91	73	64	55	55	46	46	46	37	28	28	28	19	19	10	10

接下来计算蕴含量表各项指标系数，以此来检测蕴含量表排序的可靠性和有效性。

上表数据显示偏误个数为 17 个，计算再生系数为：

$$Crep=1-偏误个数/被试人数×测试项目数量$$
$$=1-17/10×16=0.89375$$

该指标说明，我们有 89.38%的把握预测中级汉语水平塔吉克斯坦学生习得 16 类汉语否定结构的顺序规律。

上表数据显示最大边缘值为 119，因此，量表最小边缘重复性系数为：

$$MMrep=最大边缘值/被试人数×测试项目数量=119/10×16=0.74375$$

可以这样认为，如果忽略矩阵中的偏误情况，根据量表我们有 74.38%的把握预测中级汉语水平塔吉克斯坦学生习得 16 类汉语否定结构的顺序规律。

由上面两组数据可以得出量表的可测量性系数为：

$$Cscal=(Crep-MMrep)/(1-MMrep)$$
$$=(0.89375-0.74375)/(1-0.74375)=0.585$$

中级水平塔吉克斯坦学生习得 16 类汉语否定结构蕴含量表的可测量性系数 0.585，接近 0.6，预测性具有一定可靠度。

根据蕴含量表，我们得到中级水平塔吉克斯坦学生 16 类汉语否定结构的习得顺序为：

G1>G11>G9>G3>G5>G2>G8>G16>G4>G7>G14>G13>G12>G15>G6>G10

即：不＋形容词>V＋得＋不＋形容词>没＋动结式结构>不＋心理动词>不＋能愿动词>没＋形容词>没＋动作动词>没……着/了/过>没＋心理动词>不＋动作动词>不＋数量补语>没＋数量补语>V＋不＋形容词>不……了>没＋能愿动词>不＋动结式语

对比中级水平塔吉克斯坦学生 16 类汉语否定结构的正确率顺序和蕴含量表排序，可以看出二者顺序基本一致，差异主要体现在 G4（没＋心理动词)、G13(没+数量补语)这两类否定结构。根据王建勤(1997)否定结构习得过程 4 个过渡时期的观点,中级水平外国学生习得否定词"没"后容易出现泛化使用,因此 G4(没+心理动词)和 G13(没+数量补语)的习得顺序应当相对靠前。同时,鉴于中级水平蕴含量表的预测性基本可靠,本研究以蕴含量表排序作为中级水平塔吉克斯坦学生习得 16 类汉语否定结构的顺序。

3. 高级水平塔吉克斯坦学生汉语否定结构习得顺序

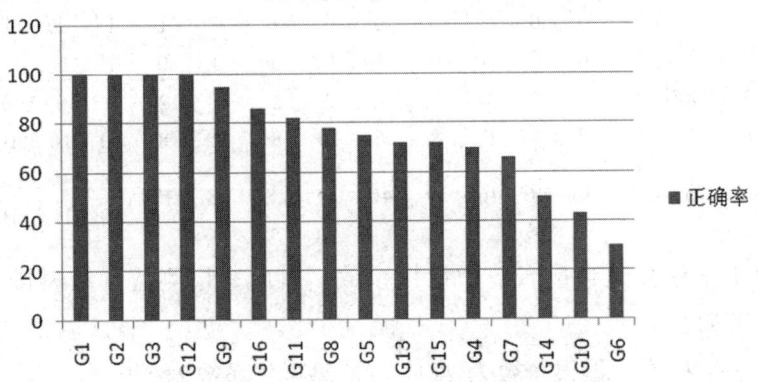

图 3-7　高级水平学生习得 16 类汉语否定结构正确率(%)顺序

由图 3-7 可知,高级水平塔吉克斯坦学生习得 16 类汉语否定结构的正确率排序为:

G1>G2>G3>G12>G9>G16>G11>G8>G5>G13>G15>G4>G7>G14>G10>G6

即:不+形容词>没+形容词>不+心理动词>V+不+形容词>没+动结式结构>没……着/了/过>V+得+不+形容词>没+动作动词>不+能愿动词>没+数量补语>不……了>没+心理动词>不+动作动词>不+数量补语>不+动结式结构>没+能愿动词

高级水平塔吉克斯坦学生习得 16 类汉语否定结构蕴含量表呈现如下:

	G10	G6	G14	G7	G4	G15	G13	G5	G16	G8	G11	G9	G12	G3	G2	G1
S2	1	0	1	1	1	1	1	1	1	1	1	1	1	1	1	1
S6	0	1	1	1	1	1	1	1	1	1	1	1	1	1	1	1
S4	1	1	1	1	1	1	0	1	1	1	0	1	1	1	1	1
S9	0	1	1	1	1	1	0	1	1	1	1	1	1	1	1	1
S3	0	0	1	0	1	1	1	1	1	1	1	1	1	1	1	1
S8	0	0	0	1	0	1	1	1	1	1	1	1	1	1	1	1
S5	0	0	0	0	1	1	0	1	1	1	1	1	1	1	1	1
S1	0	0	0	1	0	0	1	0	1	0	1	1	1	1	1	1
S7	0	0	0	0	0	0	0	0	0	1	0	1	1	1	1	1
S10	0	0	0	0	0	0	1	0	0	0	0	1	1	1	1	1
E	2	1	1	3	2	1	2	4	0	2	1	2	0	0	0	0
C	8	9	9	7	8	9	8	6	10	8	9	8	10	10	10	10
T	82	73	55	46	46	46	37	46	28	28	28	28	100	100	100	100

接下来计算蕴含量表各项指标系数,以此来检测蕴含量表排序的可靠性和有效性。

上表数据显示偏误个数为 21 个,计算再生系数为:

$$Crep = 1 - 偏误个数/被试人数 \times 测试项目数量$$
$$= 1 - 21/10 \times 16 = 0.86875$$

该指标说明,我们有 86.88%的把握预测中级汉语水平塔吉克斯坦学生习得 16 类汉语否定结构的顺序规律。

上表数据显示最大边缘值为 123,因此,量表最小边缘重复性系数为:

$$MMrep = 最大边缘值/被试人数 \times 测试项目数量$$
$$= 123/10 \times 16 = 0.76875$$

可以这样认为,如果忽略矩阵中的偏误情况,根据量表我们有 73.88%的把握预测中级汉语水平塔吉克斯坦学生习得 16 类汉语否定结构的顺序规律。

由上面两组数据可以得出量表的可测量性系数为:

$$\text{Cscal} = (\text{Crep-MMrep})/(1-\text{MMrep})$$
$$= (0.86875-0.76875)/(1-0.76875) = 0.4324$$

高级水平塔吉克斯坦学生习得 16 类汉语否定结构蕴含量表的系数 0.4324<0.6，跟初级水平学生蕴含量表一样，其预测性不可靠。

根据蕴含量表，我们得到高级水平塔吉克斯坦学生 16 类汉语否定结构的习得顺序为：

G1>G2>G3>G12>G9>G11>G8>G16>G5>G13>G15>G4>G7>G14>G6>G10

即：不＋形容词＞没＋形容词＞不＋心理动词＞V＋不＋形容词＞没＋动结式结构＞V＋得＋不＋形容词＞没＋动作动词＞没……着/了/过＞不＋能愿动词＞没＋数量补语＞不……了＞没＋心理动词＞不＋动作动词＞不＋数量补语＞没＋能愿动词＞不＋动结式结构

对比高级水平塔吉克斯坦学生 16 类汉语否定结构的正确率顺序和蕴含量表排序，可以看出二者顺序基本一致，主要差异在 G16（没……着/了/过）。由于高级水平学生蕴含量表的预测性不可靠，本研究以正确率排序作为高级水平塔吉克斯坦学生习得16类汉语否定结构的顺序。

为了方便观察塔吉克斯坦学生各类否定结构习得水平状况，我们把初、中、高级三个水平学生分为三组，以 60.00%和 80.00%这两条水平线为分界线。第一组的正确率在 80.00%以上，第二组的正确率在 60.00%～80.00%，第三组的正确率在 60.00%以下。

由表 3-20 我们可以看出，随着学生汉语水平的提高，塔吉克斯坦学生习得否定结构整体上呈现上升趋势。正确率在 80.00%以上的否定结构随着学生汉语水平的提高而逐渐增多，正确率在 60.00%以下的否定结构随着学生汉语水平的提高而逐渐减少，正确率在 60.00%～80.00%的否定结构则比较稳定。

表 3-20　塔吉克斯坦学生否定结构习得水平状况

等级	第一组：正确率80.00%以上		第二组：正确率60.00%~80.00%		第三组：正确率60.00%以下	
	数量	句式	数量	句式	数量	句式
初级水平	1	不＋形容词	7	没＋动结式结构 V＋得＋不＋形容词 不＋能愿动词 不＋心理动词 没……着/了/过 没＋形容词 不＋动作动词	8	没＋动作动词 不＋数量补语 没＋数量补语 没＋心理动词 V＋不＋形容词 不＋动结式结构 不……了 没＋能愿动词
中级水平	5	不＋形容词 V＋得＋不＋形容词 没＋动结式结构 不＋心理动词 不＋能愿动词	5	没＋形容词 没＋动作动词 没……着/了/过 不＋数量补语 不＋动作动词	6	V＋不＋形容词 没＋心理动词 不……了 不＋动结式结构 没＋数量补语 没＋能愿动词
高级水平	7	不＋形容词 不＋心理动词 V＋不＋形容词 没＋动结式结构 没＋形容词 没……着/了/过 没＋心理动词	6	V＋得＋不＋形容词 不＋能愿动词 没＋动作动词 没＋数量补语 不＋动作动词 不……了	3	不＋数量补语 不＋动结式结构 没＋能愿动词

塔吉克斯坦学生 16 类汉语否定结构的习得不是均质发展的。有些否定结构学生一开始就已经习得，如"不＋形容词"；有些否定结构随着学生汉语水平的提高逐渐习得，如"不＋心理动词"和"V＋不＋形容词"；有些否定结构学生自始至终没有习得，如"没＋能愿动词"和"不＋动结式结构"正确率在 3 个阶段都比较低，"没＋能愿动词"的正确率初、中、高级水平分别为 15.00%、9.00%、18.00%，"不＋动结式结构"为 37.00%、33.00%、42.00%，说明有些否定结构的习得水平与学生汉语水平没有呈现正相关。

（三）16类汉语否定结构的偏误情况

1. 不/没（有）＋形容词

表3-21 "不/没（有）＋形容词"结构偏误情况

等级	不＋形容词		没＋形容词	
	偏误频次	偏误频率/%	偏误频次	偏误频率/%
初级	0	0.00	8	31.00
中级	0	0.00	7	30.00
高级	0	0.00	1	10.00
总偏误频次	0		16	
平均偏误率		0.00		23.70

"不"和"没（有）"直接否定形容词时，一般来说，"不＋形容词"中"不"否定的是性质形容词所表示的属性，"没＋形容词"中"没"否定的是形容词所表示的变化义。例如：

（13）这个苹果不好。

（14）你的病没好，要多休息。

"不"是对"好"性质的否定，表明"苹果"的质量不具有"好"的属性。"没好"是对"好了"的否定，"没"否定的不是"好"，而是对从生病到痊愈这个过程的否定，否定这个过程的完成和实现。

由表3-21可以看出，外国学生接触"不＋形容词"比较早，《汉语教程》第一册第二课就有"汉语不太难"这样的句式，并且课后还有充足的练习，因此学生较早习得此类否定结构，很少甚至不会出现偏误现象。"没（有）＋形容词"在"不＋形容词"之后习得，容易受"不"的泛化影响，且教材中"没（有）＋形容词"的表达相对来说较少，如果学生没有很好地理解语义，就很容易出现偏误。随着学生汉语水平的提高，逐渐理解"不"和"没（有）"修饰形容词之间的语义区别，偏误逐渐减少。

2. 不/没（有）＋心理动词

表3-22 "不/没（有）＋心理动词"结构偏误情况

等级	不＋心理动词		没＋心理动词	
	偏误频次	偏误频率/%	偏误频次	偏误频率/%
初级	7	27.00	14	54.00

续表

等级	不+心理动词		没+心理动词	
	偏误频次	偏误频率/%	偏误频次	偏误频率/%
中级	4	17.00	12	51.00
高级	0	0.00	2	18.00
总偏误频次	11		28	
平均偏误率		14.70		41.00

通常认为心理动词一般用"不"否定，不用"没（有）"否定。白荃（2000）通过统计分析《动词语法词典》中的99个心理动词发现，通常只能被"不"否定的心理动词只占很小一部分，大部分的心理动词既能被"不"否定，又能被"没（有）"否定，甚至还有一小部分动词只能由"没（有）"否定。

由于"不"与常见的心理动词"知道、喜欢、担心、害怕"等共现的频率较高，学生容易将"不"和心理动词搭配使用。由表3-22来看，塔吉克斯坦学生习得"不+心理动词"的状况要好于"没（有）+心理动词"。"不+心理动词"总体偏误率为14.70%，高级水平学生完全习得此类否定结构；"没（有）+心理动词"总体偏误率为41.00%，随着汉语水平提高，高级水平学生偏误率在降低，但仍会出现偏误现象。

3. 不/没（有）+能愿动词

表3-23 "不/没（有）+能愿动词"结构偏误情况

项目	不+能愿动词				没+能愿动词	
题号	17	30	偏误频次	偏误频率/%	偏误频次	偏误频率/%
词语	应该	肯				
初级	2	10	12	23.00	22	85.00
中级	0	9	9	20.00	21	91.00
高级	1	4	5	23.00	9	82.00
总偏误频次	3	23	26		52	
平均偏误率				22.00		86.00

几乎所有的能愿动词，都可以用"不"否定，能用"没（有）"否定的只是极少数表示能力的能愿动词。因此，"不+能愿动词"习得状况要好于"没+能愿动词"。由表3-23可看出，"不+能愿动词"高级水平学

生的习得都不如中级的,"没+能愿动词"中级水平学生的习得不如初级的,一定程度上出现了"化石化"现象。相对来说,"没+能愿动词"在初级、中级、高级水平偏误率一直很高,大部分学生始终没有习得该结构,在教学中要引起特别的注意。

4. 不/没(有)+动作动词

表 3-24 "不/没(有)+动作动词"结构偏误情况

项目	不+动作动词						没+动作动词					
题号	3	13	33	35	偏误频次	偏误频率/%	2	14	34	37	偏误频次	偏误频率/%
词语	参加	来	回家	回家			来	到家	回家	流血		
初级	6	20	7	8	41	40.00	4	15	16	10	45	43.00
中级	6	19	5	8	38	41.00	1	13	10	4	28	30.00
高级	2	11	0	1	14	32.00	0	6	3	1	10	23.00
总偏误频次	14	50	12	17	93		5	34	29	15	83	
平均偏误率						37.70						32.00

"不"和"没(有)"都可以否定动作动词,二者语义分工明确,使用哪个要看具体语境,二者的使用并不矛盾。石毓智(2001)指出,"没"否定的是具有离散量语义特征的词语,"不"否定的是具有连续量语义特征的词语。所谓离散量指的是具有明确边界,可以分出一个个独立个体的数量特征,连续量指的是边界交叉,无法分出确定个体的数量特征。动词具有双重的语义特征,可以自由地被两个否定词否定;用"没"否定时,是把动作、行为作为离散的东西看,用"不"否定时,则是把动作、行为看作是连续性的。在具体的上下文中,"没"和"不"往往不能自由地替换,即使可以替换,也必然伴随着语义的改变。

塔吉克斯坦学生学习"不/没(有)+动作动词"时,一般根据时间词判断是使用"不"还是使用"没(有)"。他们认为,"没(有)"否定的是过去发生的事情,"不"否定的是现在和将来发生的事情。因此,诸如"昨天,我是故意不来的"和"明年夏天,我还没毕业呢"这样的句子,学生往往出现偏误,且偏误率往往很高,如问卷 13 题平均偏误率达到 82.00%、14 题为 56.00%,其他情况见表 3-24。究其原因,至少有课堂知识学习不足和塔吉克语否定结构负迁移两方面因素。

教师上课常常采用从时间和动作状态区别"不"和"没（有）"的讲解，即"'没（有）'用于客观叙述，限于指现在和过去，不能指将来。'不'用于主观意愿，可指过去、现在和将来"。塔吉克语使用"на＋谓词性成分"形式否定句子中的谓词性成分，汉语"不"和"没（有）"的区别对应到塔吉克语中关键看是否使用表示现在和将来时间的标记 ме，否定标记 на-跟现在和将来时态时间标记-ме-连用构成 наме-对应汉语"不"，"на＋谓词性成分过去式"对应汉语"没"。

（15）他通常星期六不回家。

  Вай одатан шанбе ба хона намеравад.

   他 通常 星期六 向 家 不-FUT-回 -他

（16）星期六他不回家。

  Шанбе вай ба хона намеравад.

   星期六 他 向 家 不-FUT-回 -他

（17）星期六他没有回家。

  Шанбе вай ба хона нарафтааст.

   星期六 他 向 家 没-回-PST -他

5. 不/没＋动结式结构

动结式结构一般用"没（有）"来否定，表示对动作结果状态的否定；如果用"不"否定动结式述补结构，表示的是非现实假设意义，后面必须有其他表示假设条件的结果或者带有强烈主观愿望的句子成分。例如：

（18）昨晚我没做完作业就睡觉了。

（19）不做完作业我就不睡觉。

表 3-25 "不/没＋动结式"结构偏误情况

项目	不＋动结式结构					没＋动结式结构				
题号	7	29	32	偏误频次	偏误频率/%	4	15	31	偏误频次	偏误频率/%
词语	说清楚	进去	做完			想到	做完	做完		
初级	16	15	18	49	63.00	9	5	2	16	21.00

续表

项目	不＋动结式结构					没＋动结式结构				
中级	20	15	11	46	67.00	7	1	1	9	13.00
高级	9	6	4	19	58.00	2	0	0	2	6.00
总偏误频次	45	36	33	114		18	6	3	27	
平均偏误率					62.70					13.30

通过统计塔吉克斯坦学生测试卷,"不＋动结式结构"的平均偏误率为 62.70%,"没＋动结式结构"的平均偏误率为 13.30%,学生使用"不＋动结式结构"偏误率远远高于使用"没＋动结式结构",后者习得情况明显好于前者,详见表 3-25。动结式结构通常用"没(有)"否定,使用"不"否定时隐含假设条件,如果学生不能很好地理解句子的语义,就容易出现偏误。

6. 不/没＋着/了/过

表 3-26 "不/没＋着/了/过"结构偏误情况

项目	不……了				没……着/了/过				
题号	16	36	偏误频次	偏误频率/%	11	20	21	偏误频次	偏误频率/%
词语	了	了			过	着	了		
初级	17	16	33	64.00	6	11	6	23	29.00
中级	11	13	24	51.00	4	9	9	22	32.00
高级	2	5	7	32.00	0	3	1	4	12.00
总偏误频次	30	34	64		10	23	16	49	
平均偏误率				49.00					24.30

塔吉克语没有"了"对应的表达形式,例如:

(20) 我三天没吃饭了。

Ман аллакай се руз хурок нахурдам.

我　已经　三　天　饭　没-吃-我

(21) 你哭了还哭,有完没完啊?

Ту гиря кардию боз гиря мекуни, бас мекуни ё не?

你哭　做了　还　哭　要做　停止　做　或不

Ту гиря кардию боз гиря мекуни, тамом намешавад гиряат?

你哭　做了　还　哭　要做　那里　不-会-结束　哭　-你

由表 3-26 可知，塔吉克斯坦学生习得动态助词在学习初期偏误率较高，初级水平学生"不……了"偏误率为 64.00%、"没……着/了/过"的偏误率为 29.00%，随着汉语水平的提高，相关语法项目的偏误率逐渐减少。中级水平学生出现"了"的泛化现象，"没（有）"与"了"共现情况增多，这一点在测试卷第 37 题的翻译中也有体现，有 14 个被试者将"鼻子没流血"翻译成"*鼻子没流血了"；到高级水平"了"的偏误又减少了。

7. V（+得）+不+形容词

带"得"的述补结构"V+得+形容词"是动结式还是可能式，在具体语境中要通过它的否定形式表现出来，"V+得+不+形容词"是动结式否定结构，"V+不+形容词"是可能式否定结构。

（22）说得清楚

　　　说得不清楚（动结式）

　　　说不清楚（可能式）

表3-27 "V（+得）+不+形容词"结构偏误情况

项目	V+得+不+形容词				V+不+形容词	
题号	6	27	偏误频次	偏误频率/%	偏误频次	偏误频率/%
词语	干净	整齐				
初级	4	7	11	21.00	15	58.00
中级	3	1	4	9.00	10	43.00
高级	2	3	5	23.00	0	0.00
总偏误频次	9	11	20		15	
平均偏误率	15	18		17.70		33.70

这类否定结构只能用"不"，不能用"没（有）"。表现在语序上，可能式述补结构"不"放在动词和补语之间，动结式述补结构"不"放在"得"字的后面，是对动作结果的否定。测试卷第 6 题和第 9 题测试塔吉克斯坦学生习得这两种否定结构是否有"不"和"没（有）"混用情况，第 27 题是判断题，考查学生在习得"V+得+不+形容词"结构中"不"的位置。测试结果显示，"V+得+不+形容词"平均偏误率为 18.00%，"V+不+形容词"平均偏误率为 33.70%，前者的习得状况总体

上要好于后者；初级、中级水平学生"V＋不＋形容词"偏误率较高，随着汉语水平提高，偏误率也在逐渐降低，高级水平学生完全习得该结构，详见表3-27。

8. 不/没＋数量补语

表3-28 "不/没＋数量补语"结构偏误情况

等级	不＋数量补语		没＋数量补语	
	偏误频次	偏误频率/%	偏误频次	偏误频率/%
初级	12	46.00	13	50.00
中级	9	39.00	16	70.00
高级	5	46.00	3	28.00
总偏误频次	26		32	
平均偏误率		43.70		49.30

"不"和"没（有）"都可以否定数量词语作补语，"不"通常用于疑问句，在陈述句中则表示条件义。测试结果显示，"不＋数量补语"平均偏误率为43.70%，"没＋数量补语"平均偏误率为49.30%，偏误率都较高，学生汉语水平跟这两种结构的习得并不是正相关的，详见表3-28。此类结构在塔吉克斯坦学生日常使用中比较少见，在学生书面语料中也没有见到。

四、汉语否定结构的偏误类型

综合鲁健冀（1994）、周小兵（1995）对外国人习得汉语的语法偏误分类，本研究通过从语法、语义、语用等层面对塔吉克斯坦学生习得16类汉语否定结构的分析，结合学生日常作业和作文语料将塔吉克斯坦学生习得汉语否定结构的偏误分为四类，即"不"与"没（有）"的混用、语序偏误、遗漏、误加。

（一）"不"与"没（有）"的混用

"不"与"没（有）"的混用，指的是该用否定词"不"的时候，使用了否定词"没（有）"，该用否定词"没（有）"时，却使用了否定词"不"，这是外国人习得汉语否定结构时普遍出现的偏误类型，塔吉克斯坦学生也不例外。例如"*他经常没去上课""*尼佐木从前没喜欢你""*老师讲课我不听懂"等。

1. 误用否定词"不"的情况

（23）*多年不见了，今天见到她我差点不认出她来。

（24）*我不忘记老师的好。

（25）——迈克是不是误会妈妈了？

——*迈克不误会妈妈。

用"不"否定心理活动动词比与用"没（有）"常见，但例（23）~例（25）"认出""忘记""误会"不表示人的心理活动，而是叙述客观事实或者表达将来意愿，因此要用"没（有）"或者"不会"否定。所以，应当改为"多年不见了，今天见到她我差点没认出她来""我没忘记老师的好/我不会忘记老师的好""迈克没有误会妈妈/迈克不会误会妈妈"。

（26）*来中国前我不有中国朋友。

（27）*赛油拉不有我考得好。

本研究重点考查"没（有）"和"不"否定谓词的情况，问卷中没有名词否定的测试题，塔吉克斯坦学生自然语料中出现的 2 例"*不有"属于同形的两类偏误。

表示"领有"义动词"有"的否定是"没有"，"中国朋友"的否定应当用"没（有）"，例（26）应当改为"来中国前我没有中国朋友"。

例（27）的肯定句形式"赛油拉有我考得好"是一种特殊的平级比较句，一般用"……一样"句表达，即"赛油拉和我考得一样好"，其否定句为"赛油拉不如我考得好"或者"赛油拉没有我考得好"；语料中出现"*不有"偏误，一方面是学生没有掌握好比较句，一方面是将两种否定句"不如"和"没有"杂糅输出了。

（28）*莉迪亚的手机不丢。

（29）*学校图书馆的电脑不坏。

这是对动词结构"V+了"的否定，"了"表示动作状态的变化，要用"没（有）"来否定，不可以用否定词"不"；例（28）、例（29）应该改为"莉迪亚的手机没丢""学校图书馆的电脑没坏"。

（30）——你的衣服很脏，你摔倒了吗？

——*我不摔倒。

(31) *我们的书还在楼下，还不搬上来。
(32) *他生病了还来上课，我还真不想到。
(33) *教室的黑板不擦干净。
(34) *老师讲课我不听懂。

以上5例"摔倒""搬上来""想到""擦干净""听懂"均表示完结义，是有边界的，且都是现实句，应该用"没（有）"来否定。如果使用"不"否定，表示的是假设条件意义或者命令语气，如"不摔倒就不知道痛""作业不写完我就不睡觉""你的杯子在地上，还不捡起来"。学生可能在日常交际中听到中国人使用这样的表达，受此影响产生偏误。例（30）～例（34）应当改为"我没摔倒""还没搬上来""我还真没想到""教室的黑板没擦干净""老师讲课我没听懂"。

(35) *教室的门不开着。
(36) *他从来都不被别人注意过。
(37) *大家都认为我不开心，其实我根本就不开心过。
(38) *我两年不读书了。

这四例偏误是否定词"没（有）""不"与动态助词"着""过""了"搭配的问题。否定词"没（有）"可与"着"和"过"搭配，否定词"不"不能和它们搭配。学生容易忽略句尾"着""过"而直接使用"不"否定"开""注意""开心"，从而造成偏误。"了"一般表示动作状态发生变化，否定词"不"可与"了"搭配；"没（有）"一般是对动作状态变化的否定，只有当句中出现表时段的时间成分时"没（有）"才能与"了"共现。例（35）～例（38）应当改为"教室的门没开着""他从来都没被别人注意过""大家都认为我不开心，其实我根本就没开心过""我两年没读书了"。

(39) *你的病还不好，还得再去看医生。
(40) *食物不坏，还能吃。

"不"否定事物的性质，"没（有）"否定事物的变化过程。上面两个偏误句中的形容词都表示事物的变化过程，分别是从"生病"到身体"恢复"健康的过程、食物从"好"到"变坏"的过程，因此只能用否定词"没（有）"。例（39）、例（40）应改为"你的病还没好""食物没坏"。

2. 误用否定词"没（有）"的情况

（41）*尼佐木以前没喜欢你。

（42）*我生病了，没想出去。

（43）*我以前没知道老师叫什么名字。

心理活动动词"喜欢""想""知道"一般使用"不"否定，学习者受句中时间词和前后句的影响使用"没（有）"造成偏误。上述偏误句应当改为"尼佐木以前不喜欢你""不想出去""我以前不知道老师叫什么名字"。

（44）*鼻子没有流血了。

（45）*都下午了，我就没吃午饭了。

（46）*我没去学校了。

根据上文关于"没（有）""不"否定动态助词"了"的讨论，例（44）~例（46）都是"没（有）"与"了"共现的偏误，应当改为"鼻子没有流血/鼻子不流血了""我就不吃早饭了""我不去学校了"。

（47）*前天我没想来的。

（48）*他过去从没有吸烟。

"不"是对表达个人意愿和习惯性动作的否定，"没（有）"是对已经发生和客观行为的否定。上述两例时间词"前天"和"过去"造成学生出现偏误，因为例（47）有说话人主观意愿行为，例（48）是习惯性行为，都应该用"不"否定；两句应改为"前天我不想来的""他过去从不吸烟"。

（49）*你没进去，老师会生气的。

（50）*我没做完作业就不睡觉。

动结式结构一般用"没（有）"否定，但当句中隐含假设条件意义时句子就具有了主观性，需要用"不"否定，例（49）、例（50）偏误句应当改为"你不进去，老师会生气的""我没做完作业就不睡觉"。

（二）语序偏误

语序偏误是指否定词"不"和"没（有）"与句子其他成分的顺序出现错误。塔吉克斯坦学生习得汉语否定结构的语序偏误主要表现在"不"

和"没（有）"与介词词组，或者与补语成分组合时出现错序，例如：

（51）*乌鲁木齐的大盘鸡一点儿也比北京的烤鸭不好吃。

（52）*他从来把别人不当回事。

（53）*教室的窗户被风没吹开。

（54）*我的房子还没有卖，价格还跟人没商量好。

汉语否定词"不"和"没（有）"与介词词组组合必须位于介词词组的前面。我们在测试卷中以插空方式设置了4道考查否定词与介词词组语序的题目，发现63份问卷总偏误频次为106个，偏误率占42.00%，其中初级水平学生偏误频次为49，占47.00%，中级水平偏误频次为38，占41.00%，高级水平偏误频次为12，占27.00%，总体上塔吉克斯坦学生在这一项测试中出现偏误较多，随着汉语水平的提升偏误率呈逐渐下降趋势。产生这类偏误的多种因素中塔吉克语负迁移是重要的影响因素，比如测试卷翻译题"Дируз шаб ман вазифаи хонагиамро пурра тайер накарда, хоб рафтам（昨晚我没把作业做完就睡觉了）"63位塔吉克斯坦学生中有24位学生翻译成了"*昨晚我把作业没做完就睡觉了"。例（51）~例（54）应当改为"乌鲁木齐的大盘鸡一点儿也不比北京的烤鸭好吃""他从来不把别人当回事""教室的窗户没被风吹开""我的房子还没有卖，价格还没跟人商量好"。

（55）*刚来中国时，我连一句话也不会听懂。

（56）*老师的字，我不看懂。

（57）*今天的作业我做没完。

（58）*没有车我不回了家。

（59）*太早了我不睡着。

一般情况使用"不"否定述补结构，而且否定词"不"放在动词与补语之间，如"说不清楚""睡不醒"；部分可用"没"否定的动结式结构，"没"位于动结式的前面，如"没说清楚""没睡醒"。塔吉克斯坦学生往往将"动词＋不＋补语"误用为"*不＋动词＋补语"，这与塔吉克语的影响有很大的关系。塔吉克语没有补语，汉语补语对应为塔吉克语的状语或者呈现为连动形式。

(60) 没有车我回不了家。

Мошин нест ман наметавонам ба хона баргардам.

车　　没有　我　不-　会　　向　家　回

例（55）～例（59）应当改为"刚来中国时，我连一句话也听不懂""老师的字，我看不懂""今天的作业我没做完""没有车我回不了家""太早了我睡不着"。

（61）*艾给丽木汉语没学得好。

（62）*教室里黑板不擦得干净。

"得"字补语的否定结构"V＋得＋不＋形容词"，由于其构成的复杂性，学生短期内难以掌握；塔吉克斯坦学生或者误用"没（有）"产生偏误，或者将否定词放在动词前面产生偏误。例（61）、例（62）应改为"艾给丽木汉语学得不好""教室里黑板擦得不干净"。

（三）遗漏偏误

遗漏偏误主要指遗漏了否定词"不""没（有）"，或者否定结构遗漏了相关成分，例如"*教室里的座椅不摆整齐"既有"不"错序，同时遗漏了结构助词"得"。

（63）*我从来没去北京。

（64）*来中国前我没吃中国菜。

（65）*我从来没用筷子。

"过"表示曾经经历的某种状态，这种状态目前不再持续。塔吉克斯坦学生往往根据时间词进行判断，知道使用否定词"没（有）"，却忽略了使用"过"，造成动态助词"过"的遗漏。例（63）～例（65）应当改为"我从来没去过北京""来中国前我没吃过中国菜""我从来没用过筷子"。

（66）*这些小羊长不快。

（67）*乌兰很喜欢唱歌，但他唱不好听。

汉语"得"字补语句在塔吉克语中没有对应句式，塔吉克斯坦留学生习得"得"字补语句时常常遗漏"得"。例（66）、例（67）加上"得"后就正确了，应当改为"这些小羊长得不快""乌兰很喜欢唱歌，但他唱得不好听"。

（四）误加偏误

误加偏误，指的是多加了否定词"不"或者"没（有）"，误加结构助词"了"，误加判断动词"是"等等。

（68）*老师的个子不是高。
（69）*鼻子的血没流了。
（70）*昨天我没去超市了。
（71）*我前天没去教室学习了。

例（68）是对形容词的否定，形容词可以直接作谓语，学生受塔吉克语形容词谓语句系动词影响误加了判断动词"是"，应改为"老师的个子不高"。例（69）～例（71）是对过去动作行为的否定，一般用否定词"没（有）"，并且不与"了"共现；塔吉克斯坦学生容易受目的语规则泛化影响，认为"了"表示动作行为的完成，于是造成"了"的误加偏误，应改为"鼻子没流血""昨天我没去超市""我前天没去教室学习"。

五、影响偏误产生的因素

（一）塔吉克语负迁移

汉语否定结构中的"不"和"没（有）"都对应塔吉克语否定句谓语中的 на；塔吉克语没有补语，汉语补语对应为塔吉克语的状语或者呈现为连动形式。因此，受到塔吉克语负迁移的影响，塔吉克斯坦学生在使用汉语否定词"不""没（有）"时往往会造成"不""没（有）"的混用偏误，与否定词相关的补语语序偏误和介词短语语序偏误等。

（二）汉语否定结构规则泛化

塔吉克斯坦学生先学习使用否定词"不"，随后学习否定词"没（有）"，之后开始泛化使用"没（有）"，造成"不"与"没（有）"的混用偏误。

否定词"没（有）"是对动作状态变化的否定，塔吉克斯坦学生在学习动态助词"了"后，往往与"没（有）"共现使用，造成"了"误加偏误。

（三）学生语块学习灵活性不够

语块也叫语言组块，是一种处理语言的方式。人类进行语言处理、记忆、储存时，往往利用大量由一系列固定搭配成分组合而成的预制语块，使大脑有限的记忆单位扩大，可以存储和记忆更多的信息。（靳洪刚，2011）汉语否定结构使用"不"还是使用"没（有）"，有时会依具体语言环境而定，而塔吉克斯坦学生习得相关固定结构在课堂上和生活中练习使用时经常选择自己最熟悉的否定语块表达，以致在具体的语言环境中出错也难以察觉。例如，几乎所有的能愿动词都能用"不"否定，只有极少数表示能力语义时可以用"没（有）"否定；测试卷第22题"昨晚我不舒服，所以＿＿＿能够完成作业"，63份问卷中有52份选择了否定词"不"，这就是学生受语块熟悉度的影响造成的偏误。语块有助于学习者进行整体记忆，增强汉语语感；但同时语块容易限制学习者思维方式，往往形成固定表达，在使用中造成偏误。因此，教师和学生在教学中要慎重使用和适度把握语块训练。

（四）教师教学重视度不足

教师对否定结构教学认识不足，没有把否定形式作为教学重点。通过用句子"昨天，我＿＿＿来上课"和"昨天，我是故意＿＿＿来上课的"测试不同HSK水平的63位塔吉克斯坦学生，前一句只有两位被试者出现错误，后一句有偏误的被试者达到57位。进一步访谈被试者得知，教师在课堂上仅限最初遇到否定结构时告诉学生"'不'是对过去的否定，'没（有）'是对将来的否定，判断使用'不'或者'没（有）'的标准是时间词"。因此，课堂上教师应当重视否定结构的教学，做好否定词"不"与"没（有）"的全面对比分析。

六、结语

"不"和"没（有）"构成的否定结构一直是对外汉语教学中的难点。本研究通过正确率和蕴含量表两种方法探讨初、中、高三个等级水平塔吉克斯坦学生习得16类汉语否定结构的顺序；结合问卷和学生书面语料中的否定结构，总结塔吉克斯坦学生习得汉语否定结构出现的偏误类型，从第一语言迁移、教学方法等方面分析产生偏误的原因。本研究初步可以得出以下结论。

第一，通过对比分析总结了汉语与塔吉克语否定结构的异同点。汉语对名词的否定用"没（有）"，对"是、像、包括、相符、等于"这类属性动词的否定用"不"，对持续体标记"在"的否定可以自由使用"没（有）"和"不"；塔吉克语这几类词语的否定只能用否定词 нест。塔吉克语否定动词使用"на＋动词"形式，用表示现在和将来的时间标记 ме 区分汉语"不"和"没（有）"，与 ме 共现的"на＋ме＋动词"对应"不"，"на＋动词＋过去时标记或者经历体标记"对应"没（有）"。汉语的否定词一般都位于介词词组之前，塔吉克语否定词一般位于介词词组之后。

第二，汉语否定结构的习得不是一成不变的，而是一个动态的发展过程，有些结构虽然在初级阶段已经习得，但由于受到目的语规则泛化等因素的影响，到中级或高级水平时偏误率反而会上升。因此，初、中、高三个水平阶段的塔吉克斯坦学生习得 16 类汉语否定结构在整体呈现一致的同时又有不同的顺序。

第三，塔吉克斯坦学生汉语否定结构习得水平跟汉语水平并不一定是正相关的，其中既有塔吉克语负迁移的影响，也受汉语目的语规则泛化的影响。

第四，时间词是塔吉克斯坦学生用来判断使用"不"还是"没（有）"的主要标志，学生在习得动作动词否定结构时所产生的偏误大多是受时间词的影响。

第五，动态助词"了"会影响"不"和"没（有）"的选择，"没（有）"与"了"共现是塔吉克斯坦学生否定结构习得中常见的偏误。

第六，学生常用的否定结构就会先习得，比较复杂和不常用的结构习得就会相对较慢，或者没有习得。

附录

塔吉克斯坦学生汉语否定结构习得研究调查问卷

各位同学：

你们好！我们正在做一项关于否定词"不"和"没（有）"学习情况的问卷调查，希望你根据自己的实际情况和理解回答问题。谢谢你用宝贵的时间来完成这份问卷。

（一）HSK 你_____。　　　A. 还没考　　　B. 考了
　　　如果你考过 HSK，你的 HSK 等级是_____级。
　　　Шумо　имтихони　HSK-ро_____
　　　A. Супоридам　B. холо　насупоридам

（二）你学汉语有多长时间了？____
　　　A. 半年到一年　B. 一年到两年　C. 两年到三年　D. 三年以上
Агар супорида　бошед　и　шумо дарачаи чандбуд?____
　　　A. Аз ним то як сол　　B. аз як то ду сол
　　　C. аз як то се сол　　　D. зиеда аз се сол

（三）你熟练使用的语言是？____（可多选）
　　　A. 塔吉克语　B. 俄语　　C. 乌兹别克语　D. 其他____
Шумо ба　айр аз забони хитои боз ба кадом забонхо харф зада метавонед?（Метавонед чардто интихоб намоед）
　　　A. руси　　B. точки　　C. Узбеки　　D. айра____

一、选词填空：用"不"或者"没（有）"填空。
Бо истифода аз "不" е ин ки "没" чойхои холиро пур намоед
　　　Wǒ rènwéi tā de wèntí huídá de____tài hǎo.
1. 我认为他的问题回答得____太好。

　　　Zuótiān, tā____lái shàngkè.
2. 昨天，他____来上课。

　　　Míngtiān, wǒ____cānjiā tóngxuémen de shēngrì wǎnhuì le.
3. 明天，我____参加同学们的生日晚会了。

　　　Tā shēngbìng le hái lái shàngkè, wǒ hái zhēn____ xiǎngdào.
4. 他生病了还来上课，我还真____想到。

　　　Nǐ de bìng hái____hǎo, hái děi qù kàn yīshēng.
5. 你的病还____好，还得去看医生。

　　　Jīntiān shàngkè shí, jiàoshì de hēibǎn cā de____ gānjìng.
6. 今天上课时，教室的黑板擦得____干净。

　　　____shuō qīngchǔ, nǐ jiù bié xiǎng zǒu.
7. ____说清楚，你就别想走。

Wǒ de hùzhào zuótiān diū le, suǒyǐ wǒ____debù huí guó bǔ bàn hùzhào.

8. 我的护照昨天丢了，所以我____得不回国补办护照。

Jīntiān, lǎoshī bùzhì de zuòyè tài duō le, wǒmen kǒngpà zuò____wán.

9. 今天，老师布置的作业太多了，我们恐怕做____完。

Zhè piān kèwén____ huā shàng qībā gè xiǎoshí shì bèi búhuì de.

10. 这篇课文____花上七八个小时是背不会的。

Jiéhūn yǐqián, tā hé qīzi____chǎo guò jià.

11. 结婚以前，他和妻子____吵过架。

Tā cónglái dōu____bèi biérén zhùyì guò.

12. 他从来都____被别人注意过。

Zuótiān, wǒ shì gùyì____lái de.

13. 昨天，我是故意____来的。

Míngtiān xiàwǔ, wǒ hái____dàojiā ne.

14. 明天下午，我还____ 到家呢。

Tā zuòyè____zuò wán jiù chūqù wánr le.

15. 他作业____做完就出去玩儿了。

Dōu áá diǎn le, wǒ jiù____chī zǎofàn le.

16. 都11点了，我就____吃早饭了。

Nǐ____ yīnggāi shuō biérén huài huà.

17. 你____应该说别人坏话。

Tā gāng zǒuchū jiàoshì, zǒu le____jǐ bù, xiàkè língshēng jiù xiǎng le.

18. 她刚走出教室，走了____几步，下课铃声就响了。

Wǒ bìng le, ____ xiǎng shàngkè, suǒyǐ méi qù.

19. 我病了，____想上课，所以没去。

Jiàoshì de mén____kāi zhe.

20. 教室的门____开着。

Wǒ liǎngtiān____xuéxí le.

21. 我两天____学习了。

Zuówǎn wǒ bù shūfu suǒyǐ____ nénggòu wánchéng zuòyè.

22. 昨晚我不舒服,所以____能够完成作业。

二、请把"不"或者"没(有)"填在每道题空缺的位置上,每道题的两个空只能填一个。

Бо истифода аз "不" е ин ки "没(有)" чойхои холиро пур намоед дар хар як чумла факат яктояшро истифода баред

Tā cónglái____bǎ biérén____dānghuíshì.

23. 他从来____把别人____当回事。

Wūlǔmùqí de dàpánjī yìdiǎnr yě____bǐ běijīng de kǎoyā____hǎochī.

24. 乌鲁木齐的大盘鸡一点儿也____比北京的烤鸭____好吃。

Jiàoshì de chuānghu____bèi fēng____ chuīkāi.

25. 教室的窗户____被风____吹开。

Wǒ de fángzi hái méiyǒu mài, jiàgé hái____gēn rén____shāng liang hǎo.

26. 我的房子还没有卖,价格还____跟人____商量好。

三、判断句子正误,对的用"√",错的用"×",并将错误的改正过来。

Чумлахои дуруст ва нодурустро ишора намоед дурустро бо аломати нодурустро бо аломати ва чумлахои нодурустро ислох намоед

Jiàoshì lǐ de zuòyǐ bù bǎi de zhěngqí.

27. (   ) 教室里的座椅不摆得整齐。

Míngtiān yào kǎoshì le, tā hěn jǐnzhāng, bù néng shuìzháo.

28. (   ) 明天要考试了,他很紧张,不能睡着。

Nǐ méi jìnqù, lǎoshī huì hěn shēngqì de.

29. (   ) 你没进去,老师会很生气的。

Tā zhànzài ménwài, jiùshì bù kěn jìnlái.

30. (   ) 她站在门外,就是不肯进来。

三、把下面的句子翻译成汉语，要用到否定词"不"或者"没"，不会写的汉字可以用拼音代替。

31. Дируз шаб ман вазифаи хонагиамро пурра тайер накарда, хоб рафтам.

32. Ман то вазифаи хонагиамро пурра тайер накунам, хоб намерам.

33. Вай одатан шанбе ба хона намеравад.

34. Шанбе вай ба хона нарафтааст.

35. Шанбе вай ба хона намеравад.

36. Хуни бини аз чоришавӣ боз монд.

37. Аз бини хун наомад.

参考文献

白晶，2014. 中高级阶段泰国学习者多项定语的习得偏误及语序教学研究[D]. 南宁：广西大学.

白荃，2000. "不"、"没（有）"教学和研究上的误区——关于"不"、"没（有）"的意义和用法的探讨[J]. 语言教学与研究（3）：21-25.

北京大学中文系现代汉语教研室，2010. 现代汉语（重排本）[M]. 北京：北京大学出版社：334.

伯纳德·科姆里，1989. 语言共性和语言类型[M]. 沈家煊，译. 北京：华夏出版社.

陈楚华，2005. 汉泰副词对比[D]. 南京：南京师范大学.

陈建民，1986. 现代汉语句型论[M]. 北京：语文出版社.

陈珺，周小兵，2005. 比较句语法项目的选取和排序[J]. 语言教学与研究（2）：22-33.

陈珺，2010. 比较句语法项目的习得难度考察[J]. 华南师范大学学报（社会科学版）（3）：46-52.

陈玉洁，2009. 汉语形容词的限制性和非限制性与"的"字结构的省略规则[J]. 世界汉语教学（2）：177-190.

陈宗利，温宾利，2004. 论现代汉语关系分句的限定性[J]. 四川外语学报（3）：76-80.

程书秋，2014. 现代汉语多项定语"优势语序"[J]. 北方论丛（2）：69-72.

邓新，王丝雨，2021. 塔吉克斯坦汉语教学发展历程、问题与对策研究[J]. 国际中文教育（中英文）（3）：67-74.

丁声树, 1961. 现代汉语语法讲话[M]. 北京: 商务印书馆.

董斌, 2007. 对外汉语精读教材"是"字句研究[D]. 广州: 暨南大学.

董天美, 2019. 中亚国家语言政策的选择及评价[J]. 俄罗斯东欧中亚研究 (5): 109-122.

范晓, 1998. 汉语的句子类型[M]. 山西: 书海出版社.

方梅, 1995. 汉语对比焦点的句法表现手段[J]. 中国语文 (4): 279-288.

方梅, 2008. 由背景化触发的两种句法结构——主语零形反指和描写性关系从句[J]. 中国语文 (4): 291-303.

方清明, 2014. 汉语后置词研究综述[J]. 汉语学习 (2): 80-87.

房玉清, 2001. 实用汉语语法[M]. 北京: 北京大学出版社.

冯丽萍, 孙红娟, 2010. 第二语言习得顺序研究方法述评[J]. 语言教学与研究 (1): 9-16.

高名凯, 1957. 汉语语法论[M]. 修订本. 北京: 科学出版社.

郭锐, 1997. 过程和非过程——汉语谓词性成分的两种外在时间类型[J]. 中国语文 (3): 162-175.

韩玉国, 2004. 汉语副词"又"的歧义——兼谈范畴语法对汉语研究的适用性[J]. 云南师范大学学报 (3): 64-69.

何莉, 2009. 初级水平韩国留学生汉语比较句的习得分析和教学对策[D]. 成都: 四川师范大学.

何山燕, 2004. 泰国学生汉语常用否定结构使用情况调查及研究[D]. 昆明: 云南师范大学.

何元建, 2010. 现代汉语比较句式的句法结构[J]. 汉语学习 (5): 11-19.

贺阳, 2013. 定语的限制性和描写性及其认知基础[J]. 中国人民大学学报 (2): 147-155.

侯程程, 2013. 西班牙语国家学生汉语单项定语习得研究[D]. 南京: 南京大学.

胡亮节, 2006. 泰国学生汉语比较句习得偏误分析[D]. 昆明: 云南大学.

胡裕树,1992.现代汉语[M].增订本.上海：上海教育出版社.

黄丽纹,2013.中高级阶段菲律宾学生习得汉语比较句的偏误分析[D].南宁：广西民族大学.

黄正德,1988.说"是"和"有".历史语言研究所集刊 59：李方桂先生纪念论文集[G].台北：历史语言研究所.

贾枭,2014.中级汉语水平日本留学生汉语比较句的偏误分析[D].长沙：湖南大学.

姜华华,2002."再""还""又"重复义的比较研究[J].中山大学研究生学刊（社会科学版）（4）：43-54.

江敏,2009.对外汉语中的"是"字句及偏误分析——针对母语背景为俄语的留学生[D].乌鲁木齐：新疆大学.

金家恒,2004."是"字句句法语义研究[J].黄山学院学报（5）：84-86.

金立鑫,于秀金,2012.从与 OV-VO 相关和不相关参项考察普通话的语序类型[J].外国语（上海外国语大学学报）（2）：22-29.

金秀贞,2012.韩国学生"是"字句偏误分析[D].北京：中央民族大学.

靳洪刚,2011.现代语言教学的十大原则[J].世界汉语教学（1）：78-98.

寇美睿,李文奇,2008.越南学生学习汉语频率副词"再"和"又"的偏误分析[J].柳州职业技术学院学报（2）：98-101.

雷友芳,2012.多项定语与"的"字隐现的定量研究[D].北京：北京大学.

李蓝,2003.现代汉语方言差比句的语序类型[J].方言（3）：214-232.

李晓琪,2002.母语为英语者习得"再"、"又"的考察[J].世界汉语教学（2）：68-78.

李雅,2011.塔吉克斯坦汉语教学现状研究[D].乌鲁木齐：新疆师范大学.

李雅, 2014. 塔吉克斯坦独立后的语言政策变迁[J]. 新疆师范大学学报（哲学社会科学版）（1）：74-80.

李彦泽, 2011. 外国留学生重复义副词"再、还、也、又"的偏误分析[D]. 大连：辽宁师范大学.

李英, 2004. "不/没+V"的习得情况考察[J]. 汉语学习（5）：72-78.

李英, 2009. 过去时间对留学生使用"不"和"没"的影响[J]. 云南师范大学学报（对外汉语教学与研究版）（6）：25-30.

李宇明, 1999. 程度与否定[J]. 世界汉语教学（1）：29-36.

李振中, 2002. 单项定语的性质与"的"字的隐现[D]. 南宁：广西师范大学.

刘丹青, 2002. 汉语中的框式介词[J]. 当代语言学（4）：241-253.

刘丹青, 2003. 语序类型学与介词理论[M]. 北京：商务印书馆.

刘丹青, 2004. 差比句的调查框架与研究思路[C]//戴庆夏. 中国民族语言文学研究论集4·语言专集. 北京：民族出版社.

刘丹青, 2008. 语法调查研究手册[M]. 上海：上海教育出版社.

刘峰, 2004. 留学生汉语比较句偏误分析[D]. 广州：暨南大学.

刘慧英, 1992. 小议"比"字句内比较项的不对称结构[J]. 汉语学习（5）：17-20.

刘建华, 2007. 副词"还、也、又、再"的重复义研究[D]. 延吉：延边大学.

刘丽宁, 2003. 亚洲地区汉语学习者"是"字句习得情况调查与研究[D]. 广州：暨南大学.

刘乃仲, 2000. "也说'是'字句"的几点质疑——与谢永玲先生商榷[J]. 社会科学战线（6）：257-259.

刘倩, 2010. 外国留学生"再"之习得研究及偏误分析[D]. 济宁：曲阜师范大学.

刘焱, 2004. "比"字句对比较项选择的语义认知基础[J]. 上海财经大学学报（5）：76-81.

刘珣, 2007. 对外汉语教育学引论[M]. 北京：北京语言大学出版社.

刘月华, 1989. 现代汉语语法论集[M]. 北京：现代出版社.

刘月华，潘文娱，故韡，2001. 实用现代汉语语法［M］. 增订版. 北京：商务印书馆：504.

刘雍，2007. "过程"和"非过程"与越南学生的"不"和"没（有）"的偏误［D］. 南宁：广西民族大学.

卢福波，1996. 对外汉语教学实用语法［M］. 北京：北京语言大学出版社.

卢福波，2010. 汉语语法教学理论与方法［M］. 北京：北京大学出版社.

卢秀珍，2013. 韩国高中生习得汉语"不"和"没"否定结构的偏误分析和教学对策［D］. 济南：山东大学.

鲁健骥，1994. 外国人学汉语语法偏误分析［J］. 语言教学与研究（1）：49-64.

陆丙甫，2003. "的"的基本功能和派生功能——从描写性到区别性再到指称性［J］. 世界汉语教学（1）：14-29.

陆俭明，1983. 关于定语和状语的区分［J］. 汉语学习（2）：12-28.

吕叔湘，1946. 从主语、宾语的分别谈国语句子的分析［M］//叶圣陶. 开明书店二十周年纪念文集. 北京：高等教育出版社.

吕叔湘，1999. 现代汉语八百词［M］. 增订本. 北京：商务印书馆.

吕叔湘，1979. 汉语语法分析问题［M］. 北京：商务印书馆.

马海玲，2010. 中亚留学生"不"和"没"使用偏误分析——以新疆师范大学为例［D］. 乌鲁木齐：新疆师范大学.

马建忠，1898. 马氏文通［M］. 北京：商务印书馆.

聂仁发，2001. 否定词"不"与"没有"的语义特征及其时间意义［J］. 汉语学习（1）：21-27.

钮萌，钱恒，2013. 高级水平韩国留学生"是"字句习得研究［J］. 华章（13）：191-192.

潘国英，2010. 汉语状语语序研究及其类型学意义［M］. 北京：中国社会科学出版社：382.

齐春红，2007. 单音节语气副词的语法化机制研究［J］. 云南师范大学学报（对外汉语教学与研究版）（1）：61-65.

任海波，1987. 现代汉语"比"字句结论项的类型[J]. 语言教学与研究（4）：91-103.

沈昌洪，刘喜文，季忠民，2010. 第二语言习得导论[M]. 北京：北京大学出版社.

沈家煊，1995. 有界与无界[J]. 中国语文（5）：367-380.

沈家煊，2015. 词类的类型学和汉语的词类[J]. 当代语言学（2）：127-145.

施家炜，1998. 外国留学生22类现代汉语句式的习得顺序研究[J]. 世界汉语教学（4）：77-98.

石定栩，2010. 限制性定语和描写性定语[J]. 外语教学与研究（5）：323-328.

石炜，2012. 留学生汉语比较句偏误分析及对策[D]. 南宁：广西大学.

石毓智，徐杰，2001. 汉语史上疑问形式的类型学转变及其机制——焦点标记"是"的产生及其影响[J]. 中国语文（5）：454-465.

石毓智，2001. 肯定与否定的对称与不对称[M]. 北京：北京语言文化大学出版社.

史金生，2002. 现代汉语副词的语义功能研究[D]. 天津：南开大学.

史锡尧，1995."不"否定的对象和"不"的位置——兼谈"不"、副词"没"的语用区别[J]. 汉语学习（1）：7-10.

史银姈，2003. 现代汉语"差比句"研究[D]. 北京：中国社会科学院研究生院.

宋民映，2010. 关于韩国学生习得"还"的几点思考：从母语的干扰谈起[J]. 黑龙江民族丛刊（5）：161-165.

宋玉柱，1991. 现代汉语特殊句式[M]. 太原：山西教育出版社.

苏岗，2000. 多项定语的统计分析[J]. 河北师范大学学报（哲学社会科学版）（2）：89-94.

苏叶，2013. 定中结构的对外汉语教学研究[D]. 南京：南京师范大学.

孙英杰，2007. 现代汉语"又"字的语义分析[J]. 教育理论与实践

（S1）：70-72.

Tassarin Hirunpitukpong，2011. 汉语副词"再"和"又"与泰语词语的对比[J]. 现代语文（语言研究版）（11）：155-158.

王会云，2008. 初级阶段韩国学生使用汉语副词的偏误分析[D]. 大连：辽宁师范大学.

王建勤，1997. "不"和"没"否定结构的习得过程[J]. 世界汉语教学（3）：92-100.

王洁，郭建荣，2021. 塔吉克斯坦语言规划研究[J]. 外国语言与文化（1）：124-133.

王静文，2014. 韩国留学生"是"字句习得情况考察与分析[D]. 合肥：安徽大学.

王力，1954. 中国现代语法[M]. 北京：中华书局.

王利峰，肖奚强，2007. 形容词定语后"的"字隐现习得研究[J]. 汉语学习（2）：83-90.

王敏凤，2006. 韩国留学生二项定语习得考察[D]. 北京：北京语言大学.

王紫琬，2013. 英语母语学生汉语二项定语习得研究[D]. 南京：南京师范大学.

吴继峰，王亚琼，2014. 第二语言习得顺序研究工具——蕴含量表评介[J]. 云南师范大学学报（对外汉语教学与研究版）（1）：40-47.

伍丽，2011. 秘鲁学生习得汉语比较句的偏误分析[D]. 武汉：华中师范大学.

肖小平，2004. 越南留学生汉语比较句偏误分析及习得顺序考察[D]. 桂林：广西师范大学.

谢白羽，2011. 面向对外汉语教学的比较句研究[D]. 上海：华东师范大学.

谢成名，2008. 多项定语定中结构中"的"字隐现规律考察[D]. 北京：北京语言大学.

谢永玲，1999. 也说"是"字句[J]. 汉语学习（3）：26-29.

邢福义，1996. 汉语语法学[M]. 长春：东北师范大学出版社.

邢福义,2002. 汉语语法三百问[M]. 北京:商务印书馆.

邢福义,2011. 现代汉语[M]. 北京:高等教育出版社.

熊仲儒,2007. 现代汉语与方言中差比句的句法结构分析[J]. 语言暨语言学,8(4):1043-1063.

徐杰,李英哲,1993. 焦点和两个非线性语法范畴:"否定""疑问"[J]. 中国语文(2):81-92.

徐杰,2001. 普遍语法原则与汉语语法现象[M]. 北京:北京大学出版社.

徐建华,1991. "是"字句主宾语语义关系简析[J]. 锦州师院学报(哲学社会科学版)(4):91-95.

徐静茜,1984. "是……的"句[J]. 嘉兴师专学报(1):91-97.

许国萍,2005. 现代汉语差比范畴研究[D]. 上海:复旦大学.

张宏莉,2015. 中亚国家语言政策及其发展走向分析[J]. 新疆社会科学(2):72-79.

张宏莉,张玉艳,2010. 语言法:塔吉克斯坦"去俄罗斯化"的新发展[J]. 俄罗斯中亚东欧研究(4):25-30.

周小兵,1995. 病句分析课的教学[C]//《中国对外汉语教学学会第五次学术讨论会论文选》编辑委员会. 中国对外汉语教学学会第五次学术研讨会论文选. 北京:北京语言学院出版社.

许建章,2004. 副词"不"和"没(有)"同谓词组合所受的条件制约[J]. 河南科技大学学报(社会科学版)(2):71-75.

盐见亮太,2005. 日本留学生对"还""又""再"的使用状况分析[D]. 大连:辽宁师范大学.

杨宏建,2007. 哈萨克族学生汉语否定结构习得研究[D]. 乌鲁木齐:新疆大学.

杨晶淑,2007. 与"是"字相关的句式的研究与教学——从中韩对比与偏误分析入手[D]. 苏州:苏州大学.

杨玲,1999. 现代汉语副词"还"的语义与语法分析[J]. 四川师范大学学报(社会科学版)(1):65-71.

杨石泉,1997. "是……的"句质疑[J]. 中国语文(6):439-442.

殷树林，2007. 也谈"还不是 X"反问句？[J]. 聊城大学学报（社会科学版）（3）：90-93.

袁毓林，1999. 定语顺序的认知解释及其理论蕴含[J]. 中国社会科学（2）：185-201.

袁毓林，2000. 论否定句的焦点、预设和辖域歧义[J]. 中国语文（2）：99-108.

袁毓林，2005a. 试析中介语中跟"没有"相关的偏误[J]. 世界汉语教学，19（2）：56-70.

袁毓林，2005b. 试析中介语中跟"不"相关的偏误[J]. 语言教学与研究（4）：43-51.

张伯江，方梅，1996. 汉语功能语法研究[M]. 南昌：江西教育出版社.

张和友，2002. 差比句否定形式的语义特征及其语用解释[J]. 汉语学习（5）：8-13.

张静，1960. "是"字综合研究[M]. 郑州：河南人民出版社.

张蕾，2008. 留学生习得汉语比较句研究[D]. 西安：陕西师范大学.

张琳，2006. 欧美学生汉语单项定语习得顺序考察[D]. 北京：北京语言大学.

张念，2011. 西班牙学生汉语定语使用情况考察分析[J]. 华文教学与研究（3）：44-50.

张全生，2001. 现代汉语心理活动动词的界定及相关句型初探[J]. 语言与翻译（2）：6-10.

张谊生，2000. 现代汉语副词研究[M]. 上海：学林出版社.

张义，2010. 副词"又"和"再"的对比分析——针对对外汉语教学中常见问题的解释[J]. 长沙铁道学院学报（2）：129-130.

张志公，1958. 汉语语法常识[M]. 北京：新知识出版社.

周洪波，1992. 表判断"是"字句的语义类型[J]. 安徽教育学院学报（社会科学版）（4）：51-56.

朱斌，2007. "是"字句研究述评[J]. 江汉大学学报（人文科学版）（4）：79-82.

朱德熙，1956. 现代汉语形容词研究[M]. 北京：商务印书馆.

朱德熙，1980. 现代汉语语法研究[M]. 北京：商务印书馆.

朱德熙，1982. 语法讲义[M]. 北京：商务印书馆.

赵金铭，2006. 从类型学视野看汉语差比句偏误[J]. 世界汉语教学（4）：67-74.

赵金铭，2002a. 差比句语义指向类型比较研究[J]. 中国语文，(5)：452-458.

赵金铭，2002b. 汉语差比句的南北差异及其历史嬗变[J]. 语言研究，(3)：49-55.

RICHARD K LARSON, 2009. Chinese as a reverse ezafe language[M]// 北京大学汉语语言学研究中心《语言学论丛》编委会. 语言学论丛：第三十九辑. 北京：商务印书馆：30-85.

АМИНОВ САИДАМИР, 2007. Забони точикӣ[M]. Душанбе: Собириён.

AZIM BAIZOYEV, JOHNHAYWARD, 2004. A beginner's guide to tajiki[M]. London-New York: Routledge Curzon: 292.

AZIM BAIZOYEV, JOHN HAYWARD, 2004. A beginner's guide to tajiki[M]. London-New York: Routledge Curzon: 314.

JOAN BYBEE, REVERE PERKINS, WILLIAM PAGLIUCA, 1994. The evolution of grammar: tense, aspect and modality in the language of the world[M]. Chicago: University of Chicago Press.

CHOMSKY N, 1970. Remarks on nominalization[G]. Donald Forman, Roderick A. Jacobs, Peter S. Rosenbaum. Readings in english transformational grammar. Waltham, Mass: Ginn & Co.

COMRIE B, 1981. Language universals and linguistic typology[M]. Chicago: University of Chicago Press.

DIK S C, 1997. The theory of functional grammar part Ⅰ: the structure of the clause[M]. Kees Hengeveld, ed. 2nd ed. Berlin and New York: Mouton de Gruyter.

DRYER, MATTHEW S, 1991. SVO languages and the OV: VO typology[J]. Journal of Linguistics (27): 443-482.

DRYER, MATTHEW S, 1992. The greenbergian word order correlations[J]. Language (68): 81-138.

DRYER, MATTHEW S, 2003. Word order in Sino-Tibetan languages from a typological and geographical perspective.Sino-Tibetan languages (edited by Graham Thurgood and Randy LaPolla)[G]. Richmond: Curzon Press.

GREENBERG J H, 1966. Some universals of language with particular reference to the order of meaning elements[M]//Greenberg, J. (eds.) Universals of Language. Cambridge: MIT Press.

HUANG, C-T James, 1982. Logical relation in chinese and the theory of grammar[D]. MIT.

КАБИРОВ Ш, Анвари С, 2010. Забони точики[M]. Душанбе.

MOGHADDARN M D, 2001. Word order typology of Iranian languages[J]. The International Journal of Humanities, 8 (2): 17-23.

NASRULLO KHOJAYORI, MIKAEL THOMPSON, 2009. Tajiki reference grammar for beginner[M]. Washington: Georgetown University Press.

НАЗАРЗОДА С, САНГИНОВ А, КАРИМОВ С, СУЛТОН М-Ҳ, 2008. Фарҳанги тафсирии забони тоҷикӣ (иборат аз 2 ҷилд) [M]. Душанбе: Пажӯҳишгоҳи забон ва адабиёти Рӯдакӣ.